中国教育学会体育卫生资助项目

基础教育学生体质健康监测与促进

王德刚　著

北京体育大学出版社

策划编辑　李　正
责任编辑　佟　晖
审稿编辑　李　飞
责任校对　赵红霞
版式设计　博文宏图

图书在版编目（CIP）数据

基础教育学生体质健康监测与促进/王德刚著.
－－北京：北京体育大学出版社，2018.3
ISBN 978－7－5644－2864－8

Ⅰ.①基…　Ⅱ.①王…　Ⅲ.①中小学生－身体素质－健康教育－教学研究　Ⅳ.①G633.962

中国版本图书馆CIP数据核字（2018）第060201号

基础教育学生体质健康监测与促进　王德刚　著

出　　版　北京体育大学出版社
地　　址　北京海淀区信息路48号
邮　　编　100084
邮 购 部　北京体育大学出版社读者服务部010－62989432
发 行 部　010－62989320
网　　址　http://cbs.bsu.edu.cn
印　　刷　北京虎彩文化传播有限公司
开　　本　710×1000　1/16
成品尺寸　228×170
印　　张　17.5
字　　数　292千字

2018年4月第1版第1次印刷
定　价　55.00元
（本书因印制装订质量不合格本社发行部负责调换）

前　言

教育是百年大计，健康是立命之本，故学生健康关乎教育基本。2007年5月，中共中央、国务院颁布了《关于加强青少年体育 增强青少年体质的意见》（中发［2007］7号），向全社会发布了全面加强学校体育和增强青少年体质健康的动员令。同年，教育部、国家体育总局在认真总结试行工作并进行修改完善后，发布了关于实施《国家学生体质健康标准》的通知。从此，新的学生体质健康工作在全国范围内全面系统展开，青少年体质健康工作提升到国家意志层面。

为贯彻党的十八届三中全会精神，认真落实教育规划纲要，教育部于2014年印发了《国家学生体质健康标准（2014年修订）》（以下简称《标准》）和《学生体质健康监测评价办法》等四个文件。进一步提高了学生体质健康监测的信度、效度和区分度，强化了其教育激励、反馈调整和引导锻炼的功能。学生体质健康在前所未有的重视和关注下迎来了快速发展期。然而第六次全国学生体质健康调查报告显示，虽然在《标准》试行实施以来中小学生身体素质下滑趋势开始得到遏制，但我国学生体质健康的总体水平仍持续缓慢下降，这一定程度上说明了学生体质健康工作的复杂性和紧迫性。

这样的局面除了有社会发展引发的人们生活方式改变的影响，以及国家方针政策施行的效果滞后等因素外，学生体质健康工作水平不高是其中的重要因素。学生体质健康工作既不是单凭某些人一己之力就能承担的重任，也不是某些人一推了之就能逃避的职责。为此，学校领导和教师要充分认识增进学生体质健康的教育目的和工作职责，积极进行学生体质健康促进和干预。教育行政主管部门要加强学生体质健康的工作管理和监测复核，通过不断创新进一步提升学生体质健康工作水平。

从2007年被杭州市萧山区教育局任命参与区域学生体质健康监测管理和数据统计工作至今，我有幸亲身参与了从体育教师的教学促进、到基层学校的具体实施、再到区域层面的监测分析等系统化的区域学生体质健康工作。我能体谅体育教师的痛处、我能理解基层学校的难处、我能感知区域管理的弊处。在这十年里，我从未间断过学生体质健康的工作实践和理论研究。我撰写的学生体质健康监测方向的论文在浙江大学硕士学位论文答辩中获一致好评，我主持的学生体质健康促进方向的课题被中国教育学会资助立项。尽管目前在国内尚未关注到有一线体育教师进行过类似的系统化研究或出版同质化专著，但我认为我有责任、有条件、有能力为基础教育的学生体质健康工作做出自己的贡献。

本书共包含学生体质健康的现状背景、计划组织、测试领导、监测控制、课内深化、教学优化、课外强化、问题建议和策略创新等九部分内容。从区域教育行政、基层学校和体育教师等全方位视角，就学生体质健康的监测管理、标准实施和体质促进等工作进行了系统介绍。无论是侧重于管理理论方面的组织领导构建，或是侧重于监测实施方面的测试控制方法，还是侧重于体质促进方面的课内外经验，都能够给基础教育学生体质健康工作的参与者以参考、启发和借鉴。

本书在著述过程中得到了杭州市滨江区教育局、滨江区教育局教研室和杭州高新实验学校的大力支持，得到了《中国学校体育》和《体育教学》杂志的大力支持，得到了浙江大学林小美教授的大力支持，表示衷心感谢。在此，还要对一直默默支持我研究工作的爱人和家人表示爱意和感谢。没有这些支持，就没有这本书的面世，再次表示最由衷的感谢。

由于筹划仓促、水平有限和缺乏借鉴，本书在架构、立论和行文的过程中难免有不足之处，还望大家包容谅解和批评指正。

王德刚

2017年11月21日

目录 Contents

第一章　学生体质健康的现状背景

世界各国均重视对学生体质监测影响因素、指标体系、实施办法和仪器设备的研究。美国的“体质测试”由侧重运动素质的“体适能”测试，发展到目前重视健康基质的“最佳体适能”测试，为适应时代发展和满足社会需求进行了系统的改进。依据相关研究，美国采用高度智能的信息化体质监测平台和第三方机构介入监测环节，来控制和提升体质健康监测质量。日本对学生身体活动能力的研究历史悠久，积累了大量体质监测数据和管理经验。能针对学生体力测试水平下降和变异系数增大的问题及时调整测试项目指标，并成立专门机构来研究和制定新的体力测定标准。他们还充分利用体育课对学生进行体质测试相关教育以提高体质监测质量。

我国非常重视学生体质健康监测，有着科学的制度法规、系统的指标体系和翔实的操作办法。现阶段的学生体质健康监测围绕《国家学生体质健康标准》测试展开，但《标准》的目标确定、方案选择、项目设置尚有不完善之处。各地在学生体质健康监测中进行了积极尝试，但仍存在认识不清、保障不足、监管不力和评价缺失等问题。致使学生体质健康水平仍在缓慢下降，学生体质健康监测效果并不理想。为此，近年来我国开始逐步重视监测质量，出台了一系列的制度文件，加强了政策方法的宣传推广力度，以期提升监测质量和学生水平。但相关研究和经验表明单纯靠行政命令、宣传号召和经验教训很难从根本上提升监测质量，必须寻求有效的管理方法才能达成预期目标。

第一节　学生体质健康的发展概论

一、基础教育学生体质健康的特征概述

（一）学生体质健康状况的重要性和关键性

“少年强、青年强，则中国强”。健康是广大青少年学生快乐学习和健康成长的根本保障。学生时期是青少年成长过程中所经历的重要发展阶段，他们接受怎样的健康教育和具备怎样的体质水平，不仅直接决定着我国全民健康的构成，还高度关联着我国未来人群健康的趋势。《中共中央国务院关于加强青少年体育 增强青少年体质的意见》（中发［2007］7 号）指出“青少年学生的体质健康情况不仅关系到学生的健康成长，还关系到中华民族的健康素质，关系我国人才的培养质量”。这明确了学生体质健康在国家战略发展中的重要地位，表明了学校体育工作在促进学生体质健康发展中的积极作用。中共十八届三中全会《中共中央关于全面深化改革若干重大问题的决定》提出“强化体育课和课外体育锻炼，促进青少年身心健康、体魄强健”。这进一步明确了学校体育改革发展的基本任务和工作重点，充分表明了学生体质健康状况的重要性和关键性，学生体质健康工作已经上升到国家意志层面。

（二）学生体质健康发展的可塑性与连续性

小学生、初中生和高中生等基础教育阶段的学生正处在身体发育的快速期和习惯养成的培育期，他们的体质健康发展具有高度的可塑性和连续性。人体运动生理规律表明，学生在处于运动素质发展敏感期时进行相应的专门锻炼，对发展运动素质、增强体质和强健体魄具有重要的促进作用，为学生拥有强健的体魄打

下坚实的身体基础。在体育学习和锻炼过程中，加强对学生进行体育学习方法、科学锻炼原理和保健康复知识的渗透，将为学生形成自主锻炼能力提供必要的方法支撑。而在日常的体育活动过程中，注重学生运动前热身和运动后放松的科学锻炼习惯养成，以及运动中负荷调控和规则遵守的安全锻炼习惯养成，乃至学校体育活动内容的系统性安排和形式的规律性操控，这些都有利于学生养成良好的锻炼习惯。正是由于基础教育阶段的学生体质健康发展的可塑性，各级教育行政部门始终重视学校体育对学生体质健康的促进作用。

（三）学生体质健康工作的区域性与复杂性

我国学生体质健康的政策拟定、标准研制和监测评估等宏观工作均由教育部直接领导完成，而基础教育段学生体质健康的政策落实、健康干预和监测考核等微观工作则一般由县级教育行政部门具体负责组织。各地教育行政的机构设置、运行方式和工作水平直接影响着当地学生体质健康的工作认知、政策执行和活动开展。管理决策的级别越低，政策执行的环节越多，则区域学生体质健康的管理能力越差。同时，各地经济社会发展的多样性进一步助推了学生体质健康工作的差异性。由于文化传统、经济条件和社会保障等因素的影响和制约，不同地域人群的健康意识、体质水平和锻炼习惯存在一定的区域性差异，并进一步作用于学生体质健康的环境氛围。而各地在学校建设、师资配备和体育投入上的差异，又直接决定了学生体质健康的活动质量，从而使得学生的体质健康也体现出一定的区域性特征，而这无形中增加了学生体质健康工作的复杂性。

二、中华人民共和国学生体质健康的发展概况

教育是百年大计，健康是立命之本，故学生健康关乎教育基本。我国对学生体质健康的关注和重视，贯穿了国家教育改革的各个时期，覆盖了学校教育范畴的各个学段。从“发展体育运动，增强人民体质”的豪情壮志，到“每天锻炼一小时，健康工作五十年，幸福生活一辈子”的深切感悟，体现了人们在不同时期对体质健康的认识和诉求。20 世纪 50 年代，中华人民共和国第一套体育教学大纲明确提出了体育教学的目的和任务是“全面锻炼身体”。20 世纪 60 年代修订的体

育教学大纲则确立了“从增强体质出发”的教材路线，并首次定义了体质的内涵。在随后的历次体育教学大纲（课程标准）修订中，“身体素质测验”一直是对学生进行体育综合性考核的重要内容之一，而“增强学生体质”则始终是体育教学的重要目的和任务。学生体质健康成为我国学校教育的基本目的和重要任务，并伴随着学校体育的不断改革而持续发展。

我国学生体质健康工作的施行，一直以学生体育“达标”的形式进行监测和评价。从 1954 年颁布的《准备劳动与卫国体育制度暂行条例和项目标准》到 20 世纪 60 年代的《青少年体育锻炼标准》，都对促进学生的健康状况发挥了积极作用。随着社会发展，国家体育运动委员会在《青少年体育锻炼标准》的基础上制订了主要面向儿童和青少年的《国家体育锻炼标准》，并由国务院于 1975 年颁布实施。1987 年 9 月，国家教育委员会制定的《中学生体育合格标准的试行办法》再次以法规的形式将《国家体育锻炼标准》作为“学生体育合格标准”的重要组成部分和量化评价依据。而记录学生达成《国家体育锻炼标准》情况的“身体素质测验登记表”则成为学生学籍档案的重要文件。在《国家体育锻炼标准》颁布实施的近三十年中，它一直是评价学生个体发展水平和衡量学校教育质量的内容之一。自此，体育达标深入人心，影响深远。

随着社会进步和教育发展，面向全体人民群众的《国家体育锻炼标准》已不能满足学生体质健康的现时需求。为贯彻《中共中央国务院关于深化教育改革全面推进素质教育的决定》以及“学校教育要树立健康第一的指导思想，切实加强体育工作”的方针，教育部、国家体育总局从 2002 年开始《学生体质健康标准（试行方案）》的试行工作。《学生体质健康标准》选取了与学生身体发展和健康素质密切相关的一些要素作为测试内容，以鼓励学生积极参加体育活动，逐步养成锻炼习惯和提高体质健康水平。在认真组织试行并总结前期经验的基础上，《国家学生体质健康标准》（以下简称《标准》）于 2007 年正式颁布实施，为我国学生体质健康工作的科学实施建立起符合时代要求的行政基础和机制框架。学生体质健康工作正受到前所未有的重视，学生体质健康迎来了快速发展期。为深入贯彻落实《中共中央国务院关于加强青少年体育增强青少年体质的意见》和《国家中长期教育改革和发展规划纲要（2010—2020 年）》，国务院办公厅于 2012 年转发了由教育部等四部委提出的《关于进一步加强学校体育工作的若干意见》，明确提出对学生体质健康水平连续三年下降的地区和学校，在教育工作评估和评优评先中实行“一票否决”。为贯彻党的十八届三中全会精神和方针，认真高效地落实教育规划纲要，教育部于2014年印发了《国家学生体质健康标准（2014年修订）》和《学生体质健康监测评价办法》等四个文件。进一步提高了学生体质健康监测的信度、效度和区分度，突出强化了其教育激励、反馈引导和改进锻炼的功能。学生体质健康在前所未有的重视和关注下迎来了快速发展期。

然而第六次全国学生体质健康调查报告显示，虽然在《标准》试行实施以来中小学生身体素质下滑趋势开始得到一定的遏制，但我国学生体质健康的总体水平仍然在持续缓慢下降，而且学生身体形态正呈现出“肥胖”和“营养不良”的两极分化趋势。这无疑就形成了国家对学生体质健康工作不断重视，但学生的体质健康水平却持续下降的尴尬局面。这种局面的成因，除了社会发展引起的人们生活方式改变的影响，以及国家方针政策施行的效果滞后等因素外，学生体质健康监测质量不高是其中的重要因素。目前，部分学校的领导、体育教师和学生对《标准》实施的目的和意义仍未从本质上认识清楚，出现了组织松散、监测失准和虚假上报等一系列问题，严重影响了《标准》的有序实施和学生体质的稳步提高。尤其学生体质健康测试数据的真实性和准确性问题，不但是影响学生体质健康监测工作质量的关键所在，还将影响到国家对学生体质健康工作的方针政策、措施办法和方向定位。

三、美、日学生体质健康的参考概览

美国十分重视国民体质健康研究，其体质健康监测管理围绕“体适能”展开，与学校体育课程紧密结合。一百多年前美国学校就进行“体质测试（Fitness Test)”，并在半个多世纪前提出了“体适能”。1996年，美国健康与服务部将“体适能”定义为“人们所具有或获得的与其完成体力活动能力有关的一组身体要素”，而通常来讲具有良好“体适能”的人能够“以旺盛精力做好每天工作而没有过度疲劳，以充足活力享受闲暇时间和休闲活动，并能适应各种突发事件”，该定义得到了学者普遍认可。1997年，Howley和Franks又将“体适能”定义为具有低患病风险和具有足够精力参加各种体力活动的身体完好状态。这对美国学校身体活动课程的设置比例及体育教育事业产生了深远影响。

20 世纪 80 年代以前，美国体质测量侧重于运动素质，致使肥胖症、心血管疾病患病率居高不下。相应机构对偏重于运动能力测试的研究体系提出种种疑问，最后确定了心肺功能、身体柔韧性、肌肉力量和耐力、身体组成均是体质的基本组成部分。目前美国比较普遍使用的测试体系是 1988 年建立的 PhysicalBest（最佳体适能，简称 PB），测试项目有：1 英里跑或走，皮脂厚度、身体密度指数，坐位体前屈，引体向上等。在美国还有一种体能测试（Fitness gram 9），其创新点在于将所测试的结果与健康体能区进行对比评价，软件生成的报告可以给学生和家长提供明确的反馈信息，包含了参考目标、个性化反馈和锻炼策略等内容。

美国有较为成熟的学生体质健康监测体系，第三方机构在学生体质健康监测中发挥重要作用。从 1985 年开始，PCPFS 体质与运动委员会每年进行一次对青少年学生的体质普查。美国学校会提供一定的时间、设施和体育指导，为所有学生提供学习积极生活方式的机会。由一些具有专长和志趣的人组成体格核心小组委员会，协助学校完成学生体质健康测试工作的实施、监测和评估活动，通过不断的调查分析为决策提供参考。

美国重视体质监测质量的研究，美国得克萨斯州在 2009 年开展了一项德克萨斯州青年体质健康研究项目（Texas Youth Fitness Project），以期发现影响体质监测质量的相关因素。著名的库伯研究所（Cooper Institute）联合多所大学对测试数据的可靠性和客观性进行调查论证，分析影响体质测试质量的原因。

日本重视学生体质健康，早在明治时期的 1879 年就对学生活动能力进行过调查。日本保存了自 1898 年以来青少年生长发育的重要资料，包括身高、体重、肺活量等基本形态信息，以及胸围、上臂围、下肢围等肌肉发育信息，还有饮食量和握力等指标数据。日本为了能够使国民在第二次世界大战后快速恢复健康，对 8 ~18 岁青少年，分别在 1949 年、1952 至 1954 年、1957 年、1959 年，进行了跑、跳、投、悬垂及灵活性的测定。从 1967 年开始，每年的 5 ~6 月份对全国 6 ~59 岁国民按照各自群体的《实施要案》统一进行体力测评，并由文部省发布当年的《体力、运动能力报告书》来公布测试情况和结果分析。1999 年施行的新测试指标减少了测试的指标数量，各年龄组的通用指标为握力、仰卧起坐和坐位体前屈，测试组别分为小学、中学、20 ~64 岁、65 ~79 岁共 4 段。

日本有成熟的学生体质健康管理，青少年体质测定是中学体育课的法定内容，每年的5、6月份都要依照《实施要案》进行统一的体质测定。同时，日本还倡导“快乐体育”和“生涯体育”。但随后学生的体质水平呈现下降趋势，且变异系数逐年增大，促使日本成立专门的机构来研究和制定新的测定标准，这是日本加强体质健康管理的重要举措。日本进一步完善了测试办法，测试内容由体力诊断测试和运动能力测试两部分组成。标准百分的评分方法能够反映出学生个体成绩在群体中的位置，这有利于为学生改进锻炼计划和开具运动处方。日本十分注重体质监测质量研究，筑波大学和东京体育大学所属体育科学研究所均把体质监测质量管理作为重要课题，并积极将成果推广实践。

第二节　学生体质健康的研究现状

我国一直都比较重视学生体质健康研究，从最初的“劳卫制”到今天的“标准”，对于学生体质健康监测制度、体系、方法和评价的研究一直是各时期教育和体育科研的热点和重点。在《国家学生体质健康标准》由初步试行到全面实施的十多年里，我国的科研工作者进行了大量的学生体质健康工作研究。

一、学生体质健康的制度建设

教育部、国家体育总局于2007年4月4日下发了“教体艺［2007］8号”文件，名为“教育部国家体育总局关于实施《国家学生体质健康标准》的通知”。文件中指出，《标准》是由教育部、国家体育总局在认真总结《学生体质健康标准》自2002年试行以来工作经验的基础上，根据新的形势对《学生体质健康标准》修改完善而来。要求各级学校自《标准》发布之日起开始全面实施，国家体育总局和教育部每两年会对各地实施《标准》情况进行一次检查，并公布检查结果。为贯彻党的十八届三中全会精神和方针，认真高效地落实教育规划纲要，教育部于

2014年印发了《国家学生体质健康标准（2014年修订）》，进一步提高了学生体质健康监测的信度、效度和区分度，突出强化了其教育激励、反馈引导和改进锻炼的功能。

《标准》是学生体质健康监测的工作基础，是《国家体育锻炼标准》的有机组成部分，是我国对学生体质健康工作的基本要求。《标准》从身体形态、机能、素质和运动能力等方面建立了学生体质健康的个体评价标准，能够客观综合评定学生的体质健康水平。旨在贯彻落实“健康第一”的指导思想，不断加强各级学校的体育工作，促使学生积极自觉地参加体育活动，养成良好的体育锻炼习惯，全面提高自身的体质健康水平。

《标准》适用于义务教育阶段的学生，以及全日制的普通高中、中等职业学校和普通高等学校的在校学生。其将测试对象划分为十组，即：小学每相邻的两个年级为一组，共分三组；初、高中每个年级各为一组，大学所有年级为一组。学生体质健康标准成绩每学年进行一次测试，100分满分，90分及以上为优秀等级，75分至89分为良好等级，60分至74分为及格等级，而59分及以下为不及格。学生的《标准》测试的评定等级将记入《国家学生体质健康标准登记卡》。

近年来对《标准》的研究比较多，但常停留在指标体系、测试办法和实施效果等方面，且多以项目设置是否合理、操作是否规范、成绩是否提高作为方向进行研究，致使研究缺乏深度和系统性。

二、学生体质健康的实施办法

“《标准》实施办法”指出学生体质健康监测工作应在教育部和国家体育总局的领导下，由各级教育行政部门进行管理，体育行政部门参与指导，由学校体育教学教务部门、学工部门和班主任（辅导员）协同进行。各地要将学生体质健康监测纳入政府的教育督导和教育评估的体系之中，并作为对各级各类学校进行绩效考核和评优表彰的依据，参与《标准》实施工作的教师可核准相应的教学工作量。各地、各学校在实施《标准》时要牢固树立“安全第一”思想，建立健全各项安全保障制度，切实开展安全责任制。全国各级各类学校每年均需将本校全部学生的《标准》测试数据，通过教育部“学生体质健康网”直接报送至国家学生体质健康数据管理平台。教育部将每年公布各省、自治区、直辖市学生体质健康监测情况。为保证《标准》测试数据的科学性、准确性和公正性，各地、各学校使用的《标准》测试器材必须是经过国家认证的合格产品。对弄虚作假和徇私舞弊的责任人将给予通报批评，对情节严重者将给予相应的行政处分。

“《标准》实施办法”规定颁发统一的证章给达到及格以上成绩的学生，作为他们毕业和升学的重要依据材料。只有《标准》测试成绩达到良好及以上的学生，才能参加三好学生和奖学金的评选；只有成绩达到优秀的学生才可能获得体育奖学分。对于《标准》成绩不及格的学生，可给予一次补测机会，如果仍不及格则最终成绩为不及格。所有非义务教育阶段学生毕业时，如果《标准》测试成绩低于50分将按肄业处理。另外对耐力素质不及格的学生和本学年体育课无故缺勤超过课时总数1/10的学生，其《标准》成绩也将评定为不及格。经学校相关部门核准的病残学生，可不参加《标准》测试，但仍可参加三好学生和奖学金评选。毕业时他们的《标准》测试成绩可填满分，但不可评定等级。

李建园和吴秋林认为《标准》中的某些评价指标的评分标准存在男女性别差异缺陷，如肺活量评价指标和坐位体前屈评价指标，没有充分考虑男、女生生理机能差别，使得评价标准有失公平。应适当降低男生相关测试的指标要求，使标准更加科学合理。王景贤和于春艳通过研究发现《标准》某些类别项目间的同质性较差，例如台阶试验与800米或1000米跑作为学生体质健康测试中评价学生心血管机能的选测项目，无论是项目内涵还是测试数值都不具有良好的一致性与对称性，该组别选测项目间的同质性非常差。

可见，在《标准》的决策和计划过程中，其环境分析、目标确定、方案选择尚有不完善之处，还需充分预测和持续关注施行情况，方能制定科学的组织计划和指标体系。

三、学生体质健康的过程控制

张秋霞认为学生体质健康监测的根本保证是学校主管领导和全体教师高度重视《标准》的实施工作。只有领导和教师树立“健康第一”的指导思想，真正认识到“每天锻炼一小时，健康工作五十年，幸福生活一辈子”的重要性，才能引导组织学生积极参加到体育锻炼活动中，提高学生的体育锻炼意识和体质健康水平，才可能真正地全面推进素质教育。钟旭认为在当前学校行政制度环境下，教育行政部门主管领导对《标准》的认知与定位决定了学生体质健康工作在学校的实施情况。在对学校体育教学部门、教务部门、校医院（医务室）、学工部门、辅导员（班主任）等进行业务培训以及对学生进行思想教育的同时，还应自上而下地保证《标准》在学校工作中的合理地位。部门主管领导对《标准》的理解不能仅靠下属教学部门或测试单位的工作汇报，该级管理者的上级主管直接对其进行教育培训是实现目标的有效保证。

杜世权认为教育主管部门应按照教育部、国家体育总局关于“学生体质健康监测办法”的有关内容，依据学校类别制定生均《标准》仪器设备费额度，同时制定教师的《标准》测试工作量与教学工作量折算办法。陈良业提出，为了规范《标准》测试工作，避免《标准》冲击体育课干扰教学秩序，《标准》应增设“测试工作不得挤占和挪用体育课时间”的条款，以保障体育课的顺利进行。考虑到我国学生入学就读的教育周期以及初高中学生在一年中便会受到两个标准的评价，故建议非毕业班学生的体质测试应安排在学期考试结束后的暑假，毕业班学生的体质测试则可安排在学期考试结束后的寒假。李宗堂认为将学生体质健康监测和体育课程融合是合理和可行的。将《标准》融入体育课堂教学之后，学生明确了《标准》中测试项目、测试标准、测试程序等方面的知识，这有利于学生系统地掌握学生体质健康标准的相关理论，有效地培养了学生自我监督身体健康水平的能力和意识。学校应利用教学考核、体质测评等教学管理手段，督促学生积极参加各种体育锻炼和比赛活动，逐步形成体育锻炼习惯，最终实现学生体质健康水平的不断提高。

可见，从《标准》的实施过程来看，作为《标准》施行管理主体的各级教育行政部门必须重视自身职责，充分发挥计划、组织、领导、控制和创新等管理职能并不断创新管理手段，才能有序有效达成预期的实施目标。

四、学生体质健康的效果现状

马勇志通过分析2007年度清华大学《标准》检测结果发现，若按照“学生体质健康监测办法”中关于对学生奖优罚劣的相关规定，清华大学将有2/3的学生没有资格参加三好学生和奖学金评选，受此影响的学生占在校生的大多数，这使学校陷入了十分严重的现实危机。因为严格执行实施办法必将引起学生的剧烈反响，若是不遵照执行又违反了上级文件要求。这充分暴露出清华大学很多学生还没有意识到《标准》的重要性和强制性，同时也反映了《标准》的指标体系与学生体质整体现状间的差距较大。当学生即便积极参与体育锻炼仍无法达到其低预期目标时，面对“零效果”学生甚至会选择放弃锻炼，这不利于发挥指标体系的鼓励和指引作用。

王凤仙认为基层单位在实施过程中存在着认识不清和监管不力的现象，导致测试数据不准确。有的学校不经测试环节直接填报数据，甚至因测试的数据不理想而编造数据后上报，这些问题严重影响了学生体质健康工作质量和有序发展。从目前部分地方的本科评估、中小学学生评优等工作要求来看，这部分地区已将《标准》的实施情况纳入各级政府教育督导内容和评估指标体系，《标准》测试结果已经直接作为对学校进行评优和表彰的重要依据，与学校、教师、学生的切身利益息息相关。诸如连续3年学生《标准》测试合格率达到85%以上，连续3年下降“一票否决”等条款已列入高校评估的重要指标。在此情况下，有些学校的主管领导就会给教师设目标，教师因担当不起这个“责任”而采取非常手段，致使上报数据与真实情况相去甚远。

杨洪涛等调查发现秦皇岛的高校学生对学生体质健康监测目的认识不到位，在调查的543名在校生中仅有1/4的学生对学生体质健康监测目的非常清楚或较为清楚，有的学生要毕业了还不知道为什么而测试。由于他们在思想上不重视体质测试，所以很难通过体质健康测试来调动学生参与体育锻炼的积极性。同时他也提出这与测试结果缺乏反馈有关，很多学校既不对测试结果进行公开也不进行分析。这与国家学生体质健康监测的相关制度要求相去甚远。

可见，学生体质健康监测效果并不理想，学校缺乏对学生的教育、引导和培训，致使学生对《标准》甚至是自己的健康都漠不关心。这与教育行政部门认识不清、监管不力和评价缺失有关，背离了《标准》的实施办法。

五、学生体质健康的质量反思

张宗国通过问卷调查和实验，总结了影响学生《标准》测试结果的相关因素。其中主观因素包括准备活动因素、测试顺序因素、测试态度及认知水平因素，而客观因素则包含测试仪器的精确度、环境温度的变化、时间安排的差异、项目选择的异同等内容，主客观因素都对测试成绩和等级产生不同程度的影响。该研究针对主客观因素提出了改进《标准》、加强教育、测试时段等建议。王太生结合自己参与体质健康监测工作的测定、督导和验收中的发现，认为在体质健康监测在项目科学性、指标可取性、器材可靠性，组织合理性等方面存在问题。这些问题直接影响了监测结果的准确性、分析报告的可信度和对监测工作的研判评价，并据此提出指标、器材等方面的建议。王勇和杨敏提出通过建立统一的质量控制平台来对体质健康监测进行标准化管理，利用质量、环境和职业健康安全管理体系做好大学生体质健康测试过程的质量控制，加强过程管理和改进质量，以提高体质健康监测管控的科学性和结果的客观性。

可见，目前对学生体质健康监测质量的研究多停留在质量控制平台、主客观因素和感性经验总结层面，质量提升多以制度指标、测试器材和环境时段等为建议取向，对着眼于质量管控实践的操作性研究尚显不足。

第三节　学生体质健康的现实背景

一、学生体质健康的基点是校园

（一）促进学生的体质健康发展是学校教育的根本目的

学校教育是教育制度的重要组成部分，具有目的明确、组织完善、系统完善和计划性强的特征。《中华人民共和国教育法》第一章第五条明确规定“教育必须为社会主义现代化建设服务，必须与生产劳动相结合，培养德、智、体等方面全面发展的社会主义事业的建设者和接班人”，这是我国教育的根本目的。而《中华人民共和国义务教育法》也明确指出“义务教育必须贯彻国家的教育方针，实施素质教育，提高教育质量，使适龄儿童、少年在品德、智力、体质等方面全面发展”。这表明促进学生体质健康发展是我国教育目的的基本要素，提高学生体质健康水平已经成为学校教育的重要目标。

（二）改善学生的体质健康状况是学校教育的重要职责

学校教育必须贯彻执行党和国家的教育方针政策，切实开展各项教育教学工作，为实现我国的教育目标服务。学生体质健康作为我国教育的目的组成和重要目标，使得改善学生的体质健康状况成为学校教育的重要职责和历史使命。同时，广大青少年成长过程中的大多数活动时间都是在学校中度过的，学生的体质健康状况与学校的教育理念、办学水平和体育活动存在着相关性。而且，“学生体质健康”这一概念的提出，也充分表明了学生这一特定人群的体质健康与学校教育存在关联性。无论是从学校教育的客观使命去分析，还是从学生体质健康的主观论断来看，改善学生体质健康状况都是学校教育的重要职责。

（三）提升学生的体质健康水平是学校教育的基本功能

学校教育是以影响人的身心发展为直接目标的社会实践活动，对学生的体质健康状况、行为和态势进行介入和干预，提升其体质健康水平是学校教育的基本功能，这也是学校教育目的性和工具性的具体体现。学校有以身体练习为主要手段，以学习体育与健康知识、技能和方法为主要内容，以增进学生健康，培养学生终身体育意识和能力为主要目标的体育与健康必修课程，这是提升学生体质健康水平的主要途径。学校有以保障学生每天一小时体育活动为主要目标，以提升学生体质健康水平为主要目的的体育大课间活动，这是增进学生体质健康的重要平台。学校的必修课程设置和基本活动安排使得学校教育具备了提升学生体质健康水平的基本功能。

二、学生体质健康的要点是管理

（一）学生体质健康需要科学的管理体系

基础教育学校在教育行政部门的直接领导和全权管理下展开具体的教育教学工作，教育行政管理的水平和学校教育教学管理的能力决定了学校的教育质量。学生体质健康工作依托现行教育制度体系，其管理流程与学校教育管理的关联程度是学生体质健康管理体系建设的关键。从目前的基层管理实践来看，学生体质健康管理既需要清晰的操作性管理流程，还需要与学校教育管理深入融合的评价制度。进一步完善目前由上至下的学生体质健康管理机制，不断强化学生体质健康管理与学校日常教育管理的深入融合，形成运行顺畅而又效能突出的管理体系对促进学生体质健康工作的稳步推进具有重要意义。

（二）学生体质健康需要高效的管理机制

科学的管理体系是提升学生体质健康工作水平的基本保障，而高效的管理机制则是决定学生体质健康工作效能的关键因素。学生体质健康管理机制的本质是学生体质健康管理的决策、计划、组织、控制和创新等各系统的内在联系和运行

模式，管理机制是决定学生体质健康管理效能的核心要素。在当前的教育背景和目标诉求下，如果学生体质健康的管理工作仍旧延续以往倚重行政命令或者宣传号召的管理模式，则很难实现预期目标。围绕学生体质健康管理，有机整合教育行政、教育管理、教学实施和督导评估等层面的工作，形成最优化的组织建构和权责划分，方能建立高效的管理机制以提升工作效能。

（三）学生体质健康需要先进的管理方法

管理活动普遍存在于人类的生产和生活之中，伴随着人类社会的发展而发展。管理方法是人们为了实现管理目的而采取的手段、方式、途径和程序的总称，它具有普适性、综合性和目的性特征。先进管理理念和方法在学生体质健康管理工作中的运用，既是保障学生体质健康工作正常运行的需要，也是解决学生体质健康管理工作问题的客观需求。从近代的资本主义工业化革命，到现代的跨国企业的全球化发展，经济社会的每一次快速进步都离不开先进管理方法的运用。目前，来自经济管理领域的 PDCA 模型、DMAIC 工具和 5W2H 分析法等正逐步运用于我国的行政管理、卫生医疗、教育文化等社会管理事务。学生体质健康工作必须引进先进管理方法以提高工作水平。

三、学生体质健康的重点是干预

（一）学生体质健康状态的稳固性需要干预

学生体质健康状态具有相对的稳定性，这是因为体质是人体在先天遗传和后天获得的基础上表现出来的形态结构、生理功能、身体素质和心理因素等相对稳定的特征。同时，学生的体质健康也存在客观的波动性。当作用于体质形成的外部环境发生改变时，身体素质和生理功能等后天获得性体质要素就会逐步发生相应改变。构建积极的体质健康发展环境，采取科学的体质健康促进手段和合理的体质健康干预行为有助于将学生的体质健康稳固在高水平状态并不断向前发展。在体质健康干预的具体行动中，要尽量避免突击式的一过性体质促进行为。尽管这可能会在短期内快速提高学生的身体素质指标，但这样的行为将会对学生的身心发展带来伤害，偏离了学生体质健康的工作愿景和最终目标。

（二）学生体质健康发展的过程性需要干预

对学生的体质健康进行标准化测量、网络化上报和行政化评价是体质健康管理的必要手段，但这些手段本身并不是学生体质健康工作的全部重点和终极目标。在国家学生体质健康标准的测试过程中，偶然的体测数据转优和个别的抽样情况良好并不完全代表着学生体质健康的整体状况。体质健康测试只是为了促进学生体质健康发展，激励学生积极进行身体锻炼的教育手段。关注学生体质提升的外部获取过程，重视学生锻炼习惯养成和树立终身体育意识，转变学生体质健康的不良发展趋向是提升学生体质健康水平的根本所在。在学生体质健康促进活动中，学校要提供给学生尽量多的手段选择和途径指引，以激发学生参与体质健康活动的兴趣和养成自主锻炼的习惯。

（三）学生体质健康工作的全面性需要干预

学生体质健康工作是一项系统工程，任何的职能弱化或环节缺失都将导致工作效能低下，并最终影响到学生体质健康的持续发展。当前的学生体质健康形势依旧严峻，基层单位普遍缺乏切实的方法手段进行有效的学生体质健康促进。为此，学生体质健康工作既要充分运用制度建设、目标控制和评价反馈等手段和工具进行管理，同时还要加强对基层工作实践的指导干预，使得该项工作的外部框架与内部构建得以统一和完整。由此可见，干预是学生体质健康工作的重要组成部分。职能部门在充分发挥原有管理机制的基础上，通过对基层学校体质健康管理的方法手段干预、过程行为干预和状态趋势干预，最终实现预期的工作目标。

四、学生体质健康的难点是监测

（一）学生体质健康测试与复查的规范性有待提高

学生体质健康测试是促进学生体质健康发展、激励学生参加身体锻炼的教育、评价和反馈手段。测试人员必须采用规范的技术、方式和方法，对学生进行《国家学生体质健康标准》指定项目和内容的实际测评，只有这样才能降低测试的随机误差提升测试信度。为此，各级教育行政部门在督促所属学校进行全面测试和及时上报工作的同时，还要严格对测试上报数据的完整性、真实性和有效性进行审查，并根据审查结果进行逐级审核和上报提交。为此，各地和学校在不断加大经费投入提供符合标准的学生体质健康测试场地、设备和环境等硬件条件的基础上，还要做好对学生体质健康测试、复查和评价等相关人员的技术培训和资格认证。通过提升体质健康测试的规范性，来有效提高学校测试与区域复查的一致性。

（二）学生体质健康评价与结果的权威性仍要加强

教育管理经验表明单纯对学生进行表扬激励不足以维系其稳定的行为动机。学生体质健康管理必须建立具有权威的评价制度，在学生的学业综合评价中对体质健康评价结果进行加权运用。学校要充分利用《国家学生体质健康标准登记卡》，规范记录学生的体质健康测试成绩和等级评定。小学将体质健康测试情况列入学生成长记录或素质报告书，初中以上学校列入学生档案，作为学生综合素质评价、学业水平考试和评优评先的重要指标。同时，学校还要在校内适当范围公布学生体质健康测试的相关数据和总体结果，中小学校要将有关情况向学生家长通报，以此接受学生、教师和家长的监督。此外，各级教育行政部门需将学生体质健康状况作为评价学校教育质量和地方教育发展水平的重要指标，落实监测结果公示制度。

（三）学生体质健康研判与干预的普遍性尚需突破

我国的学生体质健康工作以《学生体质健康监测评价办法》为依据，围绕《国家学生体质健康标准》测试，逐步建立了包括学校测试上报、部门逐级审查、随机抽查复核、动态分析预测、信息反馈公示、评价结果应用等相关制度和管理措施在内的学生体质健康监测评价的线性操作体系。但部分工作仍停留在规划设计和试点建设阶段，缺乏有效落实。教育部抽查复核数据与上报数据一致性的显著偏低，较之学生体质健康状况的持续下降更应引起重视和采取应对措施。各地教育行政部门应支持设立学生体质健康监测、研究或服务机构，建设专业化的测试、服务和研究人员队伍，及时分析测试结果和深度查找影响因素以把握学生体质健康变化趋势，从而提高学校体育工作的针对性和实效性。

五、学生体质健康的未来是创新

（一）学生体质健康的组织规划要承前启后

我国一直重视学生体质健康工作，从20世纪的“达标”时代到21世纪的“体测”时期，学生体质健康工作的领导规划、制度建设和工作实施始终紧随时代发展步伐而积极迈进。然而在2010年以前的二十五年间，我国的学生体质健康水平却处于持续下降状态，只是近年来学生体质下降的趋势得到控制。形成这一尴尬局面的重要因素是人们的生活方式和饮食习惯发生了显著改变，但职能部门的组织规划和方法决策也存在一定的问题。当学校教育的关注重点由教育活动的目的性和功能性转向教育行为的技术性和艺术性时，就会造成教育职能的核心价值偏离和外延作用缺失。夸大学校教育的受众服务作用，则必然削弱其对学生身心发展的导向功能。在这样的现实背景下，我国的学生体质健康工作必须做好顶层设计，承前启后方能达成理想目标。

（二）学生体质健康的控制干预要取长补短

世界各国对体质健康的概念界定并不完全相同，但学生体质健康下降却是一个世界性的共性问题。基于提高人们学习生活质量和减轻社会保障压力的需要，许多发达国家在学生体质健康控制与干预方面积累了很多有价值的经验。我国学生体质健康架构从仿效苏联到学习美日，通过因地制宜的创造性运用先进经验，形成了一套颇具中国特色的学生体质健康运行体系。然而，随着我国教育改革的快速发展，学生体质健康的发展环境正在潜移默化，自由主义和快乐体育等教育本位化思潮正对学生体质健康产生消极影响。为此，对学校的教育生态和健康环境保持密切关注，强化对学生体质健康的控制干预，显得十分必要。在工作实践中，仍需不断学习借鉴经过验证的国外先进经验，取长补短才能少走弯路。

（三）学生体质健康的发展创新要开创未来

“创新是引领发展的第一动力”，这是时代进步和学生发展的迫切需求。世界发达国家的经验表明，创新是引领学生体质健康发展的最持久动力。在学生体质健康水平持续下降和测试信度低迷的背景下，我们比以往任何时候都需要不断推进理论创新、制度创新、科技创新、文化创新等各方面创新，不断强化创新这个引领发展的第一动力。我们要充分发挥职能部门、社会力量和基层师生的创新主体作用。抓创新就是抓发展，谋创新就是谋未来。在新的发展阶段，要充分尊重人民群众的首创精神，健全激励创新的体制机制，充分发挥广大人民群众的聪明才智，加快形成人人创新和促进的学生体质健康发展环境，开创我国学生体质健康发展的美好未来。

第二章 学生体质健康的计划组织

区县教育行政部门直接从政府行政层面统辖着区域教育的各项具体工作，它不但是负责执行国家教育方针政策的重要节点，还担负着区域学生体质健康的决策职责。其行政决策以国家权力作为坚强的后盾，体现着国家的意志和利益，具有至高无上的权威性和普遍的约束力。为此，必须充分做好学生体质健康工作的决策计划和组织构建等基础工作，以扎实推进《标准》监测实施工作，有效提升学生体质健康水平。

由于决策是对未来一定时期内有关活动的方向、内容及方式进行选择或调整的过程，而且决策是以获取最满意而不是最优方案为基本原则，故我国学生体质健康的决策发展常具有显著的时代特征。而计划则是为了实现决策目标而预先进行的行动安排。它通过在时间和空间维度上进行任务分解，以及选择实现决策目标的具体方式，从而保证组织活动具有良好的效能。为了保证编制的计划合理和确保决策的组织落实，计划编制过程中必须采用科学的方法。

组织设计是为了保证学生体质健康工作的系统运行而建立的可执行框架，但具体的工作肯定要由具体的人员去完成。为此，除了要设计合理的组织结构，还要选配合适的人员担任具体的工作岗位。任何组织机构的工作正常运转和目标任务达成，都需要组织中的各个部门和全体成员协调一致地去做好相应工作。为此，首要就是整合利用好组织中的各种资源和力量，建立一个简约高效的信息交流平台，以便能够及时妥善地处理组织不同人员之间的工作问题，从而使组织内部各职能部门和工作岗位，能够朝向共同的组织目标和发展方向迈进。

第一节　学生体质健康的决策计划

一、学生体质健康的政策演变

（一）以“劳卫制”为抓手的学习借鉴阶段（1951—1974 年）

中华人民共和国成立后将苏联行之有效的《劳卫制》作为学生体质健康测试制度，不但可以提高国民健康素质，还可以为持续的战争准备服务，这符合当时的国情需求。为此我国于 1950 年派体育代表团考察了苏联实施《劳卫制》的经验，并草拟了我国《劳卫制》项目标准的初步方案。此时国内一些城市和学校自发试行一种类似苏联《劳卫制》的《体育锻炼标准》制度，为后期《劳卫制》在全国范围内实施奠定了基础。1954 年国务院正式公布《准备劳动与卫国制度暂行条例》和项目标准。当时的测试项目，带有强烈的改变民族形象、为生产和国防建设服务的色彩，使参加锻炼的人在速度、耐力、灵敏和力量等方面得到全面发展的同时，掌握了初步的国防知识，当时的测试包括很多军事性质的项目，如 6km 行军、20km 骑马、手榴弹掷远、蕴含军体拳特色的劳卫操，同时全国范围内的青少年也非常乐于参与该类别项目的测试，测试项目彰显“军事化”特点。

1956 年根据前一段开展学生体质健康测试的经验并吸收 1955 年苏联劳卫制改革的精髓，对《准备劳动与卫国制度暂行条例》进行了修改，并更名为《劳动卫国体育制度条例》，1958 年国务院正式批准公布《劳动卫国体育制度条例》。测试项目标准，是在各地实行了 3 年《体育锻炼标准》的基础上，尽量参考各省、市实际情况而订制的，南方省市的年龄分组与北方省市的分组存在差异性，带有地域性的项目如北方的滑冰、南方的游泳等项目被吸纳为选测项目。把各地自订的《体育锻炼标准》定为《劳卫制预备级》，作为《准备劳动与卫国制度暂行条例》

的一个预备阶段，极大地促进了各地参与测试项目制订的积极性。此阶段的测试项目充分考虑到各地区各民族不同情况，“地区性”特点是当时测试项目的又一个典型特征。

20 世纪 60 年代初，我国进入了 3 年自然灾害时期，各地先后停止了《劳动卫国体育制度条例》的开展和推广。1964 国家体委在全国体育工作会议上，基于政治形势和社会发展将《劳动卫国体育制度条例》改名为《青少年体育锻炼标准》并向全国发布，其测试内容和测试标准与《劳动卫国体育制度条例》基本保持一致。在“文化大革命”时期，《青少年体育锻炼标准》被迫停止施行。

（二）以“达标化”为特征的自主创新阶段（1975—2003 年）

1975 年，国家体委、教育部、共青团中央、卫生部以国内大范围调研为依据，针对我国青少年的身心发展特点和测试项目的普及分布特征，联合颁布了《国家体育锻炼标准》，这是我国自主制定并实施的第一个学生体质健康测试制度。它是在 1964 年颁布的《青少年体育锻炼标准》的基础上进行修订，在测试项目上取消了射击运动、掷手榴弹、行军等军事体能测试项目，增加了掷实心球、铅球、1 分钟仰卧起坐等身体素质测试项目。并且为更好地反映我国青少年儿童体质发展水平的实际状况，在原先只有达标的基础上细化为及格、良好、优秀 3 级测验标准。为促进青少年积极参与体育锻炼、提高身体素质，对于不同组别的测试达标者分别颁发银色、金色绿叶和金色金叶奖章作为激励措施。

1982 年颁布的《国家体育锻炼标准》在测试项目方面，去掉了器械体操等对场地器材和师资条件要求较高的项目，增设了立定跳远、50m 跑、仰卧起坐等简便易行的项目。在评分方式上，采用评分法代替原来的达标法，并规定各单项最低分不得低于 45 分。在具体评分标准上，每个年级实行不同的评分标准，以鼓励学生要不断追求“更高”“更快”“更强”的体育精神。在激励手段方面，对于测试达标者，在给予奖章和证书表彰的基础上，高考成绩同等条件下优先录取，同时首次对于试行工作成效显著的单位和工作人员，给予表彰，极大地鼓舞学生们参与体育锻炼和测试工作组织者的热情。

1989 年颁布的《国家体育锻炼标准》在 1982 年的基础上扩大了可供测试项目的范围，包括在少年以上组增加了 10m ×4 往返跑、双杆臂屈伸（男）、斜身引体

（女）、曲臂悬垂，进一步降低测试各单项最低得分至30分，并将测试成绩评定列入体育课成绩，初步形成课余锻炼与体育教学相结合的方式促进学生体质健康的局面。同时考虑到儿童组的实际情况，儿童组增加的10m×4往返跑、50m×8往返跑、掷实心球（1kg）、20s立卧撑、斜身引体等测试项目难度系数稍小，同时部分测试项目男女有别，因此不同组别的学生均可以根据自身运动喜好和特长而选择不同的测试项目进行测试。

（三）以“新标准”为核心的科学发展阶段（2004年至今）

2002年，由教育部、国家体育总局组织制定的《国家学生体质健康标准（试行方案）》在全国范围内试行，并于2004年在全国各级各类学校全面推广。与《国家体育锻炼标准》相比而言，《国家学生体质健康标准（试行方案）》在测试评价标准中首次出现了“健康”一词。在测试分组方面将小学分为1~2、3~4和5~6年级3个组别，初中及以上年级每年级一组，大学一组共10个组别，同时增加了身高、体重、BMI、肺活量和坐位体前屈等与健康相关的体质测试项目，这样使得测试指标从单一的运动素质类增加到身体形态、身体机能和运动素质3类。同时《国家学生体质健康标准（试行方案）》的成绩对学生评优、获奖，甚至能否毕业都有直接的联系，其管理要求可谓严谨。

2007年教育部、国家体育总局根据当时形势，在总结《国家学生体质健康标准》试行工作经验的基础上，对学生体质健康测试制度进行了修订和完善，颁布了《国家学生体质健康标准》。2007年实施的《国家学生体质健康标准》，进一步突出“健康第一”的理念，并增添了一些力量素质、速度素质和运动能力类型的选测项目，如投沙包、跳绳、踢毽子、25m×2往返跑、立定跳远、坐位体前屈、仰卧起坐、掷实心球、400m跑，这些测试项目正是针对我国历次学生体质健康调研中反映最为突出、降幅最为明显的体能指标，并考虑到在全国范围实施的可行性而设定的，与《国家学生体质健康标准（试行方案）》相比，《国家学生体质健康标准》规定400m跑（50m×8往返跑）、1000m跑（男）、800m跑（女）、台阶试验的得分达不到及格者体质健康测试的总分最高59分。

2014年7月公布了《国家学生体质健康标准（2014修订）》。测试的测试项目，在《国家学生体质健康标准（试行方案）》与《国家学生体质健康标准》中，身体形态测试项目为必测项目，运动素质为三选一的必测项目，在《国家学生体质健康标准（2014 修订)》中，身体形态、机能和运动素质测试项目全部为必测项目，结束了中国学生体质自《劳卫制》开始设有选测项目的历史。另外，为了着重提高测试的信度、效度和区分度，着重强化其教育激励、反馈调整和引导锻炼等的功能，《国家学生体质健康标准（2014）修订》进一步精简了测试项目，并增加了学生薄弱的体能指标测试项目的权重，在满分 100 分的基础上另设 20 分附加分，即当学生奖励指标成绩超过满分标准后，直接在学生学年总分中增加鼓励分，其中各年级阶段的奖励指标均为与学生薄弱的速度、力量、耐力等身体素质类测试项目，同时对于测试成绩达不到 50 分的普通高中、中等职业学校和普通高等学校的学生按结业或肄业处理。

（四）学生体质健康发展的决策特征

1. 我国体质健康工作决策的目标导向更加科学

《劳卫制》时期的体质健康工作目标是为了让人们为生产劳动和保家卫国做好相应的准备。尽管这符合当时准备持续战争的国情需求，后继也针对各省区具体情况进行了修订，但体质健康从属于战备手段必将导致工作重心转移。《国家体育锻炼标准》时期的体质健康工作更多的是对人们的身体素质和运动能力做出评判。尽管在劳卫制只有达标的基础上划分了优秀、良好和及格三个测验标准，并采用综合评分方式替换了原来的单纯达标方式，但体质健康停留在整齐划一的运动评价层面。《国家学生体质健康标准》对学生体质健康的评价则涵盖了身体形态、身体机能、身体素质和运动能力等方面，并在绝对量化评价的基础上融入了一定的个体加权评价。全人发展的大健康观决策目标导向将激励学生更积极地投入到身体锻炼活动中去。

2. 我国体质健康工作决策的对象人群更加精细

在《劳卫制》和《国家体育锻炼标准》颁布施行时期，我国体质健康决策所面向的对象是全体社会人群，这虽然便于宏观统筹和属地统辖，但对体育锻炼中最具可塑性和决定性的学生群体却未加以侧重。当前，专门针对学生体质健康发展的《国家学生体质健康标准》早已运行多年，经历修订完善的《国家学生体质

健康标准》（2014 年版）也已经实施到位。尽管《国家学生体质健康标准》在制度框架和管理运行上仍从属于《国家体育锻炼标准》，但其制度方法、指标体系、测量评价和运行模式早已自成系统。决策对象由全体人群细化到学生群体，这是决策目标精细化的具体表现，对推动目标人群的体质健康工作必将产生积极的推动作用。

3. 我国体质健康工作决策的形成过程更加审慎

《劳卫制》在我国的推广更像是拿来主义。在全面学习苏联的背景下国家派出考察团学习苏联《劳卫制》并草拟了实施方案，并且在没有经过官方系统试点的前提下就在全国范围推行和实施。由于其忽视了决策方案的可行性和针对性，不可避免地为后继工作带来诸多变数。为此，《国家体育锻炼标准》的决策过程则相对严谨。国家体委、教育部、共青团中央、卫生部等多部门以全国范围内的大量调研工作为依据，制订并实施了我国第一个针对学生体质健康的测验标准。但客观来讲，这更像是对前序工作的改革创新，虽然经过大量调研但同样没有经过系统的试验。而《国家学生体质健康标准》从 2002 年发布试行方案通知到 2007 年颁布正式标准，其整个试行方案就分区域、分阶段和分层次地试行了五年，然后才在总结全国试行经验的基础上修订和颁布正式版本，可见其决策形成过程更加审慎。

二、学生体质健康的决策步骤

决策是指组织或个人为了达到某种目的，通过识别并解决问题，以及利用机会和创设可能，而对未来一定时期内有关活动的方向、内容及方式进行选择或调整过程。决策的基本原则是获取最满意而不是最优方案，故决策的发展常常具有显著的时代特征。

区县教育行政部门直接从政府行政层面统辖着区域教育的各项具体工作，它不但是负责执行国家教育方针政策的重要节点，还担负着区域学生体质健康的决策职责。其行政决策以国家权力作为坚强的后盾，体现着国家的意志和利益，具有至高无上的权威性和普遍的约束力。行政决策约束范围比其他任何管理决策都要广泛和全面，要发挥行政决策的积极效应就必须保证决策的正确性以避免消极影响。区县教育行政部门的决策程序一般包括以下几个环节。

（一）发现问题并确定目标

发现问题和确定目标是行政决策的开始。问题来自预期目标和实际状态之间的差距，而发现和识别这些差距并最终确定决策问题是行政决策最基本的工作。首先要通过调查研究，对工作现状进行全面掌握并从中发现问题。再对存在的问题进行分析、归纳、整理，从而确定问题是属于一般的系统问题还是关键的决策问题。及时准确地发现问题是正确进行决策的首要环节。在通过调查分析发现问题后，教育行政部门就要围绕问题确定问题解决后所要达到的标准、指标或结果，从而确定最终的决策目标。确定决策目标是科学决策的重要环节，它是后继全部决策方案设计制定的基础。行政目标或方向出现问题，则必然导致行政决策出现偏差，也就不可能实现行政管理的预期效果。因此，行政决策目标的确定必须采取审慎的科学态度。

目标是在科学预测的基础之上，在特定环境和条件下所要达到的结果。教育行政部门要发挥其决策效能，则其制定的决策目标必须具备明确性、合理性和科学性。首先要经过科学调研以使目标具有可操作性。高不可及或无需努力的目标都不具有现实意义和操作价值。其次，行政目标的含义要清晰明确，内容要具体翔实。如果目标含义抽象含糊，模棱两可，甚至可以做多种理解和证实，那么这样的目标就无法作为行动依据和评价标准。同时，行政目标要有合理的目标结构。行政决策往往是高层次、大范围和综合性的多目标复合决策，因此要运用系统方法确定合理的目标结构，确定并且区分目标的主次关系、层次关系和制约关系。在具体的操作过程中，可根据需要进行目标分解和解读，以更好地指导具体的实践工作。

（二）拟订备选的解决方案

在明确了行政目标后，教育行政部门就要组织拟定可供选择的解决问题和达到目标的各种可行方案，这是进行科学的行政决策的基础。由于可供选择的各种备选方案的质量，在很大程度上影响和制约着行政决策的质量。因此，一项行政决策至少要有两个及以上的备选方案。若备选方案不足则无法进行比较，也就没办法对方案进行甄别择优。为了便于比较和选择，备选方案的拟定需兼具科学性和差异性。（1）备选方案的拟定必须在决策目标的统辖下，按照行政决策目标的具体要求展开。（2）备选方案之间应具有比较明显的差异性，过于相近的方案不利于比较和选择。各种备选方案之间所采取的路径、措施和方法应各有特色，而不能大同小异。（3）备选方案的拟定要具有创造性思维，能从不同的角度和途径大胆设想出各种各样的可能性方案，以保证备选方案的创造性和多样性。

在备选方案拟定后，教育行政部门就可以依据预定的目标及具体的结果，对各种方案科学性、合理性和可行性进行比较、权衡和筛选，从而选出最佳的备选方案。在进行方案评估时，（1）要考虑方案的科学性。方案的制订需有充分的科学依据和理论支撑，建立在个体经验基础上的方案往往不具有普遍意义。（2）要考虑备选方案的可行性。方案实施所能达到的预期效果需与决策目标匹配，而且方案中还应包含对实施过程中可能出现问题的预防和应对。备选方案的预期效果越靠近决策目标且方案制定越是全面详细，它就越有可能是相对优秀的备选方案。同时，还要关注备选方案的实施效益。优秀的备选方案往往能用最短的时间、最少的投入和最低的代价实现既定的目标，并给群体和社会带来最大化的实施效益。在进行方案选择时，一般同等效能下，最少投入的方案为先；而同等投入下，能产生最大效能的方案为优。

（三）优化完善已选择方案

如果说选择最优方案是行政决策过程中的关键，那么对已选定方案的优化和完善则是整个行政决策的核心，这是教育行政部门的重要决策职责。相关的行政决策者要充分运用科学的决策理论，独立地使用职权进行方案定夺，并做好相关环节的具体工作。首先要制定方案优选的评判标准，比如既有利于达到既定的决策目标，又能体现最大的社会效益和和复合价值，同时又简单易行和便于操作等。如果没有明确的目标，那么方案的优选就变得无章可循。当然，最优方案只是在限定条件下相对于各种备选方案而言的，并不是方案固有的绝对属性。同时，各种备选方案往往各具所长又各有所短。因此，即便是已经选出来的最优方案，决策者也要在目标的统辖下参照其他方案加以必要补充、修改和完善。教育行政部门可以在必要时综合各种方案的优点，形成一个更符合实现行政管理特定目标的理想方案。

决策者还可以通过咨询措施，积极获取方案以外的补充意见。通过听取、分析和吸纳，利用咨询者提供的合理意见对方案做进一步完善。行政决策者在听取咨询意见时必须始终处于行政决策的核心地位，不能完全被咨洵者所左右，更不可对优选方案进行全盘否定。可见，行政决策者如果不借助专家、学者和咨询者的意见，就很难制定理想的科学决策，也就不可能成为好的决策者。而被专家和咨询者所左右，缺乏决断魄力和能力的领导者，同样也不是一个好的决策者。当然，决策者也要根据决策目标的指向、决策对象的性质及决策要求的情况去选择合适的决策方式。一般性的简易问题可以实行个人决策，关键性的繁复问题则需要集体决策。最后，决策者在优化和完善方案时要做好两手准备，既要对优选方案进行科学预测，还要制定防范措施和应变方案，以免陷入被动决策局面。

（四）试点和检验决策方案

由于教育行政决策往往涉及众多复杂因素且影响广泛。因而除特殊情况外，决策部门应该在全面实施决策方案前进行系统试点，通过局部试验来验证方案运行的操作性和可靠性。在试点的选择过程中，既要保证抽样的可操作性和可观察性，同时要保证试点具有全局性和代表性，以使抽样试点更能代表整体。此外，还要保证试点具有较强的抗干扰能力，通过控制无关变量来确保试点结果的公正性和客观性。而决策方案在试点中的运行和实施，必须严格按照决策的方案执行和落实，不能随意调整和更改。同时还必须有同等条件下的一般对照组，这样才可能从比较中得出科学的结论。如果通过试点评价认定决策方案在试点对象的实施效果不但优于对照组且达到了决策的预期目标，那么就可以认为试点取得了成功，在总结经验后就可以进入全面的普遍实施阶段。而如果主客观条件发生重大变化，或者发现原来决策存在重大的失误，以至于必须重新进入决策程序和制定决策目标时，就必须进行“追踪决策”。

（五）实施决策和修正完善

行政决策的最后阶段是实施经过优选和完善的决策方案。决策方案的实施使

得决策目标和价值得以具体展现，这是决策过程的重要部分。同时，决策的目标实现与成果取得还具有一定的过程性甚至是延后性，所有的目标不可能在短期内就全部实现。为此，决策者还要在方案实施中不断地跟踪调查和收集信息，并根据具体情况采取必要的措施去及时修正和完善行政决策。这能促进方案的实施和成效持续接近预期的决策目标，从而确保行政管理目标的顺利实现。

追踪决策是决策者在初始决策的基础上对已实施活动的方向、目标、方针和方案进行修正完善的一种决策。它具有回溯分析、非零起点、双重优化等特点。追踪决策在对原有决策的产生机制进行客观分析后，针对问题的发生过程查找具体原因，以扬弃方式确立新的有效对策，使追踪决策建立在可靠的现实基础之上。需要注意的是追踪决策不是从零开始的重新决策，而是在原有决策的基础上进行扬弃取舍和修正完善。相关决策者要积极吸取原决策中的合理因素用于新决策的完善，而不应对原决策采取全盘否定的态度。

三、学生体质健康的计划方法

计划是指为了实现决策目标而预先进行的行动安排。它通过在时间和空间维度上进行任务分解，以及选择实现决策目标的具体方式，从而保证组织活动具有良好的效能。计划的概念具有双层含义。它一方面是系列计划工作编制出来的结果，是指导行动、配置资源、评价效果的活动规则；另一方面它还是一个动态的活动过程，包括预测未来、确定目标、制定方案，并最终实现组织目标的管理过程。

同时，计划工作不但是组织、领导、控制和创新等管理活动的起点，还是管理活动的基本职能。它是组织内不同部门及不同成员之间的行动依据。为了保证编制的计划合理和确保决策的组织落实，计划编制过程中必须采用科学的方法。而且，尽管可以用不同标准把计划分成不同类型，计划的形式也多种多样，但管理人员在编制完整计划时都遵循基本相同的逻辑和步骤，这为编制科学的计划提供了便利。

（一）确立组织目标

确定目标是决策工作的主要任务，而制订计划的第一步则必须明确组织活动的路径方向和期待结果。目标为组织整体各部门和各成员指明了前进方向，描绘了组织未来的状况，并可作为评价标准来衡量实际绩效。计划工作的主要任务是将决策所确立的目标进行时间和空间上的分解并转化为具体任务，以便将目标落实到组织系统的各个部门和活动环节，同时将长期目标分解为各个阶段的短期目标。

计划是决策的开始，决策是计划的执行。故决策目标指明主要的计划方向，而主要计划又根据具体目标的反映方式，来规定各个重要部门的目标。这使得主要部门的目标依次控制下属各部门的目标，各部门的长期目标又依次控制下层的短期目标。目标的分解与转化沿着时间和空间序列依次递进，从而形成了组织系统的目标结构和内容。目标结构描述了组织中各层次目标间的相互联系和协作关系。

（二）估计所处形势

计划是由当下情势达到预期目标的路径。在目标确定的情况下，客观认识和估计当下所处的形势成为影响计划合理性的关键。认清现在关系到计划的起点、步骤和方案，并据此寻求合理有效的目标路径。决策过程中的问题发现，实则也是建立在对当前形势的认识了解基础之上。要认清所处形势，首先要有视野宽度。将组织、部门置于更大的系统中去分析，有利于在对象范畴界定的基础上发现其关联因素，从而更加客观地评价当前基础。同时，还需要具有一定的观察深度，要能够从过去发生的实践中得到启示和借鉴。尽管事物的发展未必具有稳定惯性，但通过研究探讨其规律仍具有一定的参照意义。此外，还要有关注的广度。很多目标并非独立的组织内本体预期，有些目标是通过外部参照和比较对比方才得以确定。这就需要动态分析估判发展环境、外部参照及组织自身随时空延展而可能产生的相应变化。

（三）明确前提条件

计划的前提条件就是实施计划时预期的内外部假设条件。它来自于对当前所处形势的认识和事物发展的估计。前提条件的准确性和适切性将会为计划工作的实施提供良好运行环境，对前提条件认识越清楚和越深刻，则计划工作越有效。而且，组织成员越是理解、认同和遵照计划的前提条件，则计划工作的执行就越协调顺畅。

由于计划的制定要早于计划的实施，且由制定到实施的间隔具有一定的不确定性，这就为前提条件的设立带来了一定不可靠性。同时，由于计划范畴和时间跨度等原因，使得有些计划不可能准确估计过于长远的未来环境。这使得为计划的将来环境的每个细节都做出假设变得不切实际，显然也没有这个必要。因此前提条件仅限于那些对计划实施影响巨大且有重要意义的关键性假设条件。预测在确定前提条件方面具有重要价值，一般常用德尔菲法进行重大前提条件的预测。

（四）优选可行方案

由于计划主体的认知和能力各不相同，以及计划所需的环境和要素各有差异，使得实现某一目标的途径呈现出多样性，但实现目标的最理想路径只有一条。通过拟订可行性行动计划、评估计划和选定计划，能够更准确地找到那条最理想或最贴近理想的路径。

在拟订行动计划时，一般要求拟订尽可能多的可行性计划。因为可供选择的行动计划越多，则所选计划的满意程度就相对越高，最终的行动实施就越有效。因此在行动计划的拟订阶段要充分发扬民主和广泛发动群众，积极利用组织内外乃至行业内外的相关专家来设计尽可能多的行动计划。特别在看起来只有一种行动方案时更要积极寻求创新，因为看似唯一合理的方案往往是错误的，这容易让人放弃探索更好的方案。

然而，在现实工作中我们所面临的问题却并不是备选计划太少，而往往是可供选择的计划太多。这就需要相关人员通过审查和估算做好初步筛选，从而保留适量的可供选择的行动计划。在评价行动计划时，要认真考察每个计划的制约因素和不利之处，从定性或定量的角度来总体衡量计划的效益。

（五）制订主辅计划

在对各种可行性方案进行分析和评价时，有时可能会存在多个可取的方案，或者在多个方案中发现可取的亮点。在这样的情况下，管理者常常会选择多个方案作为最终的选定方案，并据此制定主要计划。拟订主要计划就是将所选择的计划内容用计划文本加以系统阐释，从而形成一项规范的管理文件。计划中要清晰地描述出原因、对象、地点、时间、人员和方法等六方面内容。

在拟定主要计划后，还需制定相应的派生计划来支撑主要计划的实施。派生计划是主要计划在各部门中的解析和细化，由相关部门制定并成为指导部门具体工作的直接参照。派生计划与主要计划一起构成了计划的层级体系，使得组织活动能够按照预期计划得以有序实施。

（六）制订数字预算

在做出决策和确定计划后，计划工作的最后一步就是把计划方案转变成数字化的预算。预算是用数字形式勾勒出组织在未来某一特定时间内计划的预期结果，它是衡量计划执行情况的重要标准。为计划工作编制预算，既是为了计划的指标体系更加明确，也是为了更好地控制计划的执行。单纯以定性方式制定的计划，往往在观测、评价与控制等方面难于把握，而过分定量的计划又可能因为缺乏缓冲机制而变得难于操作，为此在计划的制定过程中进行审时度势的预判显得尤为重要。

总体来讲，无论计划简单或复杂，规模细小或庞当，但计划活动的基本步骤是相近的，任何一个完整的计划都应该具备这些基本步骤。此外，计划工作中提出可行性方案、评价方案和选择方案这几个步骤，实际上也是决策的过程。可见，决策是计划活动的核心。只有经过科学审慎的决策，才能制定合理可行的计划。

第二节　学生体质健康的组织构建

一、学生体质健康领导的组织设计

（一）组织设计的层次

组织设计的实质是对管理人员的管理工作进行横向和纵向的分工。管理工作分工的必要性缘于管理者有效管理幅度是有限的。管理幅度决定了组织中的管理层次，从而决定了组织结构的基本形态。设计合理的组织机构与结构，必须确定合理的管理幅度，也即组织层次。

由于精力和能力限制，组织主管必须将直接参与的工作量控制在一定的限度内，而将其他管理工作委托给一定数量的人来完成。这样做的结果是主管减少了必须直接从事的工作量，但同时也增加了他与受托人之间的协作工作量。由此可见，组织主管能够有效领导的下属数量总是有限的。这个有限的直接领导的下属数量被称作管理幅度。基于同样的问题，上级主管的受托人也需将受托担任的部分管理工作再委托给另一些人来协助进行，并依此类推直到受托人能直接管理组织成员的具体工作。这就形成了组织中最高主管到具体工作人员之间的不同管理层次。

显然，组织层次受到了管理规模和幅度的直接影响。在管理手段一定的情况下，组织成员越多和规模越大，则组织的层次就越多。而在组织规模一定的情况下，主管直接管理的下属越多，则组织层次越少，而如果主管直接管理的下属越少，则组织层次越多。

（二）组织设计的类型

由于管理幅度与组织层次的反比关系，从而形成了扁平和锥形两种基本组织结构类型。两种类型的组织结构在具体的管理工作中往往各有利弊，为此组织设计要尽可能地综合两种组织结构的优势，并努力克服它们存在的局限。

扁平结构是指在组织规模一定的情况下，组织的管理幅度较大而管理层次较少的组织结构类型。由于这种组织结构的管理层次较少且信息的传递速度较快，可以让高层管理者尽快地发现组织活动中存在的问题，以便能及时采取相应的止损手段和修正措施。同时，由于组织信息传递所经历的层次较少，从而信息在流转过程中失真的可能性也较低。此外，随着管理幅度的增大，主管人员对下属也就不可能控制得过多过死，这有利于下属工作人员发挥主观能动和创新精神。但过大的管理幅度也会带来信息收集不利和管理不够到位等问题，从而影响管理工作的质量。

锥型结构是指管理幅度较小而管理层次较多的金字塔形组织结构。其较小的管理幅度可以使每位主管仔细研究下属人员的工作信息，并针对具体情况进行相应的管理和指导。但过多的组织层次不但会影响信息从基层传递到高层的速度和进程，而且会降低传递信息的真实程度。由于各级主管会在信息传递过程中加入自己的认识和理解，故随着信息传递经历的层次增多，原始真实信息会在逐级的取舍和补充中逐步失去可靠性。而且，这样的管理结构可能会让各级主管认为自己的作用未得到充分发挥，从而影响管理工作的积极性，使计划的实施和控制变得更加复杂。

（三）组织设计的任务

组织设计的任务是制定组织结构系统图和编制职务说明书，这是执行组织职能的基础工作。为此，首先要进行职务设计。组织结构系统图的绘制次序是自上而下展开，即便是对现有组织的改进也往往是自上而下地重新划分各个部门的职责。但设计全新的组织结构却是自下而上地从最基层开始。作为组织设计的最基础工作，职务设计是在组织活动逐步分解的基础上设计具体管理工作所需的职务类别和数量，分析各职务人员所担负的责任和应具备的素质。

然后，要做好部门划分。通过明确各个职务的工作内容性质和职务之间的相互联系，根据特定的部门划分原则将相关职务组合成具体的职能部门。由于组织活动的特点、环境和条件不同，划分部门所依据的标准也会有所不同。而且，在不同的组织背景下，即便是同一组织的部门划分标准也可能处于不断调整之中。但毫无疑问，部门划分的愿景是为了促进计划实施和管理落实，以获取最优的工作效能。

最后，是形成组织结构。职务设计和部门划分是根据工作要求来进行的。在现实需求的基础上，还要根据能够获取的人力资源对初步设计的部门和职务进行调整，并平衡各部门和职务的工作量，从而形成更加合理的组织机构。后继只需根据各项工作的性质及内容，协调各部门之间的职责、权限和义务，从而使各管理部门和职务岗位形成一个相对严密的组织体系。

（四）组织设计的原则

由于组织所处环境和规模大小的不同，其制定的战略和采用的技术也会不同，从而所需的部门和职务及其相互关系也不同。但任何组织在进行结构设计时，都要遵守共同的原则。

1. 因事设职与因人设职相结合的原则

组织设计的根本目的是为了促进组织目标的实现和计划方案的执行，保证组织活动的各项内容落实到具体的部门和岗位，从而做到“事事有人做”，而不是“人人有事做”。可见，组织设计是以工作的特点和需求为首要因素，进行因事设职和因职用人。同时，在组织设计过程中还要重视人的因素。因为，绝大多数的组织设计并不是为全新的独立组织设计职务和机构。一般情况下，组织设计工作实际上是对已有组织的重新设计。当因为环境和任务的变化而进行组织设计和调整时，就必须要考虑组织中现有成员的状况。此时，组织设计的目的就不仅是要确保“事事有人做”，还要保证“有能力的人有机会去做他们真正胜任的工作”。组织中设计的各岗位最终需要落实到具体的人员，但有时即便是新成立的组织也不一定能够招聘到各岗位需要的理想人员。为此，组织机构和结构的设计就不能不考虑组织内外现有人力资源及其特点，这为各工作岗位最终找到最合适的人员提供了一定的可能和便利。其实任何组织首先是人的聚集，而不是工作和资源的集中。人在通过参加组织来满足客观需要的同时，也希望通过工作来提升能力、展现才华和实现自我价值。现代社会中的任何组织不仅要向社会提供一定的产品或服务，还要为社会培养具有一定素养的合格人才，这是所有组织不可推卸的社会责任。

2. 职务权利与岗位职责相对等的原则

基于组织设计的体系架构和任务分工，只有组织中的各部门和岗位都完成规定的工作任务，组织的任务整体才得以完成。否则，某一部门或岗位的职能缺失可能会带来无可替代的组织缺陷。为了维系组织的正常活动，各部门和岗位都需要利用一定的人力、物力和财力资源，从而实现“事事有人做”和“事事都能正确地做好”。为此，组织设计不仅要明确各个部门的任务和责任，还要赋予他们取得和利用相应人力、物力、财力以及信息等资源的权力。职务权利与岗位职责对等实际意味着组织赋予某个部门或岗位的权力与其应负的职责基本相当。否则，必然会影响到组织效能和目标实现。如果某一部门和岗位的权力范围小于工作职责要求，则会导致其能够调动的资源随着权利变小而减少，而这最终就可能影响到职责的履行和任务的实现。而如果被赋予的权力大于职责需求，这虽然能够保证工作任务的完成，但可能会导致权力的滥用和资源的浪费，从而危害整个组织系统的正常运行。

3. 权力集中与权力分散相匹配的原则

权力通常是指处在某个管理岗位上的人对整个组织或所辖部门与人员的一种影响力。组织中的权力分配通过集权与分权两个途径得以落实。集权保证了组织政策的统一和决策执行的速率，从而使整个组织统一认识、统一行动和统一处理组织内外的各种问题。但随着组织规模的发展壮大，组织基层问题经过层层请示汇报将会影响决策的正确性和及时性。由于信息在传递过程中可能被扭曲，高层领导据此制定的决策质量就很难保证，即便制订了正确的决策，但由于决策信息的传递还需要一定的程序和时间，从而导致决策实施的迟缓。此外，权力的高度集中使得组织中的基层管理人员和工作人员的主要任务就是机械被动地执行命令。久而久之将导致他们工作的积极性、主动性和创造性被逐步抑制，工作热情和效率下降，从而使组织的发展失去活力。通过组织设计中的权力分配和主管人员在工作中的授权，可以让较低层次的管理人员行使较多的决策权，二者相互补充从而实现权力的分散。在组织设计时，考虑到组织规模和组织活动的特征，在工作分析、职务和部门设计的基础上，根据各管理岗位工作任务的要求，通过制度分权将权力分配到某个具体的职位。由于制度分权是根据组织结构需要并建立在科学论证的基础之上，因而具有一定的必然性。而授权则是指在具体的组织活动中，担任管理职务的领导者为充分利用部门人员的知识技能或应对新增事务，将部分特定权力委任给某个或某些下属人员。由于授权常与管理者个人的能力和精力、下属的特长和潜质以及业务发展情况相联系，因此具有很大的随机性。

4. 指挥唯一与命令统一相印证的原则

除了位于组织顶部的最高层领导外，组织中的其他成员都会在工作中收到来自上级部门或负责人的命令，并根据命令执行相应的指令工作。但如果同一下属同时接到两个上级领导对于同一事项的不一致指令，那么势必会造成下属的无所适从和工作混乱。因为无论下属按照哪位领导的指令行事，都有可能受到另一位领导的指责。为此，组织设计要确保同一岗位的同一事项只有唯一一位领导直接指挥和下达命令，从而使得命令统一的组织需求与指挥唯一的组织架构相互印证。

然而，在组织实践中常会出现双头或多头领导的情况。这种超越权限或跨越级别的指挥会给组织带来极大危害，它不仅破坏了命令统一的原则，还会引发越级请示的行为。因为，在上级领导间命令冲突时，下属一定会寻求更高级别领导的裁定和指示。长此以往，会造成中层管理人员在工作中的犹豫不决，逃避工作和责任，从而导致中间管理层工作效能低下，直至整个组织管理体系瘫痪。为此，在组织设计时一定要根据一个下级的一个事项只能服从一个上级领导的原则，将管理的各个职务形成一条串联的连续等级链，并明确规定每个岗位职务之间的责任和权力关系，以禁止越权和越级指挥。在组织实践和管理体制上，要积极推行各级领导负责制，减少或不设各级主管的副职。

二、学生体质健康管理的人员配备

组织设计只是为系统运行提供了可执行框架，而具体的工作要由人去完成。

为此，除了要设计合理的组织结构，还要选配合适的人员担任具体的工作岗位。

（一）人员配备的任务

人员配备就是为组织中的相关岗位配备合适的人员。为此，组织中各岗位的客观需求是人员配备的首要因素；同时，通过考虑组织成员个人的特点、爱好和需要，为他们安排合适的工作也属于人员配备的范畴。人员配备的任务可以从组织岗位需要和个体价值实现这两个不同的角度去衡量。

1. 从岗位需要的角度配备人员

为组织中的每个岗位配备合适的人选，从而使组织系统有效地工作运转，这是人员配备的基本任务。由于组织处在不断变化发展的社会环境之中，为此组织目标和活动内容需要根据环境变化做出相应调整，这使得组织机构成为一个动态系统。组织的适应调整不仅会使组织机构和岗位的性质发生改变，还可能会在数量上有所增加。所以，我们在为组织机构配备人员时，还要考虑为组织机构应对将来的变化储备工作人员和管理干部。由于管理干部的成长周期较长，因此组织要注意管理干部培训计划的制订和实施，通过岗位锻炼和使用来培训未来的管理干部。同时，需要关注人才流动问题。人才流动有利于个人找到最合适的岗位和获得最大化的利益，但组织可能会因优质资源外流而导致人事发展计划的破坏。因此，要通过人员配备，稳住人心，留住人才，维持成员对组织的忠诚。

2. 从个体实现的角度去配备人员

留住人才绝不是通过人为设置障碍束缚人才的正常流动，而是要让人才心甘情愿地留在组织中工作和服务。尽管组织成员的工作状态受到许多因素影响，但组织领导和管理人员仍要想方设法维系成员对组织的忠诚。工作要求与自身能力是否相符，工作目标与工作回报是否对等，是否感到“大材小用”和“怀才不遇”，这些因素与成员在工作中的积极主动和热情程度有着极大的关系。为此，组织要通过人员配备，让组织中每个人的能力和水平得到公正客观的评价、承认和利用。此外，要鼓励和支持成员通过自主进修和组织培训来提高岗位知识和业务技能，这不仅可以满足有一定文化素养和发展诉求的成员能够有更多实力去自我实现，还可以为成员提供职业生涯中职务晋升的机会。通过适当的人员配备，能够使每个成员的知识、能力和素养得到不断发展和提升。

（二）人员配备的程序

1. 确定岗位人员需求

组织中岗位人员的配备需求是以组织设计为基础，以岗位数量和类型为依据进行确定。其中，岗位类型说明了什么样的人可以胜任此岗位，而岗位数量则表明每种类型的岗位需要多少人。如果是为新建组织选配人员，那么只需利用组织设计时的职务分类数量表直接在社会上公开招聘即可。然而，在现实的组织设计和人员配备过程中，通常遇到的多是对现有组织机构和人员配备的重新调整。为此，在进行了此类组织的重新设计后，还要检查和对照组织内部现有的人力资源情况，通过比对再确定组织需要从外部选聘的人员类别与数量。

其次要选配岗位合适人选。为了确保担任具体职务的人员具备相应岗位要求的知识、技能和素养，在人员配备过程中必须对组织内外的候选人进行认真筛选和做出恰当选择。然而，尽管职务设计已经指出了具体的岗位上需要何种素养的人，但由于备选人员的来源复杂且能力各异，从而使得候选人的考察筛选工作面临困难。对于组织外部候选人的实际情况往往所知甚少，而对于组织内部候选人的了解通常也只是他们以前的工作能力，这些候选人能否胜任新的招聘岗位工作往往很难定论。对于候选人实际工作能力的辨识困难，要求组织必须借助科学的测试、评估和选聘方法，对人员的考察和配备进行谨慎、认真和细致的工作。

2. 实施人员培训计划

组织中各岗位人员的能力发展和展现都有一个渐进过程。尽管各岗位人员在被招聘选择进入相应岗位时，就已经进行过胜任岗位所需技术和能力的评估和比照，但组织成员在未来工作中所必须具备的技术和能力则需要在现在就进行相关培训、整合和引导。这是在组织人员数量储备基础上更进一步的人员能力储备和培育。而且，要维持成员对组织的忠诚，其中一个重要方面就是让他们看到自己在组织中可能的发展前途，而不是始终都处在一个仅维系当前工作的组织架构之中。实施组织成员的培训计划，不仅是为了满足组织所在领域的技术变革和规模扩大等可能的需要，还是为了满足成员个人的自我发展、自我完善和自我实现的发展诉求。为此，要根据组织的发展环境、岗位需求和成员愿景，有计划、有组织和有重点地进行全员系统培训，特别是对有发展潜力的未来管理人员的培训更应得到重视。

（三）人员配备的原则

组织中人员配备的最终愿景是事能尽善和人能尽用，从而实现人与事的最优组合。为此，组织人员配备必须遵从基本的配备工作原则。

1. 因事设岗和因岗择人原则

组织工作存在的具体事项需要人去完成，从而设定相应的人员工作岗位，并选择能够胜任对应岗位的人来负责相应工作。根据具体的相关工作而设立岗位，以及必须选择具备相应岗位知识、能力和素养的人员从事该工作，这是人员配备的基本要求。只有这样，整个组织系统的工作才能富有成效的完成。

2. 因人调岗和因岗放权的原则

具有明确工作职责和要求的岗位，需要能够胜任它的人去匹配。但能够胜任相应岗位工作的人员，未必仅具备该岗位所需要的能力，甚至该岗位所需要的能力仅是该人员实际水平的小部分。在无法完全按照人员能力和岗位需求进行人员配备时，只能根据人员的特点对原岗位进行适当调整，也即在岗位主体稳定的前提下进行适度的权责微调。以期使人的工作热情和潜能得到充分的发挥，从而实现组织利益的最大化。

3. 人事动态平衡原则

任何组织都处在环境变化和动态发展之中，组织成员的工作能力和知识也在不断地提升发展和丰富完善。同时，在完成具体的组织工作过程中，组织对其成员能力的认识也在不断地深入和全面。为此，当岗位权责微调不足以满足客观需求时，就要进行重新的人事匹配。使能力水平较高和发展态势良好的人员去从事更高层次工作，使能力水平低下和成长态势较差的人员去从事力所能及的工作，以期在组织利益最大化的前提下让每位成员都得到最好的发挥。

三、学生体质健康组织的整合协作

任何组织机构的工作正常运转和目标任务达成，都需要组织中的各个部门和全体成员协调一致地去做好相应工作。为此，首要就是整合利用好组织中的各种资源和力量，建立一个简约高效的信息交流平台，以便能够及时妥善地处理组织不同人员之间的工作问题，从而使组织内部各职能部门和工作岗位，能够朝向共同的组织目标和发展方向迈进。

（一）正式组织与非正式组织

进行组织设计是为了构建合理的组织机构，并规范成员在组织工作中的既定行动，从而最终形成组织框架下的正式组织。正式组织有明确的目标、任务、结构、职能、岗位以及据此设定的成员之间的权属和责任联系，这些规则和联系对组织中的每个人都具有一定程度的强制性和约束力。正式组织的活动评价是以投入和产出的效益为标准，这就要求组织成员为了较低成本和提高效益而做好必要的协作。管理人员通过对组织成员工作表现的评判，给予他们适当的物质与精神奖励或者惩罚，从而引导成员的工作活动朝向组织目标发展。然而，不论组织设计的支撑理论如何先进，实施设计的工作人员如何尽力，以及最终的组织设计如何完美，组织规则在任何情况下都不可能完全规范组织成员间的全部联系，更无法将所有这些联系都纳入正式组织的活动体系。而这些由不宜或无法纳入正式组织关系的要素，所构成的组织成员联系就是非正式组织的雏形。

非正式组织伴随着正式组织的工作运转而逐步形成和发展。正式组织在开展具体活动的过程中，组织内各相关成员必然会发生具体的工作联系。这种工作上的配合交流会促进成员之间的相互了解和认识，并可能进行一些工作以外的交流和联系。久而久之，这样一些建立在正式组织工作联系之上，又独立于组织关系和工作内容的非正式组织小群体就慢慢地汇聚和形成。随着交往的增多，这些小群体逐步形成一些被群体成员接受并遵守的群体规则，从而使原本自发、随机和松散的群体逐步演变成为趋于固定和紧密的非正式组织。非正式组织要求组织成员遵守内部约定俗成的行为规则。而且，不管这些行为规则是否符合科学认知和社会规范，非正式组织会利用接受与欢迎或孤立与排斥等感情因素，迫使其成员自觉或不自觉地遵守组织规则。

（二）非正式组织的可能影响

由于人们不可能百分百的理性面对一切事项，正如人们在面对问题时首先考虑的是我想怎样而不是我该怎样一样，人的感性思维很多时候对事物的发展影响巨大。由于组织成员往往具有正式组织和非正式组织的双重身份，且非正式组织的情感联系对实现组织目标具有重大影响，为此要充分认识非正式组织的影响并充分利用它的积极作用。

要充分发挥非正式组织的积极作用。（1）非正式组织活动能够满足组织成员的相关需求。非正式组织之所以能够自愿和自发形成，是因为组织能够满足成员的某些需求。组织成员的很多心理需要是在非正式组织中得到满足的。非正式组织中的频繁接触会使成员之间更加和谐融洽，从而产生和加强他们的合作精神。如果这样的协作关系和合作精神能够从非正式组织迁移到正式组织中去，那么毫无疑问会对正式组织的工作和活动起到促进作用。同时，由于非正式组织建立在成员之间相互认可和激励之上，这使得它对其成员在正式组织中的工作表现也非常重视，并乐于给那些在工作上存在问题和苦恼的成员以指导和帮助。成员之间这种自觉和善意的帮助可以促进他们工作能力和效益的提高。（2）非正式组织为了群体的利益会自发地帮助正式组织维护正常的活动秩序。尽管有时候也会出现非正式组织成员互相掩饰错误的情况，但是为了不使整个非正式组织的群体形象受到损害，通常会根据其内部规则和特定方式予以惩罚。

要及时消除非正式组织的消极危害。如果非正式组织的形成基础是建立在对正式组织的机构设置、权责分配和工作活动的否定之上，且其成立不是以寻求合理途径和最佳解决方式为目的，而是以宣泄不满、价值批判和工作对立为目标，那么这样的非正式组织将会对正式组织的工作产生极大的破坏。此外，非正式组织要求成员附加更多情感之外价值趋同的压力，不但会导致成员的厌烦情绪还会束缚成员的个人发展。有些人虽然有过人的才华和能力，但非正式组织的一致性规则并不允许他发挥个人这些才能，这必然影响整个组织的效能提升。来自非正式组织的压力还可能会影响到正式组织的变革创新，成为制约组织发展的消极因素。这并不是因为非正式组织的所有成员都不希望改革，而是因为他们之中的大部分人担心组织变革会改变非正式组织赖以维系的正式组织结构，从而影响到非正式组织的存续。

（三）非正式组织的作用发挥

若想正式组织的工作目标得以高效优质完成，就离不开非正式组织作用的积极发挥。充分利用非正式组织的积极作用，努力克服它的消极影响，有利于组织活动的有序进行和目标实现。这是因为非正式组织的客观存在不以人们的喜恶而更改，其存在具有客观必然性和主观必要性。允许、鼓励乃至培育非正式组织的形成和发展，能够更好地促进非正式组织与正式组织的价值趋同和行动靠拢。

为此，在进行组织设计和人员配备时，可以尝试把个性相近、爱好相同和境遇相仿的成员安排在同一部门或相邻岗位上。通过提供正式的交流平台和创设频繁的接触机会，为非正式组织的形成提供必要的基础。当然，这其中也可以考虑将有相同兴趣爱好但具有不同思想觉悟的成员做同样安排，这为发挥先进成员的积极影响提供了机会。同时，也要防止有意而为的传帮带活动不要带来其他成员的抵制、排斥和孤立。有意而不刻意，否则很容易适得其反。

工作不可能占据人们可支配时间的全部，在闲暇时间里每个人都会有不同程度和形式的社交诉求。这是因为人是社会化的动物，如果一个人在工作和生活中没有与他人的接触交流机会，就很可能导致心情压抑并影响工作效率。长此以往，甚至会导致组织成员形成心理问题，直至成为组织系统的问题隐患。为此，促进非正式组织的合理孕育和健康发展，有利于正式组织运行效率的提高和工作目标的实现。

第三章 学生体质健康的测试领导

学生体质健康测试是在区域教育行政部门领导下，由基层学校具体组织实施的专门工作，其操作办法、工作水平和测试质量可谓是关系重大。它直接决定着测试数据的真实性和可靠性，并最终作用于学生体质健康的现状研究、趋势预判和政策制定。为此，无论是测试前的制度建设、模式确立及保障到位，还是测试后的数据汇总、抽测复核及评价考核，都是在通过不同的方式确保学生体质健康测试的实测质量。由于学生体质健康测试控制和质量管控的管理属性，故可以按照全面质量管理的视角对具体工作进行全面分析和有效应对。

学校可以从参加测试的工作人员、测试所用的场地器械、被测学生、测试程序方法和测试环境条件等五个方面，进行学生体质健康测试的分析和控制。（1）要建立必要的制度依据，形成系统完备、层次合理、科学规范、运行有效的教育法律制度体系。（2）要确立一套切实可行测试方法和模式，为提升测试工作的标准化和规范化提供方法支持，有效提升测试工作的信度和效度。（3）各地和学校要加大经费投入，不断改善学生体质健康测试的环境、设备、场地等条件。加强学生体质健康监测评价技术培训，保证学生体质健康监测评价工作的健康、安全和有序开展。

同时，学生《标准》测试的数据归集工作是学生体质健康测试管控的重中之重。无论先前测试的安排有多严谨，测试的方法有多规范，测试的标准有多严格，只要在后继的数据登记和录入电脑时出现问题，那么学生体质健康测试工作质量必将大打折扣。而且，从数据登记、录入电脑到数据上报的成千上万条数据信息，

任何一个人在任何一个环节上的疏忽，都可能造成不易察觉的错误。此外，较之完全公开化的《标准》实测工作，具有一定隐蔽性的数据归集工作更容易受到人为因素干扰。为此，数据归集是一项常常被忽视而又最值得关注的工作。

第一节　学生体质健康测试的基础构建

学生体质健康测试是指测试人员采用规范的技术、方式和方法，组织学生参加《国家学生体质健康标准》所确定的测试项目及有关内容的实际测评，是促进学生体质健康发展、激励学生参加身体锻炼的教育、评价和反馈手段，重点监测学生的身体形态、身体机能、身体素质和运动能力等方面情况及其变化趋势。教育部根据中国青少年学生成长发育特征、全国学生体质健康变化趋势和国家学校体育工作政策，动态调整和公布学生体质健康测试项目和测试内容。

为了学生体质健康测试工作的顺利进行，各级教育行政部门须为测试工作做好充分的支持保障。在依法治教的决策背景下，（1）要建立必要的制度依据，形成系统完备、层次合理、科学规范、运行有效的教育法律制度体系。（2）要确立一套切实可行的测试方法和模式，为提升测试工作的标准化和规范化提供方法支持，有效提升测试工作的信度和效度。此外，测试工作还离不开必要的软硬件保障。各地和学校要加大经费投入，不断改善学生体质健康测试的环境、设备、场地等条件。加强学生体质健康监测评价技术培训。保证学生体质健康监测评价工作的健康、安全和有序开展。

一、学生体质健康测试的制度建设

教育领域是全面依法治国系统工程的重要组成部分。为全面推进依法治教，促进教育治理体系和治理能力现代化，教育部印发了《依法治教实施纲要（2016—2020）》。其总体目标：到2020年，形成系统完备、层次合理、科学规范、运行有效的教育法律制度体系，形成政府依法行政、学校依法办学、教师依法执教、社会依法评价、支持和监督教育发展的教育法治实施机制和监督体系。青少年学生法治教育体系健全完备，教育部门领导干部、校长、教师法律素质与依法办事能力显著提升，在全社会尊法守法的进程中发挥表率和模范带头作用。

《国家学生体质健康标准（2014 年修订）》和《学生体质健康监测评价办法》是在教育立法和改革决策相衔接的决策背景下，本着以法律规范引领和推动教育改革、促进和保障教育发展的愿景制定的。这些文件的颁布和实施，为学生体质健康工作的推进提供强有力的法制支撑，为构建完善的教育法律及制度体系和全面提高规章及规范性文件质量做出了积极努力。为使标准和办法落到实处，需进一步深入推进扩大省级政府教育统筹权改革，强化市县政府的执行职责。各级教育部门要依法进一步明确职能权限与责任，加快推进内部机构的整合、调整，优化运行流程，提高运行效率，切实提高监管能力和服务水平。积极利用信息化手段，创新执法方式，增强对教育违法行为及时发现、实时纠正的能力。

（一）《国家学生体质健康标准（2014 年修订）》

《标准》的修订坚持健康第一，落实《国家中长期教育改革和发展规划纲要（2010—2020 年）》国务院办公厅转发《教育部等部门关于进一步加强学校体育工作若干意见的通知》（国办发〔2012〕53 号）和《教育部关于印发〈学生体质健康监测评价办法〉等三个文件的通知》（教体艺〔2014〕3 号）有关要求，着重提高《标准》应用的信度、效度和区分度，着重强化其教育激励、反馈调整和引导锻炼的功能，着重提高其教育监测和绩效评价的支撑能力。

《国家学生体质健康标准》是国家学校教育工作的基础性指导文件和教育质量基本标准，是评价学生综合素质、评估学校工作和衡量各地教育发展的重要依据，是《国家体育锻炼标准》在学校的具体实施，适用于全日制普通小学、初中、普通高中、中等职业学校、普通高等学校的学生。《标准》从身体形态、身体机能和身体素质等方面综合评定学生的体质健康水平，是促进学生体质健康发展、激励学生积极进行身体锻炼的教育手段，是国家学生发展核心素养体系和学业质量标准的重要组成部分，是学生体质健康的个体评价标准。

标准将适用对象划分为以下组别：小学、初中、高中按每个年级为一组，其

中小学为6组、初中为3组、高中为3组。大学一、二年级为一组，三、四年级为一组。小学、初中、高中、大学各组别的测试指标均为必测指标。其中，身体形态类中的身高、体重，身体机能类中的肺活量，以及身体素质类中的50米跑、坐位体前屈为各年级学生共性指标。

本标准的学年总分由标准分与附加分之和构成，满分为120分。标准分由各单项指标得分与权重乘积之和组成，满分为100分。附加分根据实测成绩确定，即对成绩超过100分的加分指标进行加分，满分为20分；小学的加分指标为1分钟跳绳，加分幅度为20分；初中、高中和大学的加分指标为男生引体向上和1000米跑，女生1分钟仰卧起坐和800米跑，各指标加分幅度均为10分。根据学生学年总分评定等级：90.0分及以上为优秀，80.0~89.9分为良好，60.0~79.9分为及格，59.9分及以下为不及格。

每个学生每学年评定一次，记入《国家学生体质健康标准登记卡》。特殊学制的学校，在填写登记卡时可以按规定和需求相应地增减栏目。学生毕业时的成绩和等级，按毕业当年学年总分的50%与其他学年总分平均得分的50%之和进行评定。学生测试成绩评定达到良好及以上者，方可参加评优与评奖；成绩达到优秀者，方可获体育奖学分。测试成绩评定不及格者，在本学年度准予补测一次，补测仍不及格，则学年成绩评定为不及格。普通高中、中等职业学校和普通高等学校学生毕业时，《标准》测试的成绩达不到50分者按结业或肄业处理。学生因病或残疾可向学校提交暂缓或免予执行《标准》的申请，经医疗单位证明，体育教学部门核准，可暂缓或免予执行《标准》，并填写《免予执行<国家学生体质健康标准>申请表》，存入学生档案。确实丧失运动能力、被免予执行《标准》的残疾学生，仍可参加评优与评奖，毕业时《标准》成绩需注明免测。

各学校每学年开展覆盖本校各年级学生的《标准》测试工作，《标准》测试数据经当地教育行政部门按要求审核后，通过中国学生体质健康网上传至国家学生体质健康标准数据管理系统。测试和数据上传时间由教育行政部门确定。

（二）《学生体质健康监测评价办法》

为提高学生体质健康监测评价的制度化、规范化和科学化水平，深化学生综合素质评价、学业水平测试和考试制度改革，完善学校体育工作评价机制，促进青少年身心健康、体魄强健，根据《学校体育工作条例》和国家有关规定，制定本办法。本办法适用于全日制普通小学、初中、普通高中、中等职业学校、普通高等学校的学生体质健康测试以及各级教育行政部门以此为基础开展的学生体质健康监测评价工作。

实行全体学生测试制度。各级各类学校每学年开展覆盖本校各年级全体学生的体质健康测试工作，并将测试数据（含学生基本情况、单项指标分值、测试成绩、评定等级以及实施测试的时间、地点、方式和人员等信息）进行汇总整理，按照规定的权限、程序和方法，上报至国家学生体质健康标准数据管理系统。因病或残疾学生可依申请准予暂缓或免于体质健康测试。

完善上报数据审查制度。地方各级教育行政部门负责督促本行政区域内下级教育部门及所属学校全面开展测试工作和及时上报测试数据，并组织有关方面登录国家学生体质健康标准数据管理系统，按照管理系统设置的用户管理权限，逐级对测试上报数据的完整性、真实性和有效性进行审查，经核准后确认提交。

建立数据抽查复核制度。教育部每年委托第三方机构在各地上报测试数据基础上，综合考虑学校类型、学生性别、年级学段、区域布局等因素，随机抽取一定比例的学校作为考查样本，进行测试工作和测试数据的现场抽查复核，并将现场抽查测试数据与学校上报测试数据进行一致性比对、综合分析和反馈各地。各地要结合本地实际按要求建立学生体质健康测试抽查复核工作机制。

建立体质健康研判制度。各级教育行政部门要通过监测评价动态把握学生体质健康变化趋势，及时分析测试结果，深度查找影响因素，科学预测变动走向，开展体质健康预警，完善学生体质健康改善措施，提高学校体育工作的针对性、实效性和科学决策水平。

实行监测结果公示制度。学校要按年级、班级、性别等不同类别在校内公布学生体质健康测试总体结果，中小学校要将有关情况向学生家长通报。各级教育行政部门每年委托第三方机构分析和发布本行政区域内学生体质健康监测评价基本情况。按生源所在地统计，并以省（区、市）或地（市、州）为单位公布高等学校新生入学体质健康测试结果，并反馈至生源所在地政府有关部门。学校和各地在公示体质健康信息时不得泄露学生个体的信息和侵犯其个人隐私。

有效应用监测评价结果。学校要制作《国家学生体质健康标准登记卡》，规范

记录每一名学生的体质健康测试成绩及其评定等级。小学将体质健康测试情况列入学生成长记录或素质报告书，初中以上学校列入学生档案，作为学生综合素质评价和学业水平考试的重要指标和内容。将体质健康测试情况作为高等学校学生评优评先、毕业考核或者升学的重要依据。各级教育行政部门要将学生体质健康状况作为评价学校教育质量和地方教育发展水平的重要指标。

将学生体质健康监测评价工作纳入本级政府教育督导内容和评估指标体系，并作为对各级各类学校进行评优、表彰的基本依据。对弄虚作假、徇私舞弊者，给予通报批评，情节严重者，依法给予行政处分；对积极开展监测评价工作并成绩显著的单位以及个人给予表彰奖励。

教育部设立国家学生体质健康监测评价工作监督电话和相关网络信息平台，接收社会咨询和反映情况。各地教育行政部门也要设立和公布监督电话。鼓励第三方机构及公民个人以适当的方式监督学生体质健康监测评价工作，并提出意见和建议。

各地教育行政部门和有条件的学校支持设立学生体质健康监测、研究或服务机构，建设专业化的测试、服务和研究人员队伍。教育部依托第三方机构设立全国学生体质健康监测评价研究机构，开展学生体质健康监测评价的政策咨询、技术研究、质量监测、结果公示和人员培训等工作。

（三）区域学生体质健康的制度构建

从《国家学生体质健康标准（试行）》推广试行，到《国家学生体质健康标准》的全年实施，再到《国家学生体质健康标准（2014 年修订）》不断完善，国家教育行政的政策法规始终处于持续变革和努力完善之中。这些文件的出台不但规定了学生体质健康测试的内容项目、评分标准和评价使用，还对基层的学生体质健康工作提出了具体的指导意见。然而，在学生体质健康测试数据复核一致性极度低下的情况下，我们鲜见有地区或学校因此而按规受罚。究其原因，区域教育行政部门在法制宣传、依法治教和解读跟进上存在显著的不足。为此，做好《标准》的转发宣传、执行参照和补充完善等具体事项，是区域教育行政部门做好学生体质健康工作的必然措施。

1. 要对《标准》及其办法进行积极转发

我国的教育行政架构是以锥形分层的样式进行逐级建构的，根据逐层管理和统一指挥的管理原则，下级教育行政部门一般很少越级接受上一级主管部门的业务领导，而上一级教育主管部门也很少越权对下一级教育行政部门进行业务指导。在这样的教育行政管理模式下，不但国家政策法规的传递效率会受到影响，而且如果各级教育行政部门不对上级的文件通知进行转发，则可能会导致上级的政策法规无法落地。为此，对上级的文件通知进行全文转发及摘要通知是下级教育行政部门的基本职责。特别是在社会对学校体育的价值地位和学生体质健康的意义仍存在认识不足的情况下，区域教育行政部门必须对上级学生体质健康的制度法规以文件通知的形式进行积极转发。

2. 要对《标准》及其办法进行客观补充

我国学生体质健康的政策法规在经过系统试行和不断修订后，无论是测试项目和评定标准，还是评价办法和结果利用，已经越来越趋于合理和完善。然而，由于我国幅员辽阔且人口众多，区域之间在地理环境分布和经济社会发展等方面存在显著差异，这使得教育决策者为了政策法规的普适性，在制定制度标准时往往采取折中策略。这虽然增加了政策法规的适应性，但也造成了政策法规标准与相关地域具体情况之间的现实差距。为此，区域教育行政部门在严格执行上级法规的基础之上，可以针对本区域在学生体质健康工作的现实情况，提出本地区在目标控制、操作标准和评价使用等方面的更高要求。同时，区域教育行政还可以针对上级文件通知中的未尽事宜，进行必要的政策信息解读和操作层面补充。

区域制度建设附例：

关于实施新《国家学生体质健康标准》监测工作的通知

各高中、初中、小学：

根据教育部教体艺〔2014〕5号文件《国家学生体质健康标准》（2014年修订）和省、市有关文件精神，现就我区中小学2014学年实施新《国家学生体质健

康标准》(2014 年修订，以下简称标准) 监测工作通知如下，请认真贯彻执行。

一、实施新《标准》的规定和要求

(一)《标准》规定适用对象划分以下组别：小学、初中、高中按每个年级为一组，其中小学6个组、初中3个组、高中3个组；测试指标均为必测指标（无选择)，其中身高、体重、肺活量、坐位体前屈为各年级共性指标（附单项指标与权重表)。

(二)《标准》规定学生学年总分由标准分与附加分之和构成，满分为120分。

1. 标准分：由各单项指标得分与权重分乘积之和组成，满分为100分。

2. 附加分：根据实测成绩确定（此成绩为学校组织最后一次正式测试为准)，即对成绩超过满分100分的加分指标进行加分（满分为20分)，小学加分指标为1分钟跳绳项目，加分幅度为20分；初、高中加分指标男生为引体向上和1000米跑，女生为1分仰卧起坐和800米跑，加分幅度为各10分。

(三)《标准》规定学生学年总评等级：90.0分及以上为优秀、80.0~89.9分为良好、60.0~79.9分为及格、59.9分及以下为不及格。

(四)《标准》要求学校必须建立学生《国家学生体质健康标准登记卡》，学生每学年成绩和等级评定一次，记入《登记卡》相应栏目。学生因病或残疾可提交暂缓或免予执行《国家学生体质健康标准》的申请，出具区级及以上医院的医疗证明，但必须填写免测《登记卡》，并存入学生档案。

(五)《标准》要求各学段毕业学生的成绩和等级按毕业当年学年总分的50%与其他学年总分平均得分的50%之和进行评定。学生测试成绩评定达到良好及以上者，方可参加评优与评奖；成绩达到优秀者，方可获体育奖学分。测试成绩评定不及格者，在本学年度准予补测一次，补测仍不及格，则学年成绩评定为不及格。普通高中、中等职业学校学生毕业时，《标准》测试的成绩达不到50分者按结业或肄业处理。

(六)《标准》要求对测试项目规则、动作技术和场地器材均有规范标准，各学校和测试裁判必须按《国家学生体质健康标准》执行。

二、《标准》监测对象

各高中、初中、小学全体学生。

三、《标准》监测时间

2014年9月1日~10月31日。

四、《标准》监测项目（单项指标与权重）（略）

五、《标准》监测数据统计和上报

各学校要根据教育部的要求，按时、规范、全面完成本校学生2014年项目监测及数据的统计汇总工作，务必于10月31日前，通过中国学生体质健康网，依据其设置的上报方法和程序上报至国家学生体质健康标准数据管理系统，且保存所有统计数据以备上级部门抽测检查，同时于10月31日前将本校学生体质健康标准监测数据上报区教育局。

教育局指定3位教师（谭建锋、王德刚、徐宏强）为各学段《国家学生体质健康标准》测试数据的统计员，负责汇总上报工作。联系方式（略）。

六、《标准》监测工作考核评价

（一）各中小学实施《标准》监测工作，根据区监测工作领导小组的统一部署，于2014年11月中旬开展对各学校测试工作情况进行考核评价（具体实施办法另行下文），所获成绩计入2014年《学校体育综合考评办法》总分内，并对学生体质健康状况成绩显著的学校评为先进并表彰奖励。

（二）各中小学实施《标准》监测工作过程中，必须达到下列三项指标。

1. 学生达标合格率（优秀率+良好率+及格率）按省、市要求必须确保95%及以上，如学校未达到该指标，2014年《标准》考评分为零分。

2. 2014年10月31日前未完成《标准》监测数据上报的学校，2014年《标准》考评分为零分。

3. 在《标准》测试过程中有弄虚作假或敷衍塞责行为的学校，一经查实，该校在2014年的体育年度考核和学校评优评先中实行“一票否决”。

七、学生体质健康状况公布制度

（一）学校在测试工作结束后，要按年级、班级、性别等不同类别在校内张贴公布测试结果，并将情况向学生家长通报。

（二）向社会公布学生体质状况：各高（职）中公布高三年级和高一年级（以生源初中为单位）；初中公布初一年级（以生源小学为单位）；小学公布五年级。以上各年级的数据将在教育信息网等媒体上公布。

（三）以上分段年级向社会公布制度执行情况，省教育厅将之列入对各县、

市、区教育科学和谐发展业绩考核指标。同样我区各中小学执行情况，也列入区教育局对各学校考核指标。

二、学生体质健康测试的模式确立

学生体质健康测试的模式缺失，是造成学生体质健康测试的数据信度较低，以及数据复核一致性较差的重要因素。尽管《标准》规定了学生体质健康测试的项目内容和评分标准，教育部“学生体质健康网”也曾发布过《标准》测试的操作方法，但这些内容不仅无法构成具有一般性、重复性和操作性的测试模式，甚至不能确保测试数据的信度。除去学生体质健康测试的弄虚作假情况外，全国各地在学生体质健康测试过程中，仍存在着千差万别的测试情况。有学校采用测试运动会形式的集中测试，也有采用体育课随堂测试形式的分散测试；有下半年开学就加班加点完成全部项目测试的时间靠前情况，也有临近数据上报截止日期进行测试的时间拖后情况；有学校教师让学生穿着鞋子和秋装测试身高体重的现象，也有请体检医生让学生赤脚、空腹、着短裤测试身高体重的现象。可想而知，在这样的测试差异下想要得出客观准确的测试结果，几乎不切实际。

（一）确立体质健康测试模式的必要

多样化的学校自测数据与标准化的上级复核数据进行比对，必然难于得出相对一致的监测结果。在扩大值差因素之中，学生身体发育和训练水平提高主要是由于教育局抽测复核与学校自测间隔时间过久。在学校自测后的一个月甚至更长时间里，所有学校都为了能够获得好的考评成绩而积极组织学生进行训练，学生体质测试项目的训练水平提高显著。而在可能导致值差扩大的不确定因素中，测试方法、流程及安排是其中的重要影响因素。比如：身高应安排在上午没有剧烈运动的情况下为好；项目测试的间隔时间需保证学生能够得到合理的休息；跳绳项目不宜放在塑胶跑道进行测试；而长距离的跑步要放在全部测试的最后等。此外，场地丈量、器械检验和仪器校准也需要关注，曾有学校将跳远场地的远度标准降低来提高分数，这使测试成绩的真实性大打折扣。为此，建立学生体质健康测试的一般模式意义重大。

（二）学生体质健康测试的建议模式

如果学校条件允许，建议采用《标准》测试运动会的形式进行学生体质健康的集中测试。这是因为教育行政部门的数据复核抽测形式为集中测试。如果学校《标准》自测能够与抽测复核一致也采用集中测试，那么较之分散测试的标准不一和条件各异，毫无疑问会提高自测与抽测的数据一致性。同时，采用测试运动会能够集合全校之力，让全体师生在相对严肃的氛围下进行整齐划一的相同标准的测试。这对于扩大《标准》影响和控制测试质量，具有举足轻重的重大意义。既能够避免教师想填多少就填多少的个例，也能避免学生要测几次就测几次的随机。此外，采用集中测试形式能够极大提高测试工作效率。如果体育教师利用体育课进行测试，那么教师往往会顾此失彼。就算初高中教师有学生体育骨干帮忙，测试局面也很难控制。特别对于50米跑等项目内容，在测试操作上只要差之毫厘就可能导致测试成绩相差巨大。何况，在随堂测试的情况下教师也无法满足50米跑每组至少两人和每道一表的测试基本要求。而这些问题在集中测试时将迎刃而解，不但体育教师之间可以分工协作，而且还能够得到其他教师的支持帮助。由此可见，《标准》测试运动会模式较之分散测试，具有显著提升测试效率、操作规范和数据质量的积极作用。各地各校可以根据具体情况和现实条件，积极采纳和推广。

示例：

学生体质健康测试模式

一、测试形式：《标准》测试运动会

二、测试流程

水平一（半天完成）：身高→体重→肺活量→50米跑（休息30分钟）→坐位体前屈→1分钟跳绳。

水平二：上午：身高→体重→肺活量→50米跑（休息30分钟）→1分钟跳绳。下午：坐位体前屈→1分钟仰卧起坐。

水平三：上午：身高→体重→肺活量→50 米跑（休息 30 分钟）→1 分钟跳绳。下午：50 米×8 往返跑（休息 60 分钟）→坐位体前屈→1 分钟仰卧起坐。

水平四、五：上午：身高→体重→肺活量→50 米跑（休息 30 分钟）→坐位体前屈→引体向上（男）→1 分钟仰卧起坐（女）。下午：立定跳远→1000 米跑（男）、800 米跑（女）。

三、测试项目规则、技术标准和规定

所有测试项目规则、技术标准必须执行《国家学生体质健康标准解读》第三章（111 页—130 页）条款。

特别规则：1. 立定跳远场地统一为塑胶或泥地上进行。2. 学生参加各项目测试时，如出现犯规，允许补测，直至产生有效成绩。否则，一律不得当场补测。

四、测试器材：30 道秒表 8 只、1—50 号“号码布”（男生 1—25 号，女生 26—50 号，抽测前要求学生佩戴胸前）（800 米、1000 米跑分组不得超过 15 人）；耐久跑弯道标志筒 40 只；跳绳（普通）、讲义夹、记录笔等。

五、工作职责和要求

1. 各检测考评组成员必须履行工作职责，端正思想作风和工作态度，主动关心和鼓励学生积极参与该项活动，确保检测考评工作文明、有序、安全到位。如发现考评组成员工作不负责任、违规操作、徇私舞弊等现象，一旦查实，将做通报。

2. 考评成员岗位分工：身高、体重、肺活量、坐位体前屈分男、女各一组（每组 4 人）；50 米一组（发令 1 人、记录 1 人、计时 6 人）；50 米×8 往返跑分男、女各一组（发令兼记录 1 人、计时 3 人）；立定跳远分男、女各一组（每组 4 人）；1 分钟仰卧起坐一组（1 对 1 计数兼判犯规 7 人，计时兼记录 1 人）；引体向上（男）一组（计数兼判犯规 1 人，记录 1 人）；1 分钟跳绳一组（1 对 1 计数兼判犯规 7 人，计时兼记录 1 人）；1000 米（男）、800 米（女）跑分男、女组（学生分组 15 人以内，发令兼发号码布 1 人，记录员 1 人，成绩记录监督员 1 人，计时员 2 人，终点判名次 1 人，弯道检查员 2 人）

3. 考评人员在测试过程中，除跑的项目以外必须现场唱成绩，记录员必须回唱成绩，成绩记录不得出现错误。

三、学生体质健康测试的准备到位

学生体质健康测试是一项严肃而系统的全国性标准化工作。每年一次的全国性测试活动，所涉及的人力、物力和财力都堪称规模巨大。而测试的结果通过逐级审核和上报，最终上报汇总到教育部“学生体质健康网”，进行学生体质健康的评价、分析和监测。可以说在从小学到大学的校园里，没有任何一项常规工作的严肃性、系统性和重要性可以与其比拟。然而，对于如此重要的一项工作，如果因未做好相应的人力、物力和财力准备而影响最终的工作质量，不仅让人着实惋惜，还是严重的工作渎职。为此，各地需严格按照《标准》测试要求和实施办法，结合当地学生体质健康测试工作安排和实际，做好相关准备工作。

（一）被测学生的体能素质和技术准备

学生体质健康测试涉及的身体形态、身体机能和身体素质等内容，均具有一定的被测稳定性。严格来讲，除非有突发状况和意外情况，否则同一个学生短期内的学生体质健康测试成绩应该保持基本稳定。这些测试成绩既不可能在短期内快速提高，也不可能无缘无故的降低。特别是身体形态的身高、体重和身体机能的肺活量测试结果，只要严格按照测试规范和方法对学生进行测试，就不会出现超出测试规定限度和系统客观存在的数据误差。特别是身高和体重这些基本不涉及学生难于掌握的测试项目技术的内容，无论学生是否进行积极的准备，只要按照测试方法测试就基本保持数据稳定。

但身体素质的测试则会完全不同，由于这些测试内容具有一定技术性，如果学生没有掌握必要的动作技术，就很可能会影响身体素质的发挥。如果学生在立定跳远、引体向上、耐久跑等内容的测试前后进行了具有显著差异和不同程度的针对性练习，那么这次测试成绩的可重复性就较低。相反，如果学生一直都保持着适宜的体能锻炼，进行了积极的测试项目的技术练习并能够熟练运用这些技术，那么除非学生身体健康原因或者显著的测试环境差异，否则该学生的体质健康测试成绩会基本保持稳定。换言之，唯有在此情况下测得的学生体质健康数据，才是真实和有效的数据。

为此，在学校体育的课堂教学和课余锻炼过程中，体育教师要积极利用体育学习和体育活动来促进学生的体能发展。在体育课上通过身体素质课课练、补偿性体能锻炼和体能素质的强化练习，让学生掌握发展体能的方法、规律和常识，促使学生获得积极有效的身体素质发展体验和体能积累。各学校要充分利用体育大课间、体育社团和俱乐部、全员性的体育竞赛等活动，通过营造积极的体育锻炼氛围来促进学生运动习惯的养成，从而使得学生能够自觉主动和行之有效地投入到体育活动和身体锻炼中去。特别需要强调的是，体育教师在进行体育教学内容选择和教学时，必须要有意识地做好学生体质健康测试项目相关内容的选取，并想方设法地扎实开展好相关教学。只有这样，学生才可能去表达和展示自己真实的体质健康水平。

（二）主测人员的工作培训和操作学习

人的因素是造成学生体质健康测试出现各种问题和数据偏差的最重要因素。虽然主导和参与测试活动的工作人员在整个测试活动中不足以造成重大的测试问题，但他们却是造成测试结果非系统误差的主要因素。特别在学校自行组织的学生体质健康集中测试过程中，其测试工作人员既有熟悉测试规则和业务的体育教师，也有临时被任命来参与测试活动的其他教师和职工。这些测试人员对测试流程和规则的熟悉程度各不相同，有些甚至没有经过系统的测试培训就仓促上岗，他们在仪器使用、丈量计数和执行规则方面难免会出现各种问题。甚至曾有工作人员在立定跳远测试时，以学生起跳落地的脚尖位置来测量跳远成绩。尽管这只是极少数的个案，且与工作人员的学习工作经历有关，但不可否定的是类似问题的出现与缺乏必要、规范和系统的测试人员培训有关。为此，基层学校在进行学生体质健康测试前，无论是集中测试还是分散测试，都必须组织测试工作人员的培训和学习。

首先，要通过测试培训活动强化工作人员的职责认知。学生体质健康测试活动是教育部牵头组织的每年一次的全国性测试活动，每位学生测得的数据经过层层审核后将上报教育部“学生体质健康网”存档、汇总和分析。这些数据不仅会成为学生整个学习历程的学籍资料和档案素材，甚至还将影响到国家学生体质健康的发展预判和政策制定。可以说，这是一项非常严肃和意义重大的活动。能够以工作人员的身份参与到这样一项工作中来，既是荣耀，更有责任。按照学生体质健康测试的相关要求和数据上报规范，学生每一项测试数据的获得，都必须上报相应的测试工作人员姓名信息。这既是对测试人员工作付出的认定，也是对测试工作规范的责任监督。为此，各基层单位在组织测试培训活动时，必须对所有工作人员说明测试意义并晓以利害，以确保测试人员的工作能够做到严肃认真和严谨规范。

其次，要通过测试培训活动加强工作人员的技术学习。技术学习环节是整个测试培训活动的重中之重。在培训活动中，培训单位要组织熟悉测试程序方法、技术规则和现实情况的技术骨干来进行技术培训。可以按照传统体育运动会赛前裁判会议的模式进行培训，并指派熟悉业务的体育教师兼任具体测试项目的裁判长。在统一培训的基础上，再进行分测试项目内容的针对性培训，这有利于提高培训质量和效率。在培训过程中，要严肃认真地对测试方法和技术进行逐条说明，对培训人员提出的问题要不厌其烦地逐个解答。同时，还要根据以往测试过程中存在的问题，对工作人员进行工作预警和业务提示。比如：立定跳远“小跳”动作的认定和判罚，有效距离的测量；坐位体前屈测量时要注意必须双手触及，推动标尺必须动作缓慢；引体向上必须由静止开始，仰卧起坐需要双肩触垫等等。

（三）测试器材的合理配备和校验整备

学生体质健康测试是一项专门化的测试活动，其部分测试内容有赖于非体育教学必需的专业测试器材。如果没有必要数量、质量和规格的测试器材，不仅会影响到学生体质健康测试活动的进度和精度，还会影响到测试活动的组织形式和工作效率，成为制约测试工作质量的重要因素。为此，在教育部关于印发《学生体质健康监测评价办法》等三个文件的通知中，明确提出要加大经费投入力度，加强测试场地、设施和器材等条件建设，以保证学生体质健康测试工作的正常进行。然而，基层学校的测试器材配备仍存在着品类不均、质量欠佳和整备不足等问题。特别是教育部“学生体质健康网”认定供应商的智能测试产品，在基层学校的配备情况一般。可见，测试器材的配备和养护较之其他体育器材更需要持续关注和不断完善。

首先，学校要优先配备学生体质健康测试所需的器材，可通过学生体质健康

网认定的定点采购商来配备器材。随着学校计财办法改革和教育装备管理的发展，很多发达地区的区县教育行政部门都会通过招投标选定指定商家作为学校体育器材的备选供应商，这有利于保证供货质量和提供优质的售后服务。基层学校只需按照“学生体质健康网”认定的合格商家的产品目录进行选购即可。这显著提高了体育器材的采购效率，避免了不必要的经费使用风险。而对于尚未建立教育装备和体育器材统一采购机制的地区，以及定点采购商尚不具备配备能力或无法及时配送的器材需求，学校在上级财政许可和履行报备手续后可自行寻找正规商家或者网络电商来选配测试器材。学校这样直接联系购买虽然比通过采购商更快捷，但同时也会有一定产品质量和售后服务风险问题。

其次，学校要做好学生体质健康测试器材的保管、保养和维修等器械整备工作。无论是学校体育器械，还是健康测试仪器，这些设备不但有特定的工作环境和使用要求，还会有使用寿命的规定，甚至是单次使用频率的要求。如果不按照器械设备的使用说明和保养要求进行操作，就可能会影响到测试精度和使用寿命。对于学校体育日常工作中很少使用的测试专用设备，比如体重秤、肺活量仪器和坐位体前屈仪器等，在每次测试使用后都要做好检查和保养工作。比如电子体重秤长期不用要拆下电池，以免因设备待机耗尽电池电量而腐蚀设备；肺活量仪器不但要保持吹气管的干燥，还要注意非一次性吹嘴的消毒；而坐位体前屈仪器不能随意叠放，以免因挤压导致标尺变形和零件遗失。如果学校购置了整套的智能化测试设备，则要更加注意设备的保养和维护。对于需要维修的设备，要及时联系供货商进行必要的售后服务。

第二节　学生体质健康测试的实测控制

学校进行学生体质健康测试的工作质量关系重大，它直接决定着测试数据的真实性和可靠性，并最终作用于学生体质健康的现状研究、趋势预判和政策制定。为此，无论是测试前的制度建设、模式确立及保障到位，还是测试后的数据汇总、抽测复核及评价考核，都是在通过不同的方式确保学生体质健康测试的实测质量。从我国目前的学生体质健康测试规模和体量来看，这些对测试活动的间接调控形式仍将是测试管理和控制的主要方式。未来通过社会监督和第三方测试等直接形式，进行测试质量控制的方式也有望进一步实践和推广。

此外，在《标准》的阶段试行、正式发布和2014年修订的文件中，都明确提出了将实施和组织《标准》测试计入教师工作量的条款，以此来激励学校和教师提升测试工作热情。同时，由于有将《标准》测试计入教师的工作量这一文件要求，为了避免重复计算教师工作量和挤占体育教学时间，《标准》测试活动一般不提倡在体育课上进行随堂测试。而如果将测试活动安排在课余时间由教师分散组织进行，不仅难于控制测试质量，还容易受到干扰而难以保证测试的安全有序进行。为此，基于《标准》测试质量考虑和对接复核抽测形式，越来越多的学校采用测试运动会形式进行集中测试。

《标准》的实施是由教育行政部门管理和学校具体组织实施的专门工作。学生体质健康测试作为学校《标准》实施工作的重要组成部分，其测试控制和质量管控可以按照全面质量管理的视角进行分析和应对。学校可以从参加测试的工作人员、测试所用的场地器械、被测学生、测试程序方法和测试环境条件等五个方面，进行学生体质健康测试的分析和控制。

一、学生体质健康测试的工作人员

在学生体质健康测试工作中，测试人员的工作质量直接影响着测试结果的准确性和可靠性。一般情况下，参与基层学校的学生体质健康测试的工作人员主要有三种类型：经过专门培训后由学校教师和职工组成的校内测试人员，由体检部门或医疗机构组织的专业体检人员，由教育服务部门或第三方机构组建的专门测试人员。这三类测试人员可能同时参与同一次测试活动的不同项目内容，也可能由某一类型的测试人员进行全部测试。

其中，由学校教师和职工组成的校内测试人员完成全部测试工作，仍是学生体质健康测试的主流力量和常见形式。此外，尽管《标准》2014年修订后删除了结合体检工作以避免重复测试的内容，但这样的测试方式并未被禁止，仍可作为学校提高测试效率和保证测试质量的重要手段。学校只需做好业务协调即可。而对于一些成立区域学生体质健康测试中心的发达地区，则可全权委托第三方服务机构进行专业的标准化测试，学校只需做好相应的工作监督即可。

（一）校内测试人员的工作调控

校内测试人员在做好工作培训和技术学习后方可上岗。在培训过程中除集中理论学习外，还要进行现场实践形式的业务操练，以确保测试人员能够熟知测试流程方法和规则要求。学校可以指定教研组长负责校内测试骨干人员的培训。在开学前夕组织全体体育教师学习相关项目测试的规则、技术标准及操作方法，通过学习交流或模拟测试演练，做到“有问必答，有操必准，有事必清”的要求。然后由分管领导或教研组长负责，拟定学校《标准》测试人员（裁判员）名单，报学校领导小组经批准后，择时对其人员和班主任进行业务培训。内容包括：测试项目规则和技术标准、测试场地和器材的标准、成绩丈量和记录的规范、测试秩序的组织、安全措施的防范等要求，做到安全、有序和规范。

学校在组织学生体质健康的校内集中测试时，要加强对测试人员的工作指导和调控。(1) 测试人员到达相应的测试场地后，要现场准备或者检验场地器材是否符合测试标准。比如：体重秤摆放的地面是否平整，砝码检验是否能够回零，立定跳远的地面是否平整而无坡度，50 米跑和耐久跑的距离是否准确等。这些看似常规的事项往往最容易出现问题，曾经有学校的田径场跑道内圈长度就是 250 米。这时按田径规则计算的第一跑道实跑线的长度肯定大于场地标称长度，而学生在这块场地上测试成绩将远低于实际的水平。由此可见，场地器材校准的必要性和重要性。(2) 各场地项目的测试组长要担负起现场的测试调控工作。除了对测试人员的工作规范进行必要的监督和提醒，还要根据情况调控好各组别的测试序列与间隔和学生的测试状态与节奏。在不影响整个测试进程和安排的情况下，要保证每组学生都有相对均衡的休息时间，要提醒测试学生注意合理的测试节奏以调整身心状态。比如：严格按照检录次序对各组学生进行依次测试；提醒立定跳远时第 1、2 次试跳失误的学生，不要急于后继试跳；提醒引体向上的学生每次的动作间隔时间不能超过 10 秒等。此外，校内测试可以由体育教研组长或熟悉测试工作的骨干来担任测试总指挥，进行整个测试活动的宏观调控和工作巡查，以便能够及时发现问题并进行现场整改。

（二）体检工作人员的业务协调

《学校卫生工作条例》的工作要求中明确提出“学校应当建立学生健康管理制度。根据条件定期对学生进行体格检查，建立学生体质健康卡片，纳入学生档案”。随着经济社会发展和教育投入增加，目前学生体检活动已经比较普及，有些经济发达地区已经实现了学生免费体检全覆盖。在这样的工作背景下，如果能够结合体检工作来进行学生体质健康的身高、体重和肺活量等身体形态测试，既能够避免不必要的人力、财力和物力投入，还能够确保测试工作的规范和质量。这不失为一个积极整合和充分利用社会资源的有效途径。由于学生体质健康测试有一定的时效要求和专门的测试办法，在通过学生体检活动进行身体形态测试时，学校要充分做好必要的业务协调和沟通工作，以确保测试数据的时效性和有效性。

首先，学校要与体检服务部门预约具体的合理体检时间。尽管教育部“学生体质健康网”要求的数据上报截止时间是12月末，但由于各省、各地的学生体质健康测试数据审核和复核的需要，很多地区都要求在10月底前完成项目测试和数据上报工作。为此，学校要尽量将体检时间预约在9月下旬或者10月中旬，以确保数据的时效性。因为，基础教育学生正处于身体发育的快速期，甚至学生每年身高增长低于5cm都属于不正常的范畴。如果测试时间过于靠前，甚至是安排在上半年体检，则必然导致身高、体重和肺活量等身体形态数据难于代表学生现有水平，并导致测试数据复核一致性偏低的问题。

其次，学校还要与体检部门协调好身体形态测试的方法和要求。由于体检部门在具体的体检过程中可能会根据工作安排、场地条件和学生要求，而不严格按照通用的测试规范进行测试。如果学生穿着秋装测体重或穿着鞋子测身高，这样的测试结果几乎不具有可靠性。为此，学校需要派专门人员与相关的体检人员衔接具体的测试要求。比如：如果肺活量测试仪没有测试次数和时间间隔的预设，则要注意测试过程中每次吹气的时间间隔控制。而测试数据的记录单位、精确位数，甚至学生名单的次序都要在体检前做好协调和沟通工作。以期在不影响学生体检活动的前提下，尽可能地配合学生体质健康测试的工作进程和测试要求。

（三）校外专门机构的工作监督

目前，国内有些体育产业与服务发达地区的教育行政部门和基层学校，正在条件允许的情况下尝试引进校外第三方机构进行学生体质健康的测试工作。一般来讲，通过向校外专门机构购买测试服务，具有一定的积极意义。（1）能够节省大量的人力、物力和财力投入，特别是一般性测试器械的硬件投入。而对于计划采购价格不菲的智能化测试设备的单位，通过购买测试服务可以省去大量设备购置资金和后期维护费用。（2）能够确保测试活动的有序进行和结果公平。学生体质健康测试的成绩，往往是上级教育行政部门对下属单位考核的重要指标，如果因为测试人员和器械的差异而导致测试结果失真则有失公正。而通过购买服务进行统一测试则能够有效避免类似的问题，测试的条件、过程和方法更加趋于一致，对于考核来讲也更加公平。为此，越来越多的地区开始尝试购买测试服务。但相关单位必须做好必要的监督工作，以维护学生体质健康测试的安全、有序和公正。

（1）要监督第三方测试服务的利益诉求，对不正当的行为必须给予警告和责任追究。第三方机构的测试必须在上级教育行政部门和学校专门人员的监督下进行。避免因为可能存在的不正当利益诉求而影响测试活动的规范性。由于购买服务部门和被测试单位的用户体验、主观诉求和使用评价，会最终影响到后继购买服务的意愿、量度和行为。因此，在没有必要的工作监督情况下，这样的测试服务同样会有弄虚作假的可能。（2）要监督第三方机构对测试数据的使用情况，可根据情况签订含有保密条款的合同。一般来讲，购买服务的单位可以在签订服务合同时明确提出，测试服务机构不得在未授权的情况下将测试数据提供给任何其他机构，更不得将学生学籍信息或测试成绩进行非法售卖或用于商业用途。即便是根据学生测试结果为学生免费开具的运动处方，也要经过学校方面的审核方可反馈给学生，以避免商业广告的植入或消费行为的误导。此外，测试服务机构的仪器设备、程序方法和执行规范等，可能影响到测试安全、数据准确和方法科学方面的操作性活动和过程性信息，都需在适当的监督下进行。总之，在没有完备的合同约定和必要的工作监督情况下，即便是从第三方机构购买学生体质健康测试服务，也很难保证测试的安全和质量。

二、学生体质健康测试的场地器械

在学生体质健康测试的过程中，测试仪器的数量和质量直接影响着测试活动的工作效率和数据精度。特别对于自行组织学生体质健康测试的学校来讲，通过正规渠道购置一定数量和种类的必备测试器械，并保证这些器材能够处于良好的正常使用状态，是确保测试活动得以进行的基本保障。为此，学校除了要优先购置配备必要的测试器械外，还需要安排专人对测试器械进行日常的检修和保养，对于无法正常使用或者临近报废程度的器械要及时进行维修或更新，以免影响学生体质健康测试的工作安排。

除此之外，对于学校体育与体质测试通用的一般性场地和器械，也要引起重视。正如前例提到的田径场规格用跑道施工长度来替代跑步实跑长度的状况，这些想当然的问题确确实实就在我们的身边发生过。对于这些在学生体质健康测试规范中并未明确提及的事项，如果工作人员一旦麻痹大意就容易出现严重问题，而且这样的问题往往影响巨大且难于补救。可见，测试场地器材的调控虽然十分基本，但却又尤为关键。为此，学生体质健康测试必须做好场地器材的有效调控。

（一）做好测试器械的购置和配备

随着我国《标准》测试工作的持续推进和经验积累，基层学校和一线教师已经充分认识了测试器械对于学生体质健康测试的重要性。在测试成绩直接作为区域教育评估、学校办学考核和校长业绩评价的现实背景下，不但学生体质健康测试的必要器械会得到学校的优先配备，即便是与学生体育锻炼和体能提升密切相关的体育器材，学校也会想方设法地满足体育教师提出来的配备要求。在这样的情况下，学校既要通过正规渠道购置必备的器械来满足客观需求，还要通过一定的工作程序来审查器材配备需求的合理性，以避免不必要的经费投入和器材闲置。

例如，很多学校为了缓解学校统一测试时，对身高仪、体重秤和肺活量计等专用测试器械的集中需求，以及提升集中测试活动效率和便于测试工作节奏掌控，往往采用分散测试的形式进行学生体质健康的身体形态测试。然而，这一看似合理的测试安排，如果得不到必要的工作协调，不但无法达到预期的缓解需求目标，还会造成测试活动对专门器械需求过大的假象，从而影响到学校的测试器械购置和配备。对于肺活量计等基本上一年只集中使用一次的器械，完全没必要按体育教师人数去每人配备一台，更没必要因为卫生考虑和疾病预防而为每位学生配备一个专用吹嘴。只要通过必要的工作协调和器械整备，这些基本的测试器械需求都能够得到很好的解决。

（二）做好测试器械的检验和整备

在进行学生体质健康测试前，须对测试所需的场地和器械进行严格的安全检查和精度检验，做好测试器械使用前的整备工作。对于采用运动会形式进行集中测试的单位，可由场地器材组工作人员提前进行场地丈量和划定，以及进行初步的器材清点和检验等整备工作。在测试活动当天，场地器材组需提前将各测试场地所需器材按要求布置到相应位置，各测试项目的裁判长到达场地后需对场地器材进行再次检验，以确认场地器材的整备状况。具体的检验标准须参照“学生体质健康网”发布的《标准》测试要求，进行严格的检验操作，从而确保测试活动能够在统一的测试规范下进行，以尽量避免测试的系统误差和人为差错，提高测试数据的准确和信度。

身高测量计在使用前应校对0点，以钢尺测量基准板平面至立柱前面红色刻线的高度是否为10.0厘米，误差不得大于0.1厘米。同时应检查立柱是否垂直，连接处是否紧密，有无晃动，零件有无松脱等情况并及时加以纠正。杠杆秤或电子体重计在使用前需检验其准确度和灵敏度。准确度要求误差不超过0.1%，即每百千克误差小于0.1千克。检验方法是：以备用的10千克、20千克、30千克标准砝码（或用等重标定重物代替）分别进行称量，检查指标读数与标准砝码误差是否在允许范围。灵敏度的检验方法是：置100克重砝码，观察刻度尺变化，如果刻度抬高了3毫米或游标向远移动0.1千克而刻度尺维持水平位时，则达到要求。此外，肺活量计需在使用前由工作人员进行试吹，坐位体前屈测试仪需校准标尺位置和游标的顺滑程度，测试秒表在使用前与标准秒表的每分钟误差不得超过0.2秒，以确保这些测试器械使用正常和测试精确。

50米测试须在地面平坦且划有跑道线的直线跑道上进行，采用一道一表计时方式进行测试。而50米×8往返跑需要50米跑道若干条，道宽2～2.5米。在起

（终）点线前0.5米和49.5米处各立一标杆，杆高1.2米以上，立于跑道正中，需确保安全和做好防范。800米和100米测试可以在400米、300米、200米田径场跑道上进行，也可以使用经过准确丈量的其他不规则场地。立定跳远须在沙坑进行测试，沙面应与起跳地面平齐，并准备丈量用的量尺。如果学校没有沙坑，也可在土质松软的平地上或者跳远专用垫上测试。起跳线至沙坑近端不得少于30厘米。起跳地面要平坦干净，具有正常的摩擦系数。跳绳测试的地面必须平整和干净，地质不限，但建议不要在塑胶场地测试，以免因跳绳与地面的摩擦力过大而影响学生跳绳次数。测试所用跳绳的质量和重量应基本相当，且跳绳长度可调。

（三）做好器械备件和耗材的准备

学生体质健康测试器械作为标准化生产的工业品，即便是通过严格的出厂检验和正规的销售渠道进入学校使用，也一定存在器械固有的产品设计寿命、使用条件要求和正常故障概率。即便是国内大型体育器械生产企业的室外固定金属设施，在正常维护下的安全使用寿命也一般不超过5年。而对于专门的《标准》测试器械来讲，不但平时缺乏养护，而且使用过于集中，这些因素都将严重影响测试器械的使用寿命和测试精度。为此，学校在组织学生体质健康测试时，除了要做好测试器械的购置配备和检验整备外，还要做好器械的备件和耗材准备，以便能够及时有效地应对因器械故障而引发的测试突发状况。

学校在购置学生体质健康测试的身体形态测试器械时，可根据测试安排和客观需求，酌情采购一定基数的测试备用和紧急替换器械。比如：在购置非一次性使用的肺活量吹嘴时，可以增购20%基数的吹嘴作为遗失和损坏时的备用。而在配备电子体重秤时，除了要购置备用的紧急替用体重秤，还要根据体重秤的使用数量和频次，进行至少一比一的电池耗材储备。因为电子体重秤在电池电量不足时，不但会影响到测试精度，还可能在没有任何提示的情况下突然停止工作。这些都会给测试工作带来不必要的麻烦。

此外，即便是用于学生体质健康测试的一般性常用体育器械，也要在测试前做好必要的替用备件和使用耗材的准备。比如：用于测试的秒表须在测试前进行精度校准，以及替用备件和电池耗材准备。而对于自行划定的测试场地，还需要准备场地标线补划的耗材。以保证场地始终符合《标准》测试要求，力争让学生始终处在同等情况下进行测试。

三、学生体质健康测试的被测学生

学生在参加体质健康测试时的情意态度和行为表现，是实现学生体质健康工作目标愿景和工作成效的关键所在。如果学校不能够通过科学系统的组织工作，来调控学生的测试状态，则必然会导致测试结果大失所望。在缺乏对学生测试的系统调控情况下，无论学校体育教学和课外体育锻炼如何务实，也无论学校学生体质健康工作实施如何扎实，甚至无论学生的体质健康和身体素质如何厚实，都对提高测试效果无济于事。如果参加引体向上测试的学生是在同学的围观和玩笑声中测试，我们不难想象会取得怎样的成绩。而如果他是在同学的加油鼓励下参加测试，相信他的测试表现会更加值得预期。

为此，学校要系统组织好学生体质健康的测试工作，积极做好学生的测试调控。学校须在学生体质健康测试活动前，做好全体在校学生的健康调查。对学生进行免测、补测和正常测试分类，并做好免测登记和测试安排等后继工作。同时，学校还必须做好被测学生的体能素质储备、情意态度激发和项目技术指导，以期让学生能够有充沛的体能、积极的态度和良好技术去完成测试。此外，学校需要充分发动班主任和其他教师参与测试的管理、组织和服务，确保测试活动能够安全有序进行。

（一）测试前的体能储备和技术指导

学生体质健康测试是通过特定的测试内容和检测手段，对学生个体的体质和健康水平进行间接测定和绝对评价。人的体质是由先天遗传和后天获得形成，在人体形态结构和功能活动方面所固有的、相对稳定的特性。如果学生在后天获得过程中得不到必要的体质锻炼，那么他们不但得不到应有的体质获得，还可能因为后天获取不足而影响先天遗传的体质。所以，学校作为学生日常学习生活的主要场所和体质后天获得的主要平台，有责任和义务让学生通过系统的体育学习和课余活动，促成体质健康的后天获得，这是学生体质健康测试的重要目标和根本所在。

此外，学校还要通过系统教学和专门活动，让学生熟悉和掌握体质健康测试项目内容的动作方法。在现行的测试模式下，学生只有具备良好的测试项目技术，才有可能通过项目测试来展现自己的体质健康水平。否则，即便有较好的身体素质也很难完整展现出应有的体质测试成绩。以立定跳远测试为例，由于小学阶段的学生体质健康测试中没有跳远内容，所以很多学生在小学时并未系统地学习过立定跳远的动作方法。从而导致这些学生在升入初中后，在没有较好掌握立定跳远动作的情况下就仓促参加年度体质测试，致使其立定跳远的测定成绩并不能真实展现他们的体质水平。所以，学校必须通过规范的教学管理，让学生掌握体育与健康课程里相应年段水平要求的应知应会内容，积极推进学生体质健康测试项目技术工作方法的学习。

（二）测试时的健康调查和安全保障

人类个体的健康状况始终处于相对稳定的动态变化之中。人的身体形态和健康发展生来就受到遗传因素影响，具有一定的先天遗传性。同时，由于受人体生长发育和新陈代谢的生物机制影响，人的健康又具有一定的相对稳定性。此外，人的健康除了身体形态等显性表征外，很多隐性状况特别是心理因素难于通过目测观察发现，所以健康又具有一定隐含性。加之疾病潜伏、意外伤害等可能事件，使得健康仅仅是一个即时状态，具有一定的不确定性。为此，学校需要结合定期的学生体检和日常的学生管理，积极做好学生的健康调查。这不仅是确保学生体育活动安全的重要前提，还是对学生身心健康成长的人文关怀。

学校必须做好测试当天的健康调查，并对突发情况做好备案和请假，而不能以任何理由逼迫学生继续完成测试。因为对于处于身体快速发育期的基础教育学生来讲，不但存在因为健康原因不能参加体育锻炼的情况，还存在因为诸如女生例假、身体伤病和突发事件而不适合继续参加《标准》测试的可能。在测试前要组织学生做好准备活动。准备一定的应急药品，有条件的单位可以在测试时配备医生，以期学生能够以最好的状态参加测试。此外，教师在进行《标准》免测调查和登记时，要留意学生可能已经确诊但自己并不知情的疾病情况。可以通过健康调查、学生体检和家访活动等渠道收集相关信息。对于家长心存顾虑和涉及学生隐私的不宜公开信息，在登记《标准》免测时要做好信息保密工作，避免学生承受不必要的心理压力。

（三）测试中的情意态度和行为表现

学生体质健康工作是全社会的责任，《标准》实施与测试是全学校的工作。只不过一直以来教育行政主管、学校具体实施和体育教师落实的现状，造成了人们对学生体质健康工作的诸多误解。它既不是适测学生的个人事务，也不全部都是体育教师的岗位职责。学生体质健康工作的有序进行，离不开教师、学生和家长的支持配合。而学生对《标准》认知了解的程度和体质健康测试的态度，决定了他们参与体质健康活动的行为表现，并最终决定着他们的体质健康水平和《标准》测试成绩。

体育教师要重视和加强健康教育，充分利用阴雨天和雾霾天进行体育与健康知识传授，培养学生的健康意识，丰富学生的健康认知。同时，通过《标准》测试和评价等实施活动，加大对全校师生的体质健康工作宣传，让大家明白体质健康的价值作用和深远意义。此外，学校还要充分营造学生体质健康工作的良好氛围。借助校园媒介和家校平台向学生和家长进行健康教育和《标准》解读，增进学生对体质健康工作的了解。结合学生评优评先活动和成长档案形式，严肃执行和严格落实《标准》评价与考核，从而推进学生健康行为的养成和《标准》测试的表现。

学校要充分借助和发挥班主任对学生的凝聚、激励和引领作用。在《标准》测试活动中，由班主任采取组织宣传、现场发动和过程激励等有效措施，来调动学生的情意态度和拼搏精神，让学生能够充分地展现自己的体质健康水平。而且，班主任借助重大事项和体育活动等教育机会，在陪伴学生成长和收获努力成果的同时，也一定收获了师生的尊重和工作幸福。这在一定程度上，丰富和展现了《标准》实施和学校体育的内涵与价值。

四、学生体质健康测试的程序方法

学生体质健康测试的程序和方法，不但是确保测试活动安全有序和成绩有效的基础，还是检验测试活动组织合理和方法规范的平台，是《标准》测试科学性和工具性的具体展现。然而在实际的测试过程中，最可能出现问题的环节就存在测试的程序方法之中。比如：教师为了提高测试速度让学生穿着鞋子测身高，为了避免麻烦让学生穿着衣服鞋子测体重。更有甚者直接让学生自己报身高和体重，然后老师直接登记作为上报数据，这样的工作程序和数据质量可想而知。这也是近年来越来越多地区和学校采用集中测试和第三方测试的原因所在，以期尽量减少个人因素和个案问题对《标准》测试结果的不良影响。

（一）集中测试的一般组织程序

对于学生体质健康测试采用运动会形式集中进行的学校来讲，拟定合理的项目测试顺序和保证适宜的测试间歇，不仅关系到学生是否能以良好的体能状态去展现相应的体质水平，还关系到学生的身体健康和测试安全。在测试过程中，学生如果得不到必要的休息和恢复，必然会影响后继测试的体能发挥和测试成绩。严格来讲，在此情况下测得的体质健康数据，并不是真正意义上的《标准》数据，而是人体在疲劳状态下的体质水平。为此，体育教师要根据相应的理论知识和相关的实践经验，参照上级教育行政部门对学校的《标准》测试复核程序，制定学校的集中测试方案，这能有效提升测试数据的准确性和有效性。

学生体质健康集中测试程序附例：

水平一（半天完成）：身高→体重→肺活量→50 米跑（休息 30 分钟）→坐位体前屈→1 分钟跳绳。

水平二：上午：身高→体重→肺活量→50 米跑（休息 30 分钟）→1 分钟跳绳。下午：坐位体前屈→1 分钟仰卧起坐。

水平三：上午：身高→体重→肺活量→50 米跑（休息 30 分钟）→1 分钟跳绳。下午：50 米 ×8 往返跑（休息 60 分钟）→坐位体前屈→1 分钟仰卧起坐。

水平四、五：上午：身高→体重→肺活量→50 米跑（休息 30 分钟）→坐位体前屈→引体向上（男）→1 分钟仰卧起坐（女）。下午：立定跳远→1000 米跑（男）、800 米跑（女）。

（二）《标准》测试的操作方法

在《标准》测试过程中，测试方法是否符合规范直接关系着测试结果的准确性和有效性。教育部"学生体质健康网"曾按照当时的测试要求和装备情况，于2008年专门发布过《标准》测试的操作方法，指明了测试要求的器械要求、操作办法、测试精度和注意事项等。尽管近十年来，《标准》的制度架构、项目内容、评价标准和测试装备都在调整和变化。但在未发布新的测试方法之前，该操作方法仍具有指导意义和操作价值。这是提升测试数据精度、信度和效度的有效保障。

身高测试要求受试者赤足，立正姿势站在身高计的底板上（上肢自然下垂，足跟并拢，足尖分开成60度角）。足跟、骶骨部及两肩胛区与立柱相接触，躯干自然挺直，头部正直，耳屏上缘与眼眶下缘呈水平位。测试人员读数时双眼应与压板水平面等高进行读数。体重测试要求受试者赤足，男性受试者身着短裤；女性受试者身着短裤、短袖衫，站在秤台中央。肺活量测试要求房间通风良好，使用卫生干燥的吹气嘴。受试者以中等速度和力度全力吹气，每次间隔15秒，测3次选取最大值作为测试结果。跑步至少两人一组测试，站立起跑，受试者听到"跑"的口令后开始起跑。引体向上受试者跳起双手正握杠，两手与肩同宽成直臂悬垂，静止后，两臂同时用力引体（身体不能有附加动作），上拉到下颌超过横杠上缘为完成一次。坐位体前屈要求受试者两腿伸直，两脚平蹬测试纵板坐在平地上，两脚分开约10～15厘米，上体前屈用两手中指尖逐渐向前推动游标，直到不能前推为止。测试两次，取最好成绩。

（三）测试过程中的注意事项

集中测试活动的编排人员可以借鉴运动会的组织经验来提升测试效率和减少问题。比如在耐久跑测试时，为学生佩戴号码布和进行计时双开表，并由班主任担任记录员。这能显著提高工作效率，还能避免计时失误。此外，工作人员在《标准》测试过程中还要严格执行测试方法，并注意测试环节的一些工作细节。

身高测试要严格执行"三点靠立柱"和"两点呈水平"的测量姿势要求，测试人员读数时两眼一定与压板等高，水平压板与头部接触时松紧要适度，头顶的发辫、发结要放开，饰物要取下。体重受试者要站在秤台中央，如果使用杠杆秤则上下动作要轻，每次使用杠杆秤时均需校正。测试人员每次读数前都应校对砝码标重以避免差错。而在进行肺活量测试时，如果是使用现场酒精消毒的吹气嘴，要注意避免酒精残留。以免影响学生的测试状态，防止学生可能存在的过敏反应。跑步和立定跳远的受试者在测试时不得穿钉鞋、皮鞋、塑料凉鞋。立定跳远发现犯规时，则此次成绩无效。三次试跳均无成绩者，应允许再跳，直至取得成绩为止。引体向上受试者应双手正握单杠，待身体静止后开始测试。身体不得做大的摆动，也不得借助其他附加动作撑起。间隔时间超过 10 秒停止测试。坐位体前屈受试者应两腿伸直，用双手中指匀速向前推动游标。仰卧起坐受试者双脚必须放于垫上，如发现受试者借用肘部撑垫或臀部起落的仰卧起坐时，该次不计数。

五、学生体质健康测试的测试环境

环境既包括以大气、水、土壤、植物、动物、微生物等为内容的物质因素，也包括以观念、制度、行为准则等为内容的非物质因素。而学生体质健康的测试环境则是指直接作用于学生身心，并对测试进程和结果有明显影响的气象和人文因素所形成的集合体。为了便于阐释和区分，我们在这里将直接作用于学生身体的气象等方面因素称之为外部环境；而将间接作用于学生心理的人文等方面因素称之为内部环境。只有同时具有良好的外部和内部环境，才能形成最佳的测试环境。置身于这样的环境之中，不但能够让学生身心愉悦，还能够维持他们最佳的机能状态。因为在高温高湿、雾霾阵风、强光噪声、愤懑惆怅等情况下，人的思维活动和运动机能都将受到严重影响。

然而我国幅员辽阔且地理条件复杂，气象条件也有诸多的不可控制因素。而学生体质健康测试时段又相对集中，加之学校各项教育教学工作协调安排的计划因素，使得学生体质健康测试的外部环境具有一定的不确定性。同时，由于各地各校受经济社会发展水平和人群教育文明程度影响，在学生体质健康的认知了解和支持促进上也存在显著差异。这些差异最终作用于《标准》的实施和测试，造成了学生体质健康测试内部环境的千差万别。尽管这些不利的测试环境因素肯定存在，但学校一定要想方设法提供良好的测试环境和营造积极的测试氛围，以确保《标准》实施与测试工作的有序进行和稳步推进。

（一）提供良好的外部测试环境

学生体质健康测试的具体工作从秋季开学开始，视各地工作部署一般会持续两个月左右的时间。在此期间，学校要进行《标准》实施的宣传发动、工作安排、内容教学、组织测试和数据上报等系统工作，这使得用于《标准》测试的时间一般集中于相对靠后的10月中下旬。而在这个时候，位于北国边陲的黑龙江的日最高气温已经不足10℃，而位于长江三角洲的浙江的日最低气温仍接近20℃。除去人体对自然环境的有限适应能力，单从气温的差异，我们就不难想象两地学生在《标准》测试时所面临的不可逆转的外部环境差异。为此，对于跑步等基本上必须安排在室外进行测试的项目，要尽量选择在空气质量、温度、湿度、风速等气象条件相对较好的月份日期和上下午时段进行测试。如果是采用集中测试形式，则测试时间的确定以不可控制的项目测试环境因素为主。

同时，因为《标准》测试操作方法的规定，也会产生对测试外部环境的客观需求。比如在测量学生体重时，要求男生穿短裤，而女生穿短裤和短袖衬衣。在这样的要求下，即便不考虑气温、湿度等气象条件造成的学生体感因素，还要必须考虑处于身心快速成长期的学生的隐私、自尊等心理感受。即便是未按照测试要求而穿着外套进行体重测试，仍有很多高年级肥胖女生羞于称量体重，或者无奈称重后就不自觉地成为同学之间的笑柄。如果这样的基本感受和客观需求得不到应有的尊重，那么测试工作将很难顺畅有序地开展。为此，学校在测试过程中要能够提供专用测试室。特别对于体重测试来讲，必须设置具有气温调节功能和防止隐私泄露的分性别测试室。

将身体形态等内容放置到室内专用场地进行测试，还是保证测试设备能够正常工作的客观要求，这关系到测试的正常进行和精度保障。比如，某品牌肺活量测试仪的产品说明书中明确规定，该仪器的正常工作温度区间为0～40℃且空气湿度小于90%。尽管在秋季《标准》测试期间，气温高于40℃的情况已经不太可能，但低于0℃的情况在很多地区已经出现。而且在多数情况下，只要室外正在下雨则空气湿度一般都会在90%以上。此时，如果没有可以调节气温和湿度的专门测试室，则很可能导致机器无法正常工作。而产品在设计生产时就有的正负2%的系统测试误差，很可能会被成倍放大。此外，如果学校有室内体育场馆且条件允许，也可以考虑将部分身体素质测试项目放到室内，进一步减小外部环境因素带来的不利影响。

（二）营造积极的内部测试环境

尽管基础教育阶段的学生正处于身心发展快速期，但他们看待世界和问题仍旧十分感性。很多时候学生更多考虑的不是我该做什么，而是我想做和我要做什么。他们的行为很容易受到情绪感染和氛围影响，从而表现得更加个性鲜明，以期获取更多的自我认同和群体价值。这些学生心理成长特征，在《标准》实施和测试过程中必须得到尊重并加以利用，以期为学生体质健康工作发挥积极作用。事实表明，正面的情绪能够起到促进协调和组织的作用。教师在组织《标准》测试时阳光乐观的态度和热情洋溢的情绪，常能影响和激励学生面对测试挑战和困难，这有利于学生的体能发挥和成绩提升。而实验证明，中等愉快水平可以使学生的身心活动处于较优水平，能为学习创造活动提供最佳的情绪背景。但如果整个身心活动始终处于“打鸡血”的状态，则会影响活动效率和行为效果。为此，在整个测试过程中，全体组织工作人员要努力营造积极可控的测试氛围，让学生能够以最佳心理状态参与测试。

此外，对于采用测试运动会形式进行集中测试的学校来讲，担任组织裁判工作的教师还要注意工作态度和方法。裁判人员既不能用稀松平常的态度对待学生，也不能像对待运动员一样严苛地要求所有学生。过于宽松的内部测试环境，不但不利于激发学生的斗志，还会与上级教育行政部门的抽测复核氛围形成反差，从而影响到学生测试成绩的相对稳定。而过于严苛的内部测试环境，容易造成学生不必要的心理压力，不但会影响到学生的测试发挥，还可能导致学生的逆反心理。所以，裁判人员应该严格按照《标准》测试的操作方法进行测试和裁定，坚决杜绝感情分和人情分现象，维护测试的严肃性和规范性。

第三节　学生体质健康测试的数据归集

学生《标准》测试的数据归集工作是学生体质健康测试管控的重中之重。(1)数据归集是前一阶段《标准》实测的后继工作。无论先前测试的安排有多严谨，测试的方法有多规范，测试的标准有多严格，只要在后继的数据登记和录入电脑时出现问题，那么学生体质健康测试工作质量必将大打折扣。(2) 数据归集是一项比较容易出现问题的工作。从数据登记、录入电脑到数据上报的成千上万条数据信息，任何一个人在任何一个环节上的疏忽，都可能造成不易察觉的错误。而且，较之完全公开化的《标准》实测工作，具有一定隐蔽性的数据归集工作更容易受到人为因素干扰。在各种工作目标和考核指标的影响下，工作规范、职业道德和方针政策都不如直接领导和行政命令来得直接和有效，从而出现了数据造假等问题。(3) 数据归集是一项常常被忽视而又最值得关注的工作。如果数据归集能够在相对独立的第三方监督下，或者完全由第三方进行独立的数据归集工作，那么不但可以有效提高工作效率，还可以发挥监督作用。比如，不符合测试规范的数据不得录入，不符合补测条件的数据不得修改，这可以成为创新学生体质健康测试管控的有效尝试。

一、学生体质健康测试的数据获取

学生体质健康测试的数据，不仅是评价学生体质水平和体育工作质量的直接依据，还是进行数据质量复核和学校办学考评的必备条件。测试数据是连接学生体质健康工作决策、实施和评价等各项内容的结合点。它的测量规范、计量精度和上报速度，直接关系到学生体质健康测试的信度和效度，并间接影响着人们对《标准》实施工作的认知和态度。近年来，尽管《标准》制定与实施的各级主管部门在想方设法提升学生体质健康工作质量和测试规范，但《标准》测试数据复核一致性较低的问题仍被人们广为诟病。造成这一问题的主要因素是基层单位在《标准》测试过程中的程序、方法和规范等方面原因，还有一个常常被人们忽视的重要因素就是在数据上报过程中可能存在的数据格式、录入方法和数据检验等方面原因。比如：曾有学校因为在全校分性别汇总表中删除非上报学生时导致数据错位，而致使汇总表中删除行以下的学生数据全部错位。这样的数据问题如果不是通过抽测复核，往往很难发现，而产生的后果却又十分严重。为此，各级教育行政主管部门必须要重视数据录入和上报工作，并严格掌控工作质量和进度。

（一）学生体质健康测试的工作表格

学生体质健康测试的成绩记录表对于数据登记、汇总和录入等操作工作十分重要。首先要从“学生体质健康网”数据上报平台，下载含有学生姓名、出生日期、家庭住址等个人基本信息的体测模板。然后，由学校的数据操作员根据测试活动编排的规则和要求，进行全校体测模板数据的排序或分割等编排工作。最后，将经过最终编排的体测模板作为数据记录表分发给具体的测试数据记录人员，并由记录人员按照成绩测试精度和记录格式要求进行学生测试成绩的初次记录。这里需要注意的是，经过最终编排的数据记录表的电子表格一定要保留下来，以作为测试数据录入电脑时的数据登记用表。否则，前面所做的工作将前功尽弃。按照上述方式制作成绩记录表和录入登记表，将会极大提高测试成绩录入计算机系统的效率。而且，由于测试记录表与登记表的数据序列完全相同，能够有效避免录入电脑时因为找错数据而发生的人为错误。

对于采用运动会形式进行集中测试的学校，除了要保存好最终编排的数据记录表的电子表格作为成绩录入电脑的登记表外，还要注意测试过程中纸质记录表的备份、传递和收集。对于绝大多数没有购买数据直报设备的学校来讲，如果在测试过程中记录测试成绩的纸质记录表遗失，所产生的后果将十分严重。为此，可以由教师或者免测生担任测试组的引导员，成绩记录表由引导员自始至终掌握以避免丢失。如果工作人员配备不足，可以在测试组中指定认真负责的学生担任组长，并在测试全程掌控记录表。在各组测试完最后一项耐久跑后，由终点裁判长或记录员统一收回并检查测试记录表。如发现问题必须第一时间处理和补救，以避免问题进一步扩大。

（二）学生体质健康测试的数据精度

学生体质健康测试的数据精度，不仅关系到测试数据是否符合《标准》测试操作方法的要求，还关系到数据是否符合“学生体质健康网”平台数据导入的格式，并最终影响测试数据的规范程度和录入时效。

为此，在学生《标准》测试过程中，测试成绩的记录必须符合测试要求和导入格式。例如：身高以厘米为单位，精确到小数点后一位，测试误差不得超过0.5厘米。体重以千克为单位，精确到小数点后一位，测试误差不超过0.1千克。肺活量以毫升为单位，不保留小数。坐位体前屈记录以厘米为单位，保留一位小数。50米跑以秒为单位记录测试成绩，精确到小数点后一位，小数点后第二位数按非零进1原则进位，如10.11秒读成10.2秒进行记录。50米×8往返跑、800米或1000米跑以分、秒为单位记录测试成绩，不计小数。

同时，当《标准》测试操作方法要求与“学生体质健康网”可导入数据格式有差异的时候，应该按照操作方法要求进行测试成绩登记，而不是以可录入的数据格式为准。比如：《标准》测试方法要求立定跳远的测试成绩记录以厘米为单位且不计小数，而“学生体质健康网”体测模板表格的立定跳远列批注提示“值范围50~400，可以是小数”。在这样看似标准不一，甚至是存在矛盾的情况下，负责记录的老师应该按《标准》操作办法要求进行整数记录，而小数则忽略不计，不可进行四舍五入。特别对于采用分度值0.1厘米及以下的电子设备进行测试时，这一问题更要引起重视。例如，某学生3次立定跳远测得的最好成绩为199.6厘米，但最终记录时按要求只可记录为199厘米。

此外，在《标准》测试的成绩记录和录入电脑时，一些实践经验的运用可以显著提高成绩记录的准确性和电脑录入的便利性。例如，对于50米×8往返跑、800米或1000米跑等以分、秒为单位记录测试成绩的项目，如果严格按照记录要求和录入格式进行分、秒符号的现场记录，将会显著增加记录工作量，而且对于不熟悉体育工作的其他学科老师来讲还很容易出现符号记录错误。为此，可在测试前统一要求负责记录的老师以小数形式来记录测试成绩。例如，某位初一男生的1000米跑成绩为4′25″，则在记录的时候可以直接记录为4.25。

（三）学生体质健康测试的数据录入

将用于《标准》测试的纸质记录表上的成绩录入计算机，不仅是整个成绩记录工作的延续，还是学生体质健康测试数据获取流程的重要环节。进行学生体质健康测试后，教师必须按计划和部署及时将测得的成绩录入计算机。无论是采用集中测试或是分散测试，都建议由体育教师录入所教班级学生的测试成绩。由于他们了解成绩录入规范和熟悉学生情况，能够有效提高成绩录入的质量，及时发现可能存在的隐含问题。比如，在成绩录入时，教师发现某学生的测试数据明显不符合实际。不但他的跑步成绩明显下降，而且身高体重也不符合印象，并由此发现了在数据登记时出现的问题。

在成绩录入时，可以由任课体育教师自己独立完成，也可以在他人配合下协作完成。其中一人专门唱读成绩，而另一人则复述并录入成绩。对于记录表上字迹不清的成绩，要根据笔迹进行分析判断，仍无法确定可再参考学生以往成绩进行补充分析。在成绩录入电脑后，还要根据体测模板的数据格式要求，进行检查和修正。比如：为了便于成绩测试时的数据记录，在 800 米和 1000 米成绩登记时采用小数记录形式来替代分秒符号记录。那么在数据录入后需要通过批量替换的方式，用分符号来替换小数点，以此来达到数据导入的格式要求。而且，即便测试时没有采用小数计时登记形式，在数据录入计算机时仍可采用小数录入。在此情况下，教师只要单手熟练操作键盘上的数字键盘区域即可完成录入，从而避免因为频繁插入时间符号而导致录入工作费时费力。

此外，在完成数据录入计算机工作后，建议由他人进行录入准确性的抽查。在计算机电子表上，隔几行检验一下学生的基本信息和测试成绩是否能够对照，以及录入计算机成绩与纸质登记表成绩是否一致。检查无误后，各体育教师将自己负责录入的电子表交给学校的数据操作员汇总，纸质成绩登记表一并上交以保存备查。对于数据导入过程中存在的问题，只要按照相关提示进行相应补充或完善即可。对于无法自行解决的问题，可以咨询当地的数据管理和培训人员。

二、学生体质健康测试的数据评定

对学生体质健康测试的数据进行等级评价，是《标准》实施工作的重要组成部分。按照《标准》测试数据的评分标准，对学生的测试结果进行成绩评分和等级评定，是对学生进行体质健康评价的直接依据。然而学生体质健康测试数据的总量极其庞杂，即便是一所千人左右规模的学校，也会有几万条的数据源和计算项。如此庞杂的数据若是靠人工计算来评定，其工作难度将不可思议，而其工作质量也将无法保证。特别是体重指数和测试总分的计算，需要大量的间接计算工作，从而使得人工评定学生《标准》测试成绩变得几乎不可能。

对于极少数尚未配备计算机设备和连接互联网的学校，也要想方设法通过计算机系统进行自动化操作。这样既可以显著提高工作效率，还可以避免成绩计算和等级评价的错误。只有数据评定准确，教师才能够确定未达到合格等级的学生，并按照《标准》实施要求为他们进行补测。也只有数据评定准确，教师才能够确保学生学习评价的严谨规范，进而能够为学生提供一份真实可靠的《标准》测试档案。由此可见，尽管学生体质健康测试的成绩评定是一项间接性的数据计算过程，但其价值意义和重要程度绝不低于测试成绩的获取过程。通过间接计算获得的评价数据，不仅是提供给学生体质健康评价的最终结果，也是各级教育部门进行《标准》工作分析的直接依据。为此，必须重视学生体质健康测试的数据评定工作，并严谨细致地开展好相关工作。

（一）学生体质健康测试的数据预判

对导入“学生体质健康网”数据上报平台的学生《标准》测试数据进行成绩计算和等级评价，是该数据上报平台的重要功能。“学生体质健康网”作为专门的国家级数据功能平台，不但数据计算能力非常强大，而且数据评价信度也是最高的。为此，通过该数据上报平台进行学生《标准》测试的成绩评定，是最权威、最可靠和最高效的途径与媒介。尽管测试数据导入该平台后，要等到第二天方可在线查看或下载最终的成绩评定结果。但这并不会影响学校为不及格学生安排的《标准》补测，毕竟学生在刚刚参加过测试后还需要体能恢复，如果还安排针对性体能锻炼则补测安排可以更加从容。

此外，在学生测试数据导入数据上报平台后，一定要注意数据上报的工作程序和步骤。切记不可在数据导入平台后，就马上进行数据上报。因为学校还要根据成绩评定结果，对成绩不及格的学生进行《标准》规定的一次补测。再次补测仍不及格的学生，学校方才可以将学生成绩择优进行上报。毕竟这绝不仅仅是影响学校体质健康工作整体水平的问题，还高度关系着学生整个在校期间的评优评奖、学业评价，乃至是能否正常毕业的问题。如果因为操作失误，在未按规定补测的情况下就上报了数据，可以第一时间在数据上报平台的已上报数据中点击撤回按钮来撤回数据进行补救。

（二）学生体质健康测试的补测择优

将学生《标准》测试的原始数据导入“学生体质健康网”数据上报平台后，系统会在第二天提供含有原始数据、分数和等级的综合评价结果。学校的数据操作人员从平台下载评价表后，便可以明确学生测试的整体情况，并根据前期的工作部署为不及格的学生安排《标准》规定的一次补测。补测工作程序和规范要与本学年度的《标准》首次测试安排一致，测试人员的人数可以视补测规模进行适当的缩减。这既是为了严格执行《标准》测试的补测工作要求，以保证测试工作的操作规范和数据质量，还是为了《标准》首测与补测能够保持同等质量的测试标准和工作规范，以避免学生因为两次测试安排的不同而倾向性的选择补测。

补测学生应包含测试成绩评定不及格的所有学生，单项测试不及格和总分汇总不及格的学生都要参加补测。为了便于补测工作安排和实施，可以让参加补测的学生重测除身体形态外的所有测试项目。特别对于总分评定不及格的学生，通过补测全部项目内容将会增大其最终总分评定及格的概率。在完成全部补测工作后，需及时将补测学生的《标准》测试成绩与原始成绩进行比对择优，然后将补充了补测择优成绩的全校体测模板导入数据上报平台，并完成最终的数据提交上报工作。数据上报平台将以最后一次导入的模板数据为准。

在补测环节需要注意的问题是学生补测资格的审查和补测态度的端正。由于《标准》明确规定只有学生测试成绩评定达到良好及以上者，方可参加评优与评奖；成绩达到优秀者，方可获体育奖学分。这使得文化课成绩优异而体育尚未达标的学生以及他们的家长乃至班主任，都希望他们能够再次参加补测。对此，学校必须严格控制补测资格审查，只有成绩评定不及格的学生方可参加补测，且只能参加一次补测。同时，要重视补测学生参加测试的态度。对于因态度不够端正而导致的成绩评定不及格，学校要充分利用班主任、任课教师和学生家长等渠道进行思想教育。以期让学生能够通过严肃规范和公平合理的补测活动，完成《标准》规定和要求的测试责任。

三、学生体质健康测试的数据归集

学生体质健康测试的数据归集是指区域教育行政部门对所辖学校《标准》测试数据进行有步骤、有计划和有反馈的数据收集、监督和使用，从而调控学校数据上报工作的进程和质量，并为学生体质健康监测评价做好数据准备。数据归集工作往往能够体现区域教育行政部门和《标准》测试执行学校的体质健康工作的管理水平、工作能力和实施情况。

如果区域教育行政主管部门没有统一部署和工作计划，那么所辖学校就按照上级文件规定的时间点进行《标准》测试数据上报和工作截止。而如果在上级统一部署和要求下，仍有学校无法按期完成数据上报工作。那么一定程度上说明了该校《标准》测试和数据上报工作的混乱，其工作质量和数据信度都可能存在一定的不可靠性。

同时，区域教育行政部门应借助数据归集工作来加强对基层学校数据上报工作的调控，通过统一部署和计划实施来让学校的数据工作处于可控制的非问题状态。这能够让数据归集工作从单纯的结果评价向有效的过程控制覆盖，从而提升学校数据上报的工作进程和质量。

（一）《标准》测试数据报送的进度计划

区域教育行政主管部门对学校《标准》实施的测试进展和数据提交进行统筹计划，是学生体质健康测试决策和计划的重要内容，是《标准》实施工作科学化、系统化和规范化的重要保障。虽然《标准》实施工作关系重大，但其测试上报工作相对集中。这使得学校的测试数据操作人员难于保持良好工作状态和始终熟知工作环节。往往是通过当年的数据录入、导入平台和数据上报等工作刚刚熟悉了各工作环节，就又搁置起相关工作经验直至第二年的数据上报工作开始。而经过一年多的搁置，很多老师甚至连系统的登录账户和密码都无从找起。加之《标准》实施的测试内容和“学生体质健康网”的数据平台也处在不断地修改和完善之中，这就更增加了基层学校数据报送工作的不确定性。为此，区域教育行政部门需要结合当地情况和整个决策计划，对学生体质健康测试的进度计划进行统一部署和调控。

例如，某地依据学生体质健康测试的相关计划，对学校的《标准》测试时段和数据报送做出了具体规定。对学校组织的学生《标准》测试进行时段规定和项目微调。在第一阶段测试中，各校须在 2014 年 9 月 23 日至 27 日完成学生身高、体重和肺活量测试，用“学生体质健康网”的数据上报导入表登记成绩后，于 9 月 30 日前上报给各学段的区域数据统计员。第二阶段测试项目有坐位体前屈、50 米跑、立定跳远、引体向上（男）或仰卧起坐（女）、1000 米跑（男）或 800 米跑（女）等项目。各校须在 10 月 13 日至 17 日完成测试，将学生的全部测试成绩（含身高、体重和肺活量）上报教育部学生体质健康网，并利用该网络平台导出全校学生的测试数据和成绩评定，报送给各学段的数据统计员审核和统计。分阶段测试既是为了分解学校集中测试的工作压力，也是为了让相关岗位人员得以熟悉工作规范和流程。这有利于数据报送工作能够按工作规范和进度计划得以如期进行。

（二）《标准》测试数据报送的监督反馈

学生体质健康测试的数据归集工作主要是教育行政部门运用行政手段对所辖学校的数据报送进行监督和管理。而这依托于决策目标的设计，组织人事的架构，工作计划的拟定和考核评价的落实。在对学校《标准》测试数据报送的工作管理中，前期的工作计划是管理的基础。在没有工作计划和过程控制的情况下，单纯靠宣传发动和经验推介很难发挥应有的管理效果。纯粹的目标评价和结果控制，实则是学生体质健康管理的缺失。为此，在对学校《标准》测试数据报送的管理工作中，不但要有明确的目标评价，还要有清晰的过程控制。

例如，某地借助区域教育行政部门指定的各学段数据统计人员，来对所辖学

校的数据报送工作进行监督和结果反馈。在数据报送工作前期，区域数据统计员利用数据报送工作群进行政策制度、操作方法和工作程序等事项解读。在临近数据报送截止日期之前，区域数据统计员要做好报送情况了解和工作提醒。而如果超过数据报送截止日期后，对于尚未按期提交测试数据的学校将进行通报，并致电该校校长了解情况和监督执行。通过上述监督反馈手段的运用，学校报送学生《标准》测试数据的工作基本上都能按期完成。

此外，在学生体质健康的数据归集工作中，在做好监督反馈的同时，还要做好数据提交和报送的工作指导。各个学校负责《标准》测试数据报送的工作人员，对于具体工作操作的了解和掌握程度存在差异。即便经历过相关的业务培训，但在实际的数据报送过程中仍会有各种各样的问题发生。有一些是数据报送规则的问题，比如对学生在校不在籍是否报送的疑虑，对免测学生备案报送的操作程序问题等。有一些是数据报送技术的问题，比如系统提示因出生日期格式错误和测试成绩超出规定值而导致数据无法导入数据上报平台。为此，区域数据统计员要充分利用业务交流 QQ 群或微信群等平台，充分发挥自己的技术优势和信息资源为学校的数据报送工作提供帮助。

第四章 学生体质健康的监测控制

学生体质健康的监测评价是指通过检测手段对各级教育行政部门和学校的《标准》实施工作进行监管，并对职能部门和岗位人员的具体工作和关联结果进行评价，从而为学生体质健康工作的政策研究、办法拟定和趋势预测提供支撑，以提升学生体质健康的工作质量。教育行政主管部门对学校的《标准》实施工作进行现况监管，是学生体质健康监测工作的主要内容。区域教育行政部门依据教育部《标准》实施办法和《学生体质健康检测评价办法》等文件，制定并建立科学合理的学生体质健康工作制度、考评办法和组织体系，为区域学生体质健康工作提供制度保障和运行平台。在监测活动中，区域教育行政部门要做好监测设计、实施和评价，这能有效发挥行政管理对学生体质健康工作的促进作用。同时，还要充分利用监测结果做好系统分析和科学预测，以进一步完善学生体质健康工作的制度方法和运行体系。

第一节 学生体质健康的抽测与复核

区域教育行政部门对学校的《标准》实施情况和测试结果进行即时性的现况监测，不仅是学生体质健康监测评价的基本内容和重要形式，还是《标准》实施

工作质量管理的关键环节和决定要素。如果区域教育行政部门不对学校的《标准》实施工作进行考核评价，也不对《标准》测试环节进行监督管理，还不对《标准》测试结果进行数据复核，那么《标准》实施办法等于没有落实。在没有直接监管和缺乏考核的情况下，单纯依靠政策号召和宣传发动等手段，很难让基层学校和相关人员严格执行政策文件和操作规范。例如，在《标准》实施初期，有些地区因为对学生体质健康监测不够充分了解也未引起足够重视，使得区域监管缺失而滋生了学校测试随意和数据造假等问题。为此，教育部和省市教育主管部门正在逐步加大对区县《标准》实施工作的监管，基层学校《标准》测试数据的造假现象也已经大为减少。但归根到底，区域教育行政部门对基层学校学生体质健康的现况监测不能缺失，这是从根本上提升《标准》测试数据信度和效度的有效保证。

从学生体质健康监测的工作实践来看，上级教育行政主管部门多以抽测形式对所辖部门和学校进行《标准》实施和数据测试的监管。抽样监测是高效的学生体质健康监测手段，它能以较小的投入产生较高的监测信度。如果上级监管是以对全体学生进行集体复测的形式操作，那么还不如就直接采用区域统一测试的形式来实施《标准》的测试。这不但能够节约大量工作成本，还能够有效提升测试效益。目前确有一些地区采用区域统测的形式来进行《标准》的测试，但这种形式常常受区域的学校数量、办学规模和地理环境等条件影响。只要在国家尚未成立学生《标准》测试统一组织和机构之前，上级主管部门对所辖单位的抽测监管就不可能停止。即便是目前部分区域已采用，乃至有朝一日全国也采用统一机构进行《标准》测试，那么更高级别和更多形式的监管抽测工作也不可能缺失。因为在没有外部监管的情况下，单纯依靠内部完善很难确保其具有稳定可靠的工作质量。为此，采用抽测形式进行学生体质健康监测，仍是目前上级监管《标准》实施工作的主要形式。

一、学生体质健康监测的抽样设计

抽样为学生体质健康监测提供了一种通过部分认识总体的手段。而抽样自身需要解决的主要问题是对象的选取问题，即如何从总体中选取对象作为总体的代表的问题。但这一问题的解决，有赖于合理的抽样设计。如何进行样本与总体的处理，如何进行抽样框和抽样单位的设置，如何进行参数值与统计值的分析，如何进行抽样误差和系统误差的控制，这些抽样问题高度影响着抽样的工作质量和应有效果，必须在抽样设计中进行严格界定和合理计划。

如果学生体质健康监测的抽测样本就是抽样总体，那么这样的数据复核无疑会产生最理想化的抽样结果。但在抽测设计的过程中，设计人员始终要在样本代表性和投入产出性上做平衡。由于可以调用的人力、物力和财力等硬件资源有限，以及时间、计划和周期等条件因素的明确限定，设计人员的工作重点就集中在条件限定下的最优化设计。比如，抽样办法要尽可能抽选出代表总体的样本；抽样工具要尽可能避免或减小系统误差的存在；抽样程序要尽可能的统一规范并符合相关标准。

（一）区域学生体质健康监测的抽样办法

区域教育行政部门对学校学生体质健康工作实施的监测，主要是通过对被监测学校抽样学生的《标准》测试数据进行上级抽测与学校自测的数据比对，来间接推断评估学校《标准》的实施现状和测试规范。为此，《标准》抽样测试的结果是上级教育行政部门对学校《标准》实施和测试的重要评价依据。同时，由于统一抽样测试的信度较高，抽样测试的结果也常常会作为区域教育行政部门自我评估的数据来源。为此，如何基于区域现状和评价需求设计最为合理的抽样办法，成为整个抽测设计工作的开始。

在学生体质健康监测抽样方法的选择上，既要考虑抽测样本如何能够更好地代表抽测整体并反映监测问题，同时还要考虑抽测活动如何尽量减少对学校工作和学生学习的干扰。在这样的抽样背景下，单纯依靠一种抽样方法已经很难满足抽测需求。比如，如果采用简单随机抽样办法对学校进行抽测，那么抽测当天学校的各个班级都可能有学生参与到抽测活动中去。无论是教师为参加抽测的学生补课，或是班主任教师参与自己班级抽测学生的管理，都会较大范围地影响学校的教育教学工作。此外，简单随机抽样还可能因为抽测样本的分布不均而导致抽测的公平性问题。比如，区域教育行政部门在每所学校都随机抽选同样的人数，但每所学校的样本构成可能并不具有可比性。有些学校抽选的可能都是测试成绩较好的学生，而有些学校抽样的学生可能成绩都比较差，这将极大限制抽测结果的横比使用。

从学生体质健康监测的实践来看，区域教育行政部门采用“整群分层随机抽样”的混合办法对所辖学校的学生进行抽样，往往能够获得更好的抽样统计效果和更多的抽测结果运用。首先，区域教育行政部门通过整群抽样的办法来确定该年度的抽测年级，并以学校对应抽测年级的全体应测学生名单建立该校的抽样框。然后，为抽样框中学生样本的《标准》测试总分计算无并列的名次排位，并依据学生的总分排名进行抽样总体的分层。分层越多则样本的分布越均匀，但分层数必须小于抽样数并能被抽样数整除，这是抽样总体分层的基本前提。同时，分层数量应以所辖学校之中最少样本框的人数来确定，以避免出现分层数大于人数的问题。加之《标准》抽测时可能会因为学生请假而产生样本替换的客观需求，为此各抽样分层的样本数都应高于两人。最后，再在各个样本框的分层内通过随机抽样抽选出等人数的样本。每层的抽样人数为总抽样人数与分层数的除数。限定范围的随机抽样既是概率的统计学需求，也是为了避免可能存在的人为干扰因素。

（二）区域学生体质健康监测的抽样工具

抽样工具是实施抽样办法的手段，它常常受到社会发展和科技进步的影响。在计算机不够普及的时代，人们只能通过抽签、抓阄等办法来进行简单的随机抽样。但这样的人工抽样在样本总体规模较小的抽样活动中尚能应对，随着样本总体的增大，人工抽样会越来越难于操作。而如果想通过人工抽样的方式进行复杂的概率抽样，就只能动用更多的人员来参与抽样工作。随着抽样程序的增加和抽样人员的增多，抽样工作的时效性和可靠性将逐步下降。

在《标准》实施之初，乃至现在仍有部分区域采用人工抽样的方式进行学生体质健康监测的复核抽样。抽样人员在面对区域教育行政部门所辖的众多学校和大量学生时，尽管每所学校的抽样人数并不会很多且样本数一定，但受制于自身人工抽样方式的影响只能进行一些方便抽样或者是等距抽样等非概率和易操作的抽样。比如，在抽测复核活动的现场抽样时，由抽测组长直接指定抽样框中的某个班级的学生为样本。从学生名单的第一个人开始选择，直至样本的男生数、女生数和总人数达到抽样定额。如果抽样定额不足则由后一个班级的学生依次递补。这样的抽样方式看似合理，但很容易出现被测单位人为指定班级、重新编排名单和样本冒名顶替等隐蔽的违规问题。尽管有些抽样活动在此基础上采用定距抽样加以完善，但仍然很难避免人为干扰和有效提升效能。可见，抽样工具制约着抽样办法的选择，而客观的抽样需求又推动着抽样方式的变革。

在抽样办法确定的前提下，采用怎样的抽样工具进行具体的抽样操作，不仅决定着抽样办法能否得以实施，还关系着抽样办法实施的效率和质量。随着计算机技术的发展，在统计抽样工作中人们越来越多地借助计算机软件来进行抽样。比如，用SPSS软件的复杂抽样功能实现分层分群的抽样；用EXCEL软件或其他软件进行抽样等。尽管不同软件的功能和操作各不相同，但通过或多或少的抽样步骤后都能够获得所需的抽样结果。

（三）区域学生体质健康监测的抽样程序

当学生体质健康监测的抽测复核被赋予了除信度检验之外的评价考核功能后，区域教育行政部门组织的监测抽样活动必须具有严谨的工作程序。在确保抽样程序合理的前提下，还要尽量实现抽样过程的公开化，以增进学校和教师对抽测活动的了解和认识。如果抽样方法和程序已在现有监测条件下做到了最佳选择和最优设计，那么学校和教师就会更多地从自身的《标准》实施方面去寻找影响抽测结果的因素。抽样程序是将抽样要素和抽样设计转化为具体抽样活动的重要环节。如果说抽样设计决定了抽样工作的可靠性，那么抽样程序则高度关系着抽样工作的有效性。为此，确保公平、公正、公开，是抽样程序安排和工作实施的基本要求。

首先，准备用于抽样的数据文件，也即根据抽样需要设定的抽样总体。从区域《标准》抽测复核的工作来看，应对学校提交的从“学生体质健康网”数据上报平台下载的学生测试数据进行审核，以保证数据的真实性、严整性和可靠性。比如，从数据上报平台下载的学生数据，必须是导入系统后经过成绩评分和等级评价的数据。全校学生的数据必须是一次性下载到同一个电子表格文件，且未经任何调整或更改。

然后，根据抽样办法和利用抽样工具进行尽可能公开化的抽样。一般来讲，目前的抽样需求都可以通过计算机技术得以实现。较少的人力参与，更容易控制抽样的干扰因素。如果能够利用实况录播或网络直播等信息技术，将能够更好地

增加抽样过程的透明度，让更多教师了解、认识和理解抽测活动。同时，也可以将一部分适合人工抽样的前置性工作单独操作。比如，可以通过区域抽测工作会议，由主管部门领导或者参会人员现场抽取年度抽样的群，例如小学五年级、初中二年级和高中一年级等。这不但能够提高抽样活动的仪式感和庄重性，也能一定程度上减少对抽样工具的软硬件要求。

最后，确定最终参加《标准》抽测的学生名单。在完成首轮抽样工作后，要及时公布各校的抽样学生名单。学校须在第一时间进行抽样学生的健康情况调查，对可能存在的学生病事假问题进行及时反馈。抽样工作人员在接收到替换反馈后，通过二次抽样补充相同成绩分层的学生参加最终的抽测。此外，也可以通过设置抽样缓冲人数的办法解决这一问题。比如，某地《标准》测试数据复核活动要对所辖学校各抽测男、女生 20 人。那么在统一抽样时可以抽取男、女生各 25 人作为抽测候选对象。然后由学校根据学生身心情况和现实考量进行调剂，只要最终确定男、女生各 20 人参加抽测即可。这能一定程度上提升抽样的工作效率和应用效果。

二、学生体质健康监测的抽测实施

教育行政主管部门对所辖学校实施《标准》抽测是学生体质健康监测的工作重点。制定科学合理的抽测工作计划，并按照统一的操作办法实施抽测，这是确保《标准》抽测工作质量和意义的基本前提。同时，上级抽测还要紧密结合学校《标准》自测安排拟定工作计划。从抽测工作计划角度来看，上级抽测与学校自测的时间间隔决定了抽测活动是否具有监测的参照意义。如果抽测安排在学校《标准》自测的一个月后，不但学生的身体素质会发生较大变化，甚至连身体形态都会有一定的变化。这样的《标准》抽测成绩尽管是真实和客观的成绩，但已经不能作为考察和监督学校《标准》测试情况的数据比对依据。而从抽测工作实践经验来看，抽测工作人员的组成则高度影响着抽测工作过程规范性和结果的可靠性。如果能够将抽测人员的工作规范在行为自律和外部监督的基础上，再加入一些利害关联，这肯定会对提升抽测工作质量具有较大的推动作用。

（一）区域《标准》抽测活动的时间安排

上级教育行政部门组织的《标准》抽测活动，一般安排在学校《标准》自测后的半月内为宜。这样的抽测时间安排，不仅能够让学生在学校《标准》自测后得到充分的体能恢复，还能够保证学生的身体素质不至于受到外部干预和干扰的过多影响。而在半月左右的时间里，学生身体形态、身体机能和身体素质的自然获取，对《标准》抽测产生的成绩影响，基本可以忽略不计。为了确保抽测与自测的时间间隔处在可控的区间，教育行政部门还要在前期的工作安排中对学校自测的时间区间进行限定。只有在上级抽测与学校自测的时间区间均处于限定的区间内，二者的时间间隔才具有操作意义。此外，区域的《标准》抽测活动也应该安排在尽可能集中的连续时间内为宜，最多不能超过5个连续的工作日。如果抽测活动的前后延续时间过长，不单是要考虑学生体质的自然获取和外部获得的影响，更要考虑时间跨度所产生的气象条件和自然环境的差异。所以，尽量缩短抽测活动的时间跨度，有利于学生在相对接近的条件下完成《标准》抽测。从而，维护《标准》抽测活动公平和公正。

例：某地学生体质健康监测的时间安排。

在第一阶段测试中，各校须在2014年10月8日至10日完成学生身高、体重和肺活量测试，用教育部“学生体质健康网”的数据上报导入表登记成绩后，于9月30日前上报给各学段的数据统计员。第二阶段测试项目有坐位体前屈、50米跑、立定跳远、引体向上（男）或仰卧起坐（女）、1000米跑（男）或800米跑（女）等项目。各校须在10月13日至17日完成测试，将学生的全部测试成绩（含身高、体重和肺活量）上报教育部“学生体质健康网”，并利用该网络平台导出全校学生的测试数据，报送给各学段的数据统计员审核和统计。随后，教育局于10月21日至24日对各校进行学生《标准》测试的抽测，并在10月27日至30日期间进行数据复核和判定补测。

（二）区域《标准》抽测活动的人员构成

在不具备聘请第三方《标准》测试机构和人员的情况下，区域《标准》抽测活动的工作人员一般多由体育教师组成。他们熟悉《标准》测试的工作流程和操

作办法，也了解测试过程中可能存在哪些问题，这对提升抽测工作质量具有很大的帮助。在具有良好的外部监督和内部自律的前提下，他们往往能够较好地完成抽测工作任务。但有时候也可能会因为人情因素而影响抽测的工作规范。为此，需要进一步强化抽测人员的工作监督，并尝试引入多元机制来保证抽测工作规范。比如，在学生体质健康监测结果列入区域学校体育工作考评内容的前提下，可由教育局指派处在同一个考核评价组内的学校进行校际间的“多对一”交替抽测。

在区域教育行政部门的指派下，由两所或三所学校抽调体育教师组成抽测工作人员，对一所学校实施“多对一”的《标准》抽测活动，能够明显加强抽测人员之间的相互监督作用。而学校之间交替循环抽测的形式，能够让抽测学校与被测学校之间保持单向联系，避免相互对调抽测时可能存在的利益交换问题。加之抽测学校与被测学校处在同一个区域学校体育工作考评组，相互之间存在一定程度的竞争关系。这使得抽测人员的《标准》抽测活动基本不会出现降低操作规格的主观故意。对于抽测人员因为竞争关系而可能存在的测试行为过于严苛的问题，由被抽测学校进行监督和反馈。如果被抽测学校认为抽测工作人员的操作有问题，可以当场指出并可以拒绝在抽测登记表上签字。以此，来调控抽测人员的工作规范。

（三）区域《标准》抽测活动的操作办法

区域教育行政部门须在《标准》抽测活动前，以文件通知和会议布置的形式向所辖学校和抽测人员传达抽测工作部署和要求。特别对于抽测活动的具体程序和工作安排等信息，必须提前以文件的形式进行发布，这有利于基层学校以此为参照来安排学校的《标准》自测活动。只有学校自测与上级抽测总体保持一致，《标准》测试的数据结果才具有可比性。而对于抽测日程安排和工作人员抽调等具有一定保密性的工作安排可以适当后置，但需预留必要的通知和协调时间，以免影响抽测工作的具体开展。

被测学校须在抽测前一天做好《标准》测试场地器材的布置，在抽测当天按要求准时将抽样学生带到指定地点集合。学生应穿着运动服装和运动鞋，并携带学生的“学籍信息表”等身份证明材料。抽测组成员在接到抽测工作通知后，需提前协调好工作安排，保证能按时到达相应学校。到校后抽测组长首先要落实考评人员分工和职责，然后工作人员检查学生名单和核实学生的身份信息，检查场地器材是否规范、标准和安全到位。

在抽测过程中，工作人员必须严格按照抽测工作程序和《标准》测试办法来执行抽测工作。对于抽测过程中发现的问题必须及时处理和上报，避免问题扩大。抽测组长在考评组完成测试任务后，在该校教研组长陪同下将成绩输入到电脑中的抽测成绩登记表上，然后立即发送电子邮件将登记表上报给相应学段的数据统计员。打印一份纸质成绩表，请校长确认并签字后由考评组长带回保存备查。对于没有采用第三方《标准》测试评价软件的区域来讲，可以由抽测组在抽测后就地进行人工成绩核算。若采用第三方软件进行成绩估算，一定要确保软件计算的可靠性和准确性。一般来讲，学校自测和上级抽测的成绩计算最好都采用相同的软件或形式进行计算。

三、学生体质健康监测的数据复核

学生体质健康监测的数据复核是将学生《标准》测试的学校自测成绩与上级抽测成绩进行预设指标的比较和核对，以此来考察和评价学校《标准》自测成绩的准确性和可靠性。通过统一规范的《标准》测定工作，获取学校自测与上级抽测的准确成绩是数据复核工作的基础。不论最终数据复核的内容是什么，一般来讲都要求抽测与自测保持程序统一和操作一致。只有这样才能确保学生两次测试尽可能地贴近，所测得的数据方才具有可比性。而选取适宜的指标内容则是整个数据复核工作的关键所在。追求监测项目测试结果的完全一致肯定不切实际，即便抛开测试过程中的系统误差和操作误差，被测学生自身的身心变化也会产生意想不到的成绩变化。这在实验室中也难以得到完全相同的两次测试结果，故而类似的监测指标设定不具有实际的操作意义。为学生体质健康监测数据复核设置合理的数据波动区间成为监测评价指标设定的关键。此外，尽管数据复核的计算平台和比对工具的选择，取决于复核指标的设定。但计算工具的运算效能却高度影响着数据复核的工作效率，其运算精度更是对复核结果产生较大影响。为此，必须由具有数据分析能力的人员参与此项工作，如果是自制统计软件必须经过专门审定方可投入数据复核应用。

（一）学生体质健康数据复核的指标选取

较之抽测的小样本学生的《标准》测试成绩，用全校学生的体质健康测试数据作为教育局对该校《标准》实施工作的评价依据，无疑更加符合对该项工作评价的目的意义和内容指向。但通过监测实践发现，即便各所学校都严格按照《标准》实施办法和相关规定进行测试，在主客观因素的影响下最终的测试结果仍与学生的实际水平之间存在着并不均等的差距。特别是在考核评价影响下，学校与教师对评价所依的测试成绩的真实性和可靠性提出了更高的要求。故很多地区都以信度更高的抽测数据作为学校学生体质健康水平的评价指标，以保证评价的客观公正性。这使得学校自测成绩处于一种无关紧要的尴尬境地，很多学校往往是为了完成数据上报任务而应付了事，从而导致学生体质健康监测质量低下的问题。为此，必须将学校的自测成绩纳入区域教育行政部门对学校的考核评价中来。

在《标准》监测的自测成绩与抽测成绩的比对中，对抽样学生的测试结果或成绩分数进行完全的一致性比对，在当前的监测体系下显然不具有操作价值和实际意义。因为学生参加学校自测和上级抽测时的身心状态和测试表现都很难完全一致。如果将学生《标准》测试的总分等级作为比对指标，很可能会因为处于等级分数线上临界生的成绩微动而产生较多的差异个体，这种情况在小样本抽测中的影响尤其显著。而且对抽样个体进行逐一比对会增加数据复核的技术要求和工作难度。为此，以被抽样单位或学校的全体学生的《标准》测试成绩为统计比对内容更具有数据稳定性和统计便利性。

可以用学校全部抽样学生《标准》测试等级百分率来计算该校的《标准》测试统计分，再以上级抽测与学校自测的统计分之差来计算该校《标准》监测评价的观测值。例如，某地的《标准》测试统计分公式为“测试统计分 = 优秀率 ×4 + 良好率 ×3 + 及格率 ×2 − 不及格率 ×2”，而“监测评价观测值 =（抽测统计分 − 自测统计分）÷抽测统计分”。以学生《标准》测试等级百分率来计算统计分，并设置相应学生体质健康监测评价指标。这既是对《标准》抽测复核工作中测试误差客观存在的主动应对，也是对上级教育行政部门在教育督导和质量评估活动中的所设指标内容的积极响应。这符合文件精神和客观现实，增强了监测工作的可行性和操作性。

（二）学生体质健康数据复核的成绩比对

学生体质健康数据复核的成绩比对工作，绝对不是简单的两组数字之间的数值比较和结果评判。它涉及数据复核工作的目标拟定和设计架构，并最终影响到后继的数据分析和评价工作。为此，选择最合理的成绩比对对象，最可靠的成绩比对工具，以及最科学的成绩比对设计，这是数据复核成绩比对工作的客观基础。

用学校抽样学生的《标准》抽测成绩与自测成绩进行对比，无疑是最能得到普遍认同的合理比对对象。但有些地区为了突出抽样全体在复核工作中的影响，以及提高数据复核运算的便利性。将抽样学生所在群体的全年级数据作为数据比对的原始值，即用抽样学生的成绩比对他们所在群体的成绩。这样的比对方式，即便是通过分层抽样后选择的样本已能够较好地代表全体，但概率抽样的不确定性仍旧存在着。由此产生的概率误差将会扩大监测结果评价的难度。可见，用抽样学生的抽测成绩与自测成绩进行对比，能够消除抽测复核的概率误差。

抽样学生《标准》抽测成绩与自测成绩的计算，必须由同一运算平台采用相同计算方式来完成，否则成绩计算结果不具有可比性。在数据统计过程中，能够用原始成绩进行的计算，绝不用间接数据做数据源，以确保数据计算的准确性。如果采用第三方软件或者自制软件进行学生《标准》测试成绩计算，那么要将抽样学生的自测成绩与抽测成绩都导入该软件进行成绩计算，再进行后继的比对。如果没有采用其他软件系统，可以将学校抽样学生的测试数据导入教育部“学生体质健康网”数据平台进行计算和成绩下载。该平台会以最后一次导入的成绩为准进行计算和留存上报。对于该操作的过程性控制，各地可以根据具体情况进行必要的工作部署。

最后，由数据统计人员将学校《标准》抽测成绩与自测成绩的计算结果进行汇总，并制作清晰明了的统计比对表格上交备用。需要注意的是，整个数据统计比对工作除了要注意计算平台等客观因素外，还要注意数据工作人员的操作规范和工作监督，避免人为因素影响统计结果。

第二节　学生体质健康的评价与反馈

学生体质健康的评价与反馈是指区域教育行政部门依据《标准》实施办法和考核评价制度对学校和学生进行体质健康评价，并将评价结果通过规定形式和适宜渠道进行公示公开和信息传达。这是《标准》实施办法明确提出的学生体质健康监测工作内容，是落实实施办法和体现文件精神的重要工作环节。通过评价和反馈能让学校认识到当前学生体质健康工作的成果和不足，对总结工作经验和调整工作部署具有参照意义。同时，它也能让学生了解到自身体质健康的状况和问题，对提升健康意识和《标准》认识具有推动作用。此外，学生体质健康的评价与反馈还有利于增进社会各界对学生体质健康工作的了解、重视和支持。

一、学生体质健康的评价

《标准》及《学生体质健康监测评价办法》《中小学校体育工作评估办法》《学校体育工作年度报告办法》等学生体质健康文件，明确规定了对学生、学校和区域学生体质健康结果的评价内容和标准。各级教育主管部门按照相关文件要求执行对所辖部门和人员的《标准》实施评价，是国家教育行政赋予各级教育主管部门的公权力。这既是教育主管部门的行政权力，也是必须执行的工作职责。然而，从当前《标准》实施评价现状来看，学生体质健康评价工作常常被忽视。

《标准》评价无论是作为学生评优评奖的条件，还是作为学校评估督导的指标，并没有得到严格执行和应有重视。在各级教育行政部门组织的《标准》抽测复核中，我们鲜见有区域或学校因为数据一致性问题被通报批评。从提出“一票否决”至今，似乎在公开媒介上从未看到过执行该评价处置的信息通告，而在学生评优评奖活动中对于《标准》实施办法的执行就更是千差万别。总之，对《标准》实施的评价工作仍有诸多不足，而这却是《标准》实施的重要内容，以及维系学生体质健康工作有序开展的基本保障。

（一）对学生体质健康监测的评价

学校要将体质健康测试情况作为学生评优评奖的重要依据，并严格执行《标准》的相关指标要求。根据学生学年总分评定等级：90.0 分及以上为优秀，80.0 ~89.9 分为良好，60.0 ~79.9 分为及格，59.9 分及以下为不及格。学生测试成绩评定达到良好及以上者，方可参加评优与评奖；成绩达到优秀者，方可获体育奖学分。测试成绩评定不及格者，在本学年度准予补测一次，补测仍不及格，则学年成绩评定为不及格。学生毕业时的成绩和等级，按毕业当年学年总分的 50% 与其他学年总分平均得分的 50% 之和进行评定。普通高中、中等职业学校和普通高等学校学生毕业时，《标准》测试的成绩达不到 50 分者按结业或肄业处理。

学校要制作《国家学生体质健康标准登记卡》，规范记录每一名学生的体质健康测试成绩及其评定等级。小学将体质健康测试情况列入学生成长记录或素质报告书，初中以上学校列入学生档案，作为学生综合素质评价和学业水平考试的重要指标和内容。目前教育部“学生体质健康网”提供学生年度的《国家学生体质健康标准登记卡》打印和下载。教师可以下载登记卡后进行汇总和计算，将数据按规定填进登记卡打印、签章和存档。具体的办法是登录“学生体质健康网”数据上报平台，点击历史数据然后按年度依次下载数据。也可以通过 WORD 软件的联合打印功能实现登记卡的批量打印。

此外，区域学生体质健康监测的组织机构还要充分发挥监督作用。区域教育行政部门可以指定学校的体育教研组长或数据统计员作为该校的学生评优评奖监察员，由他们负责本校学生评优工作的《标准》审查，并承担此项工作的岗位追责。在此基础上，再指定区域数据统计员依据各校历年的学生体质健康下载成绩，对区域层面的学生评优评奖公示进行审查复核。如果在审查过程中发现问题，监察员必须第一时间向相关部门提出情况反馈和信息通报，以便帮助职能部门及时制止不符合《标准》实施办法的问题。

（二）对学校《标准》实施的评价

区域教育行政部门必须将学校体育工作纳入对学校的工作评价，而且学校的

《标准》实施工作须在学校体育工作评价中占重要比例。将学校的《标准》考评分值折合相应分数计入教育局对该校当年的考核成绩，并与学校评优和教师绩效等挂钩。例如，依据各校的《标准》测试自测成绩对该校的统计分进行计算，通过计算统计分来排定各校的年度考评分。某地以统计分“前八名或满分均得 85 分，常模（平均分）及以上其他学校均得 80 分，常模以下 1 ~6 名学校均得 75 分，常模以下其他学校得 60 分”的办法计算考评分。

同时，为了提升学生体质健康监测质量，教育局组织专人对学校进行学生《标准》测试数据的抽测复核，有利于保证测试数据的真实性和可靠性。将上级抽测与学校自测的复核结果作为学校学生体质健康工作的评价指标，能够进一步提升评价工作的客观公正性，激发学校、教师和学生对此项工作的重视和热情。例如，某地通过公式“监测评价观测值 =（抽测统计分 - 自测统计分）÷抽测统计分”来计算学校的观测值。如果该观测值高于 15% 以上或低于 10% 以下，则扣该校考评分 10 分；如观测值超过（高或低）20% 以上，则该校抽测年级的所有学生都要进行重新测试并扣 20 分；如观测值超过（高或低）30% 以上，则该校所有学生都要进行重新测试并扣学校 30 分。

上述工作必须由教育主管部门设置相应岗位或者通过工作授权来具体完成。区域《标准》数据管理人员在完成数据复核比对后，需按照诸如前例的考核办法对学校进行评价赋分以待年度考核。同时，还要按照相应工作程序对学校的《标准》上报数据进行审核。对达到数据复核标准的学校，须在数据上报平台上审核通过并提交更高一级数据管理部门审核。而对未达到复核要求的学校，须进行数据退回处理并告知后继处理意见，直至监测达标方可将新数据提交上一级审核。

二、学生体质健康的反馈

学生体质健康反馈是构成学生体质健康评价内容的基本部分，是使用学生体质健康评价结果的基本形式。以适宜方式对学生体质健康的结果、现状和问题向特定人群进行信息通告和情况通报，能够进一步落实和推进学生体质健康的评价进程和效能，对人们认识、理解和支持学生体质健康工作具有积极的推动作用。将学生的《标准》测试成绩和评价结果反馈给学生家长，能够让家长更加重视孩子的体质健康水平。将学校的《标准》监测结果和数据分析反馈给学校，能够让学校更有效地应对学生体质健康问题。将区域的《标准》测试数据和实施情况反馈给社会，能够让人们更准确地认识学生体质健康现状。

（一）学生《标准》测试成绩的反馈

将学生的《标准》测试成绩及时告知学生本人，不仅是学校维护学生知情权的责任所在，也是为了推动学生健康意识发展和锻炼行为转变。通过《标准》测试活动和成绩反馈，能够激发学生的荣誉感和上进心，促使他们以更积极的态度投入到体育活动中去。测试是最有效的评价手段，而适当的成绩反馈能为评价推波助澜。学生的自我认知、群体定位和竞争意识都能够在评价反馈中得到强化，从而推动他们的健康认知和体质发展。在学校《标准》测试时，常能看到很多不符合补测条件的学生在努力争取补测机会以提高成绩。只要加以正确引导，这些学生一定会有更好的表现。

通过素质报告书将学生的测试成绩反馈给学生家长，则能够让家长更客观地认识自己孩子的体质健康状况，有利于营造家校联动的健康促进氛围。尽管学生的学习成绩始终是家长对学生关注的重点，但随着社会发展，越来越多的家长也开始重视孩子的身心健康，只是他们缺乏对学生健康情况的必要了解和应对策略。只要通过适当途径将学生的体质健康情况向家长反馈，往往能够得到家长的普遍重视、关切和配合。

而将学生的《标准》测试成绩计入学生的成长记录袋或学籍档案之中，既能够让学生、老师和家长重视学生体质健康情况，还能够让后继的任教老师了解学生的体质健康发展历程。体育教师可以根据学生的体质健康发展情况，为学生制定更加具有针对性的合理体育锻炼方案。而且，这对于体育教师掌握免测生情况尤为重要。通过规范的档案材料，体育教师能够知晓学生免测的具体原因，便于进行后继免测处置和健康状况跟踪。

需要注意的是，无论学校通过何种方式对学生的《标准》测试成绩进行反馈，都不得泄露学生个体的信息和侵犯其个人隐私。对于学生隐私权和自尊心的保护，不仅要在测试过程中加以体现，还要在测试信息的公示和反馈中加以重视。将学生《标准》测试的身体形态、机能和素质数据进行排名公示，无论是否有学生或家长提出反对意见，这都是不恰当的反馈方式。当然，学校可以将《标准》测试优秀的学生进行张榜表扬，这是符合学生体质健康监测评价办法的积极举措。

（二）学校《标准》实施结果的反馈

教育部“学生体质健康网”数据上报平台即“国家学生体质健康标准数据管理与分析系统”，会为每所上报数据的学校提供最权威的《标准》测试结果统计与分析。该系统能够提供学校《标准》测试分性别、年级和项目的样本数、平均值、等级比和标准差等统计数据。这些统计报表和指标数据能让学校比较全面地掌握本校的学生体质健康概况，有利于学校准确分析和及时应对《标准》实施中存在的问题。当然，尽管该系统一直在持续改进和完善，但仍有些统计指标的参考价值不大。比如，全校学生身高、体重及 50 米等分项目的平均值，在各年级人数和评分标准不一致的情况下，这样的数值大小并不具有实质性的统计价值。为此，学校需对类似数据加以甄别，而不能与其他指标一概而论。

区域教育行政部门须将本地区重点控制的学校《标准》测试统计指标向学校反馈。比如，对学校学生测试及格率的控制要求。这些指标往往对于区域学生体质健康监测具有重要的战略意义，关系到当地《标准》实施工作目标的达成，乃至上级的教育督导和审核评估的通过。为此，将区域重点控制和关注的学校统计数据反馈给学校，能够引起学校的进一步重视。但反馈内容应尽量与“学生体质健康网”形成互补而不是过多重叠，以避免重复统计和主次不分。同时，还要注意统计与反馈的数据控制。数据统计的目的是为了让决策制定者和行为参与者更好地了解和认识该项工作，它是一项目标控制下的行动，而不是单纯的统计学行为。为此，区域测试统计的指标不是越多越好，还要考虑统计反馈受众的认知接纳。为学校做《标准》测试重要内容的补充性反馈，是区域测试统计的工作重点。

此外，学校须将“学生体质健康网”和区域教育行政部门反馈的有关情况在校内进行公布。学校要按年级、班级、性别等不同类别在校内公布学生体质健康测试总体结果，中小学校要将有关情况向学生家长通报。让学生和家长更好地了解学校的《标准》实施和测试情况，以及全面评价学生在群体中的总体表现。

（三）区域《标准》监测情况的反馈

《学生体质健康监测评价办法》明确规定各级教育行政部门每年委托第三方机构分析和发布本行政区域内学生体质健康监测评价基本情况；按生源所在地统计，并以省（区、市）或地（市、州）为单位公布高等学校新生入学体质健康测试结果，并反馈至生源所在地政府有关部门。从目前的情况来看，高等学校新生入学体质健康测试的反馈工作比较系统、及时和规范，这可能与高校的扁平化管理和专业化机制有较大关系。同时，还有一个重要因素就是新生入学的体质健康水平与目前就读高校无任何因果责任，高校开展新生入学测试实则相当于第三方结构的专业测试。这些因素都是目前此项工作开展情况良好的客观条件。学生体质健康工作就是要充分利用这样的条件和因素，来积极促进《标准》的实施工作。

相对来讲，各级教育行政部门《标准》测试信息的发布情况，较之高等学校新生入学测试信息发布，远不够系统、及时和完善。区域教育行政部门除对所辖单位和学校进行考核性通报外，很少有专业化的系统报告和具体化信息通告。无论此项工作是作为制度执行、工作程序或是应尽义务，都显得有些过于随意和缺乏管控。特别是将区域《标准》实施和测试情况向社会的发布工作还远远不够。以往很多地区并没有统一规范的信息发布要求和渠道，即便有信息发布也多是以新闻报道的形式出现。这虽然能够迎合一部分社会受众的信息阅读习惯，但这样的形式仍缺乏必要科学性和严肃性。除了仅有的吸引公众关注外，远没有达到信息发布、情况反馈及健康教育的应有作用。

由此可见，各级教育行政部门除了要将本区域《标准》实施情况在内部做好情况公告外，还要通过当地的电视、报纸和网络等官方媒体做好信息发布，并逐步形成操作制度和固定媒介，便于公众了解和监督本地区的信息发布情况。

第三节　学生体质健康的分析与预测

区域教育主管部门指定数据分析人员对所辖学校学生的《标准》测试成绩进行统计、分析、评判和预测，这是学生体质健康监测工作的重要内容。通过对学生体质健康的个案与总体，结果与成因，现状与趋势进行分析研判，从而为区域学生体质健康工作提供结果反馈、问题揭示和趋势预测。

一、学生体质健康的分析

分析是人们认识世界和改造世界的基本活动和工具。它是将研究对象的整体分为各个部分，并分别加以考察的认识活动。分析的意义在于通过认识事物或现象的区别与联系，细致地寻找能够解决问题的主线，并为解决问题提供帮助。在学生体质健康工作中，针对学生《标准》测试数据和统计报表所进行的数据分析，涵盖了对学生个体、学校整体和区域群体的认知判断，这是一个系统化的分析工作。这些分析工作，能够让教师更有针对性地帮助学生提高体质健康水平，能够让学校更有实效性地开展学生体质健康工作，能够让区域教育行政部门更有建设性地做好《标准》实施和监测。

此外，学生体质健康分析活动还可以因为不同主体的目标需求，而涉及对先前工作的验证，以及对当前问题的探析，乃至对未来方向的判定等。在这样的客观背景下，分析活动已经由常规的工作流程成为重要的改进措施。可见，学生体质健康分析是建立在文献收集、数据归集和材料汇集等素材基础之上的系统化活动。无论是借助计算机软件进行数据统计，还是凭借观察记录进行总结归纳，实际上这些行动本身就是一个分析过程。用 EXCEL 制作的数据图表，从数据上报平台下载的报表，这些数据就是一种图形化和数字化的分析结果。它们具有简洁直观和准确可靠的特点，正越来越多地运用于学生体质健康分析。而基于观察记录和逻辑推断的原生式分析，虽然可能存在不够准确和翔实的问题，但由于其更靠近人们的感性认知且通俗易懂而被广泛接受。根据具体的工作需求选择合适的分析方法，能有效提升学生体质健康分析工作的效能。

（一）学生《标准》测试的可逆分析

无论是基于教书育人义务或工作改进需要，体育教师都应该对学生《标准》测试成绩进行反馈，并对测试结果进行全面分析。这能够促进学生更加客观地认识自己的体育学习行为和收获，也能够帮助教师改进教育教学工作方式和提升效能。同时，认真分析学生的《标准》测试情况，还是转变育人理念的重要体现。在以往的传统教学中，体育教师拥有着课堂教学的绝对统辖权。特别在以发展体能为目的的体质健康促进活动中，教师常常只关注学生完成的练习质量和次数，却很少从学生角度考虑和分析练习的适切性、针对性和有效性，从而导致学生不但厌烦体育课，更惧怕身体素质练习等内容。这样的工作方式也许会有一定的效果，但往往是事倍功半和得不偿失。为此，从学生角度去分析他们的测试成绩和健康行为，有利于更加有效地促进学生的体质健康。

首先，教师要客观分析测试结果的关联因素。将学生的《标准》测试结果与体育学习表现相关联，我们能够发现学生的情意表现与测试结果具有高度的相关性。比如，在体育课堂教学和大课间体育活动中，经常请假和见习的学生的测试结果往往不够理想。尽管他们之中确实有一部分学生是因为疾病或健康问题而不能正常参与体育锻炼，但仍有部分学生是因为怕苦怕累和枯燥乏味而逃避锻炼。那么从可逆分析视角来看，教师能否通过增加练习的趣味性来改变学生的消极锻炼行为，就成为整个体质健康促进活动的关键。比如，有教师反复用俯卧撑来发展学生的上肢力量，久而久之学生就开始厌烦这样的练习。有的减小动作幅度、有的原地塌腰撑着、有的发出呻吟杂音。为此，教师在俯卧撑活动中加入了“包、剪、锤”的游戏元素，学生动作质量显著提升。这些显而易见的行为改变，必将促进学生的体质健康发展。

同时，教师还要全面分析测试结果的相关因素。只有全方位的分析才能避免工作中的缺失，从而更加主动地掌控《标准》实施工作。比如，2014 年修订后的学生体质健康评价导向更加倾向于控制肥胖学生群体。尽管这次修订降低了评分标准以激励学生的锻炼意愿，也切实提高了学生体质健康评价的操作环境。但对于体重超重和肥胖的学生来讲，《标准》取消实心球项目转而规定必测引体向上（男）或仰卧起坐（女），学生的测试总分和等级较之修订前会明显下降。这是在通过《标准》测试的内容及评价导向，来增加体重超常学生的测试压力乃至学业压力，从而控制和压缩这部分人群的规模。在这一政策背景下，教师还需关注到体质的遗传因素，毕竟学生的身体形态受先天影响居多。在学校里和生活中，我们周围“怎么吃都不胖”和“喝口水都会胖”的孩子并不鲜见。在当前政策和遗传背景下，这部分学生实际上是该活动的弱势群体。如果教师不能够全面和客观地分析学生的测试成绩和成长背景，那么很难有效地促进他们的体质健康发展。

此外，由于学生身体形态特别是体重因素与测试成绩具有高度相关。那么从逆向分析视角出发，教师可以将学生体重作为关注的重点。这部分学生的体育锻炼内容可以由全员性的体质健康训练转向到学生体重控制上来。这不但能够让学生更有信心参与专门化的减重锻炼，也更有利于学生健康习惯培养和行为养成。

（二）学校《标准》实施的因果分析

随着我国《标准》实施、监测和评价工作的稳步推进，学校《标准》实施工作正受到越来越多的重视。无论是对学校体育工作的考核，还是对学校《标准》实施工作的评价，学生体质健康工作都是重要的考评内容。学校的《标准》测试成绩和总体情况成为各项评价的重要量化指标。为此，各个学校都在努力地落实上级文件精神和制定自己的工作方案，想方设法地通过课堂教学、体育大课间和体育社团及竞赛等活动，来提升学生的体质健康的工作实效。然而，并不是学校所有的健康促进活动都能够收获应有的效果。这其中可能是因为一些不确定因素影响了工作效能，但最主要的影响因素还是体质健康干预工作的针对性、合理性和有效性。所以，学校不但要重视健康促进的工作实施，还要加强对体质提升的工作分析。不断修正工作部署和干预方法，从而进一步提升体质健康工作效能。

学校要充分利用“学生体质健康网”数据上报平台的统计分析功能，查看和下载学校的全样本、分性别、分类别和分项目的统计报表资料，并以此为依据对学校的体质健康工作做进一步分析。比如，某校初二年级学生分性别的各测试项目评价等级的人数比例统计表显示：男生引体向上项目的不及格率达到了85%，男、女生的立定跳远和 50 米跑项目的不及格率在 20% 以上且半数以上学生处于及格水平。这就说明学校对于男生引体向上项目的教学、指导和练习还远远不够，而学生的速度和力量素质较差，则很可能是因为学校未能创设良好的锻炼平台。

从因果分析的视角来看，该校要想改变目前的学生体质健康工作状况，就必须从学生体质健康促进和干预的工作着手。只有通过分析发现工作中的主要问题，并为后继的工作找到工作重点和指明努力方向。例如，某九年一贯制义务教育学校的小学和初中测试成绩反差巨大。小学各年级的平均分普遍在 90 分以上，更有甚者某年级的平均分竟然达到了 100 多分，而初中段的平均分基本在 80 分左右。这固然有学生体质健康测试项目内容和评价标准方面的因素，但一定有体质健康工作方法上的原因。通过分析发现，小学的体育大课间重点以测试项目为活动内容，且重点强化有加分项目的练习。而初中为了便于大课间管理和统一操作，基本上以常规的体能练习为主，缺乏针对性和突破口从而导致测试结果的反差。所以，必要的总结分析能够有效提高学校《标准》实施工作的效能。

（三）区域《标准》监测的比较分析

区域教育行政部门对《标准》监测的分析是基层学生体质健康促进系统的重要组成部分。凭借统一规范的抽测验收和数据复核，获取可靠的《标准》测试数据进行比对分析，将能够更加准确而客观地评判现况和发现问题。而且，分析工作本身就是学生体质健康监测的基本内容和主要形式。缺乏系统分析的监测工作，其工作效能将会大打折扣。为此，各地在区域《标准》实施监测活动中，应该充分利用数据比对和分析，为进一步提升学生体质健康工作水平提供支持。

负责区域数据统计分析的工作人员，其首要任务是通过区域抽测数据与学校自测数据的比较分析，来评定学校《标准》测试数据是否达到基本的信度要求。这一比较分析过程，需要结合实际进行严谨的设计，通过选择观测分析的数据指标来计算观测值，为最终的结果评判提供简明的数据依据。例如，某地通过公式“监测评价观测值 =（抽测统计分 - 自测统计分）÷抽测统计分”来计算学校的观测值。如果该观测值高于 15% 以上或低于 10% 以下，则扣该校考评分 10 分；如观测值超过（高或低）20% 以上，则该校抽测年级的所有学生都要进行重新测试并扣 20 分；如观测值超过（高或低）30% 以上，则该校所有学生都要进行重新测试并扣学校 30 分。尽管这样的观测值波动幅度未必合理，但只要在当地《标准》实施现状的基础上能够发挥约束和引导作用，就基本实现了抽测复核和数据审查的工作目标。

同时，数据分析人员还可以针对抽测数据与自测数据的统计比较，对本区域学校的《标准》实施工作进行深入分析，从而发现和推断工作中存在的问题，进而做好策略应对和工作防范。例如，某地在复核数据比对时发现某校的《标准》监测观测值波动较大，超出了预设的控制指标。在进一步的比较分析中发现，该校学生体质健康水平的提升主要由《标准》测试不及格学生的数量变化引起。这表明学校在进行测试数据上报后，又组织开展了系统的体质锻炼活动。使得原本部分身体条件尚好的“不及格”层次学生的体质健康水平迅速提高，达到了及格及以上等级。由于区域监测观测值计算公式是以“奖优罚劣”为指向进行加权计算，这部分原本在计算中是扣分的学生突然变为加分，从而使得监测观测值产生了较大的变化。为此，区域提出了进一步缩短区域抽测与学校自测的时间间隔改进措施，以避免学校短期“应景式”体质健康促进活动对学生体质健康监测工作的干扰。此外，还要求学校在后继测试中尽量采用与区域抽测形式相近的集中测试，以避免学生因为测试环境差异而影响自身体质健康水平的发挥，从而更好地控制因为测试程序不同而产生的监测结果波动。

二、学生体质健康的预测

学生体质健康的预测是指相关人员根据已知信息，对未来某一时期内学生体质健康的特征和状况进行估计和测算。它是运用定性和定量的分析理论与方法，对学生体质健康工作未来发展的趋势和水平进行判断和推测的一种专门化活动，从而减少对未来事物认识的不确定性，以指导我们的决策行动，减少学生体质健康工作的盲目性。预测工作是在人类社会生产力和科学技术日益发达的基础上应运而生的，它与数学、统计学、计算机技术等都有密切的关系。预测分析理论很多是这些学科理论的应用、延伸和发展。据不完全统计，现在大约有 130 多种预测方法，常用的数十种方法可分三大类：定性预测法包括德尔菲法、专家会议法、岗位分析法等。数学模型法包括回归模型法、时序模型法、动态需求系统数等。

模拟模型包括交互影响模拟技术法、数字模拟仿真法。在实际的预测工作中，可根据体育科研的实际情况选择恰当的方法，亦可诸种方法同时运用，以相互印证预测的结果。

目前，区域教育行政和基层中小学校对学生体质健康的研判预测还不够重视和普及。区域教育行政部门往往只重视《标准》测试成绩的目标控制，只要能达到上级督导和教育评估的基本要求即可，对学生体质健康的预测、预判和预警缺乏工作主动性。而基层学校往往只重视《标准》实施的手段方法和活动载体，常会认为学生体质健康的预测并不属于他们工作的范畴，故而忽视此项工作。当然，除了对学生体质健康的研判预测不够重视外，分析预测工具的缺失和统计技术水平的低下，也是导致教育行政和基层学校的预测工作欠缺的重要因素。由于大多数预测方法需要依托数据平台和分析软件，致使目前区域学校体育体质健康的有限预测行为多集中于定性分析预测领域，而这并不符合学生体质健康工作的数据支撑特点。为此，在学生体质健康预测工作中，既要充分发挥传统定性分析预测的优势，还要努力拓展数据分析预测的实践应用，以能够更加准确有效地为《标准》实施和发展提供预测服务。

（一）学生体质健康的趋势预测

专家会议法等定性预测是区域教育行政和基层中小学校常用的学生体质健康预测形式。这些方法运用于预测工作，能够与常规工作有机结合，具有良好的实践操作性和工作便利性。而且，专家学者对该领域的具体情况比较熟悉，能够做出相对准确和客观的预判，从而为基层的学生体质健康工作指明方向。同时，由于专家学者的个人魅力和号召作用，他们的分析预测和工作指导还常常会在基层形成一定的期待效应，这都是有利于学生体质健康工作的积极因素。此外，在学生体质健康预测尚不够普及和深入，未达到高度的智能化之前，定性分析对于处理负责环境下的预测工作具有显著的优势。比如，原国家学生体质健康标准在2014年修订后，其测试项目不再自主选择而是具体规定，且各测试项目的评价指标也有所下降。这直接导致了学生单项成绩和总分等级的剧烈变化。在这样的情况下，基层单位通过简单的数据分析预测已经不可能得到令人信服的预测结果。为此，定性预测在当前及今后的一段时期内，仍将为学生体质健康工作和发展提供有效的预测支持。

随着科学技术发展和信息技术普及，数学模型预测等定量预测形式正逐步成为学生体质健康预测的趋势。在大数据背景下，定量分析不但拥有更加客观的预测准确性，还能够基于模型创建和变量匹配来处理更加复杂的预测工作。越来越多的社会力量也积极参与到学生体质健康的研判预测中来，面向区域教育行政部门和基层中小学校的分析预测平台和软件也在不断地被开发和运用，为推动学生体质健康预测工作发展发挥了积极作用。此外，随着教师素养和能力的不断提升，越来越多的区域数据统计人员和基层体育教师能够熟练地使用 EXCEL 等办公软件和 SPSS 等分析软件，这能够促进教师更加积极自主地参与到学生体质健康的预测工作中来。尽管有些预测工具和预测工作并不高端，但应对一些相对简单的预测工作仍能够提供相对准确的预测信息。比如，利用 EXCEL 软件将要预测的某一类别的已有数据录入，然后通过绘制散点图和添加趋势线等步骤就可以计算出预测值。而且，EXCEL 中还提供了线性回归预测的功能，在表格中已有数据序列后插入回归预测的统计函数就能够相对准确地得到预测值。

（二）学生体质健康的情势预警

学生体质健康是一项系统而长期的工作，并处在不断的发展与演变之中。管理的完善、目标的修正、实施的改进、评价的落实，这些《标准》完善与实施中的每一项工作都是基于对当前形势的评估和对未来情势的预判。而每一次工作改进的具体实施，则构成了影响后继学生体质健康工作的重要因素。由此可见，学生体质健康是一项处于动态发展和持续完善中的工作，对《标准》实施情况进行评估预判是推动学生体质健康工作主动改进的基本依据。对达到一定程度和量级的情势评判进行预警，能够更加有效地把握问题重点和工作时机。

学生体质健康预警可以结合在专家会议和数据统计等具体的工作中进行，通过定性与定量方法对工作中的突出问题做出评估、预判和预警。利用专家会议平台对《标准》实施的决策、制度、方法和评价等进行全面分析，依据相关理论和经验对还未展露或者正在发展中的问题做好评估预判。而相关的数据统计分析人员和过程控制管理人员也要充分发挥岗位优势，对工作过程中发现的突出问题必须给予高度关注。通过分析研判做好问题发展的预测和关键问题的预警，以期做到防患未然和及时应对。

例如，某地对所辖学校上报的学生《标准》测试成绩进行统计评价，学生测试的平均分为78.14分，比上一年的81.43分有明显的下降。但组织专人对学校的抽样学生进行《标准》抽测时，抽测结果显示被检测学校学生的体能状况比上一年的同年级水平有所提高。全区学生总体测试成绩的明显下降与抽测学生复测成绩的有所提高形成了鲜明对比。为此，数据统计分析人员在工作简报中对此进行预警。经过系统分析发现，由于区域教育行政未将学校自测成绩纳入工作考核，从而导致学校只重视区域抽测而对学校自测应付了事。后继通过考评办法的修订，有效避免了类似问题的发生。可见，对学生体质健康统计分析中的突出问题和重大事项进行预测评判和工作预警，对修正工作疏漏具有极其重要的作用。

第五章　学生体质健康的课内深化

体育与健康课程是学校课程的重要组成部分和学校教育的重要实施载体。它是一门以身体练习为主要手段，以学习体育与健康知识、技能和方法为主要内容，以增进学生健康，培养学生终身体育意识和能力为主要目标的课程。体育与健康课程不但具有基础性、实践性和综合性，更具有当前学校课程体系中独有的健身性。课程强调在学习体育与健康知识、技能和方法过程中，通过适宜负荷的身体练习，提高学生的体能和技能水平，促进学生健康成长。可见，增进学生体质健康不仅是体育与健康课程的重要构件和核心要素，还是课程学习的重要内容和期望的重要结果。

在当前学生体质健康背景下，体育与健康课程应该积极调整课程的内容体系、实施办法和评价标准，不断强化课程对学生体质健康的促进作用，并最终实现增进学生健康的课程目标。体育课堂教学作为体育与健康课程实施的主要平台，应在优化原有教学体系的同时，进一步强化增进学生体质健康的功能。优化体育场地器材的合理配备和统筹使用，改进教学设计实施的要素处理和学练效率，通过加强教学管理来提升课堂体育锻炼的理念和效果。从而，通过体育课堂教学的功能强化来有效落实课程对学生体质健康的促进作用。

第一节　体育课堂教学的器材配备

体育器材是开展体育教学活动的必要媒介和基本手段。如果没有必要数量、质量和规格的专门器材，田赛项目、大小球类和器械体操等教学将无法开展。学校体育器材的配备、使用和管理情况，直接影响着体育教学的内容选择、组织安排和教学效能，成为制约学校体育改革发展的重要因素。为此，教育部先后发布了《中学体育器材设施配备目录》《小学体育器材设施配备目录》（以下简称《目录》）和《中小学体育场地和器材国家标准》，以保证体育教学、课外体育活动和课余体育训练的正常进行。然而，基层学校的体育器材配备仍存在着品类不均、质量欠佳和使用失衡等问题，体育器材的配备较之日常管理更需要持续关注和不断改进。

一、体育器材的配备原则

（一）优先配备教学所需的《目录》必备器材

中小学的体育器材《目录》是教育部依据《学校体育工作条例》《学生体质健康标准（试行方案）》和体育与健康课程教学大纲制定，旨在督促各级教育行政部门、中小学校从财力和物力上加强学校体育器材设施的建设和配备，并且倡导加强对学校体育器材设施配备情况的检查。这是因为体育器材场地的配备种类、质量和数量直接决定了课内外体育活动的开展情况，如果没有相应的场地器材，那么就不会有相应的体育教学和活动。所以，若要保证学生接受同等水平质量的体育教育，使学生达到相应学习水平应知应会的体育学习程度，则必须要确保学校能够配齐配足教学所需的《目录》必备器材。例如，《目录》提出对于 18 个班以下的城镇中学必配 20 个篮球，这已经是开展篮球教学的最基本要求了。

（二）酌情配备存量不足的《目录》选配器材

《目录》中的选配器材主要是那些购置费用较高、使用损耗较大和日常使用较少的器材，比如价格相对较高的皮质的篮球、排球、足球，金属的武术刀、剑；比如使用损耗较大的乒乓球和羽毛球；比如日常使用较少的杠铃架、起跑器和发令枪等。但恰恰是这部分器材决定了体育教学的品质、课外体育活动的丰富和课余体育训练的正常进行。以我国目前的经济发展水平和对教育的重视程度，很难想象一个平时没有用过皮质篮球训练的球队如何去参加上级的中小学生比赛。对于从来就没有购置过发令枪的学校，不但校内的田径运动会会受到一定影响，而且没听过发令枪响声的运动员参加上级田径运动会也容易表现失常。而乒乓球、羽毛球等项目在我国竞技体育和群众体育方面均有较好基础和开展局面，尽管这类器材正常使用的自然损耗较大，也应当尽量配齐配足并保证存量维持在合理的水平。

（三）合理配备校本建设的《目录》之外器材

由于《目录》的制定主要考虑了地域差异、城乡差距和检查操作，所以在场地器材的配备上多是提出最低标准，对于那些体育经费充裕而又校本建设活跃的学校肯定会高标准的配备体育器材。随着学校体育的工作发展和现实需求，很多学校还会配备体质健康测试和体育考试方面的专门器材，以及根据校本建设和特色项目配备《目录》之外的场地器材。常常是这部分器材的配备显著提高了学校体育工作的发展层次。比如目前杭州市击剑开展较好的几所学校，都是由学校购置了一定数量的剑道、剑和服装。尽管这些设施器材价格不菲，但学生却通过这样的平台资源接触了更加丰富的体育运动和文化。学生和家长对此也比较认同，后期都是学生自主报名并自费购置器材参加活动，这一改以往学生在体育活动中怕苦、怕累和怕脏的消极局面。

二、体育器材的配备程序

（一）已配器材，经斟酌后全面配备

学校体育器材具有一定的损耗性，这些损耗有些来自外在人为的使用不当、养护不足和存储不妥，有些则来自器材内在的材料质量、设计寿命和品控水平。为此，学校需加强对器材的日常检查、定期清点和抽样检验来对器材进行可用性评估。例如，对使用一年以上的羽毛球拍加强手柄牢固度的日常检查；对埋设三年以上的室外单、双杠进行金属锈蚀的定期检查；对冬季时学生反应的跳绳质量问题进行橡胶低温硬化的抽样检查等。对课后发现的器材人为损坏进行登记确认，并按照规定进行批评教育或照价赔偿；对检查中发现的正常器材损耗要及时和全面补充，否则剩余器材的高频使用会导致器材损耗的加速。对超出正常损耗范畴的疑似产品质量问题，要马上通知师生停止使用以免造成伤害，并及时联系供货商或生产厂家进行产品退换乃至追责。

（二）新增器材，经讨论后分批配备

学校应对超出《目录》配备范畴和学校存量器材的新增器材配备进行集体讨论，以确定器材配备的合理性和必要性。比如，全校同时上篮球课或排球课时对器材的需求显然只是一个假象，完全可以通过分散排课和教学统筹来解决。而为了强化体育中考练习为每位初三学生配备一个实心球的提议显然也不够合理，只要通过循环练习和合作学习就可以很好地转化绝大部分需求。为了避免或减少因为调配使用不当所产生的一系列问题，体育教研组要做好内部统筹协调工作。确有涉及课程开发和建设所需的器材，可由负责教师提交专门申请，说明使用设想后由教研组集体评估，再向学校提交器材配备申请。例如某教师为开设啦啦操拓展课程需要购买橡塑呼啦圈 40 个，教研组讨论认为这既可以满足课程建设需要还可以作为体育课和大课间练习使用，同意向学校提出配备申请。

（三）校本器材，经审议后审慎配备

近年来随着各级政府和教育行政对学校体育工作的不断重视，学校体育事业迎来了快速发展期。一校一品、校园足球和新兴项目等特色体育不断涌现，为了满足特色发展、成果展示和学生练习对器材的客观需求，学校常常会配备远超出《目录》范畴的器材设施。例如，某武术特色学校为完成上级教育展示任务一次性购买了200多把武术表演刀；某篮球特色学校为了展示大课间球操陆续为学生配备了共计500多颗篮球。这样大批量的器材配备使得学校体育经费连续几年都捉襟见肘。为了避免或减少因为决策和规划不妥所产生的一系列问题，体育教研组要积极为领导做好参谋工作。学校特色创建绝不是意气用事和一时之需，应结合区域环境、学校实际和发展定位去理性思考，避免不必要的铺张浪费。

三、体育器材的配备渠道

（一）通过定点采购商，来配备器材

随着学校计财办法改革和教育装备管理的发展，很多发达地区的区县教育行政部门都会通过招投标选定指定商家作为学校体育器材的备选供应商，这有利于保证供货质量和提供优质的售后服务。基层学校只需对照各商家商品目录中的器材品牌、类别和价格进行选购即可，到货后可以根据器材质量和使用情况进行必要的退换货或提出其他售后服务申请。这显著提高了体育器材的采购效率，避免了不必要的经费使用风险。

（二）寻找正规商家或网商，来选配器材

对于尚未建立教育装备和体育器材统一采购机制的地区，以及定点采购商尚不具备配备能力或无法及时配送的器材需求，学校在上级财政许可和履行报备手续后可自行寻找正规商家或者网络电商来选配体育器材。例如，射箭是某校的体教联办项目，由于学生比赛所有的复合弓很多都为国外引进，为此只能通过专业渠道进行配备。包括比赛所用的箭靶，国内的正规供应商也仅有区区几家，学校

直接联系购买比通过采购商更快捷。

（三）凭借教师自主研制，来定制器材

勤俭节约是学校体育工作者的优良传统，对体育器材进行合理养护、妥善保管乃至废物利用已经成为学校体育器材使用的工作常态。比如，将报废的篮球、排球和足球进行相应切割或填充，就可以成为体育课上的标志物、投掷球和摆放托，将羽毛球球筒的一端穿上两根橡皮筋，以此作为乒乓球捡球器，还有懂木工的教师用木棍做成高跷，有的学校还自己焊接多边形引体向上练习杆等。这极大丰富了学校体育器材的品类，将体育器材的价值发挥到极致，较好地满足了学校体育的器材需求。但自制器材的合理性和耐用性必须经过论证，否则一旦发生意外伤害事故，就背离了最初的工作愿景。

第二节　体育课堂教学的场地统筹

由国家体育总局政法司理论处 2006 年底发布的《中国城市学校体育现状调查》表明，我国 84.1% 的城市学校的体育设施低于国家规定水平。71.8% 的学校的体育课经常要面对设施不良的挑战，体育场地器材不足仍是制约我国学校体育发展的主要因素之一。

而基础教育学校的特殊地位决定其用地选址要依托于人口密集、交通便利的大型居民生活区。在我国城市化进程快速发展的今天，寸土寸金的学区概念和社会背景决定了学校体育的场地增加远比设施、器材难得多。体育场地设施的低水平和生均体育面积的零增长甚至负增长成为学校体育必须要面对的困难。致使原本单薄的体育硬件更加的捉襟见肘，不必要的教学干扰、场地设施损耗、安全隐患都将被不断放大。

体育教学对场地器材的依赖性非常大，绝大部分的教学内容都需要在专门的体育场地上进行教学。可以说，教学内容高度关联着体育场地，对教学内容的安

排和处置将直接决定着学校体育场地的使用状态。比如过多的班级同时进行相同内容或相同场地的教学，则必将导致体育场地的使用紧张或闲置。所以，只要统筹好教学内容也就是最大限度地利用了现有场地。我认为可以通过“四不法”来提高学校体育场地的教学效益。

一、同质不同步，按场地排定每位教师所教教材的先后次序

同质不同步是指学生在以学期、学年或学段为单位的教学周期内，将享受到相同内容和质量的教育，但在某一时段所学习的教学内容却并不同步。

严格执行国家的教育法规和方针政策，使每一个学生享受到同等质和量的教育，是学校也是教师的责任和义务。开学初，教研组要调整和制定好全校的体育教学工作规划。同年级要做到统一工作计划、统一教学内容、统一考核范畴、统一课堂常规等。平时，要通过集体备课等教研载体，探讨具体教材的最佳教法和学法，在因材、因师施教的前提下，尽量使用最佳教学法，以期使学生享受到同等的优质的教育。

新课程标准实施以后，体育教材改变了过去以运动技术为核心的编写方式，而是以运动参与、运动技能、身体健康、心理健康和社会适应等五个学习领域来组织内容。这种相互联系而又平行的内容结构解除了以往体育课内容安排的线性限制。除一些季节性、时限性较强的内容外，其他教学内容的教学时段及次序安排可相对灵活。可以说，现今体育课的教学进度已经不再是传统意义上特定教学内容的完成情况，而是指教学活动是否按计划进行。因此，在解除了传统教学进度的限制后，为了尽量避免场地紧张和闲置，我们起码要将不同年级的同类教学内容错时安排。在必要的情况下还要将同年级、由不同教师任教的班级的教学内容适当错开。根据实际需要，可将教学内容确定为周同步、月同步，甚至是期中、期末同步。总之是，存大同求小异，因地制宜。无论体育教学是否存在体育场地紧张问题，尽可能地安排教学内容异步都将有效提升体育场地的教学效益。

二、同步不同节，减少集中上课，错开场地相同课的节次

同步不同节是指因教学安排的必要性或教学内容的特殊性，要求同年级各班的教学内容平行同步教学，但教学课次并不安排在同一节课。

水冰项目、测试项目、广播操等教学内容由于其较强的季节性和时限性，决定了这些教学内容必然是同年级各班高度同步的进行教学。以多水亲水的杭州地区为例，游泳是九年级体育中考的选测项目之一，测试前的强化教学不可避免。那么，无论是在校内或校外租借泳池进行教学和训练，都要努力的错开九年级各班的上课时间，尽量不出现多个班级同时上课的现象。这样既避免了“煮饺子”的窘迫，也避免了因学生密集所带来的安全隐患。可通过向学校提出相关的排课建议以及教师间的课次调整，来尽量减少学校同时上课的班级数，避免同年级的班级在同一节上体育课。同时还要对其他教师和学生的做好错时排课的宣传解释工作，避免产生不必要的误会。

三、同节不同时，提倡科学的教材搭配，有序使用场地

同节不同时是指对于同内容、同场地、同一节次上课的班级，教师可在不影响教学目标达成的前提下，通过优化课的架构、教材搭配、教学法等来错时使用场地。

新课程标准实施以来，我们更多地感受到的是被鲜明化的教学表象。在很多新课程展示活动中，我们会看到任课教师为了更好地体现新的理念和教法，整节课将一项内容教到底。这样的课对于宣讲新课程的亮点可能是必要的，但同时也会让部分教师对体育课的内容架构产生错误认识。“健康第一”是学校体育的指导思想，一节一跑到底或一掷到底的体育课，无论教师怎样的组织教法或如何的区别对待，都无法抚平学生的身心疲惫。一节好的体育课不仅要选好教材还要处理搭配好教材。科学的搭配教材，既避免了单一教材所带来的兴趣消退和身体疲劳，

同时也为场地冲突提供了错时使用的可能。以七年级篮球运球与后滚翻这节实践课为例，同一节上课的两位教师只要将教材的先后次序错开，就完全不至于因场地冲突而去改变课的内容。

四、同时不同区，合理分区使用场地

同时不同区是指对于同内容、同结构、同时上课的班级，教师应该合理分区使用场地。分区使用场地，不仅是为了有效地避免教学干扰，解决体育教学场地紧张和冲突的问题，也是为了更好地保养场地，延长体育场地的使用寿命。我曾见过：煤渣跑道因为内跑道过度使用而成为一条光滑坚硬的土沟，雨后多天仍无法正常使用；也曾见过有学校的塑胶跑道因内跑道磨损断裂，在投入使用不到3年就要进行大修。这必然导致原本不足的场地更加紧张，也带来了相当大的经费支出。而场地的分区教学和使用，将有利于场地均衡损耗。以耐久跑为例，我们可以将跑道由内向外分配给相应的年级。比如初中可将第一道给七年级女生使用，第二道给七年级男生使用，第三、四道八年级使用，第五、六道九年级使用，小学、高中以此类推。这样田径场的使用由全校学生跑一条跑道变为1/6的学生跑一条道，将大大地延长田径场的大修间隔。学校体育场地要尽量地均衡使用。

艰苦奋斗、因地制宜的精神和智慧是老一辈体育教师留给我们的宝贵财富。当我们还在一味地感慨场地器材不足和等待条件改善时，不妨积极地投入到现有场地优化使用中去。在教学目标的统领下，在有利于教学的前提下，均衡地使用学校现有的体育场地和场地的各个部分，将会有效地提升学校体育场地教学效益。

第三节　体育课堂教学的合理设计

体育教师的培养选拔机制和知识技能侧重，使得他们的文化底蕴和理论水平在学校里并不见长。虽然他们能够较好地胜任体育教学，也会对每节课进行不同

程度的设计，但在参加各级各类的教学设计评比时，往往无从下手。体育教师急需一种短平快的方法，在设计实践中不断提高自己的教学设计水平。可通过制定指导思想、分析教学背景、定夺教学关键、构建教学流程、反思教学设计等五个步骤来进行切实有效的教学设计。

一、制定体现教学思路的指导思想

教学指导思想最忌空泛引用课标理论。诸如：在“健康第一”理念的指引下，以学生发展为中心，培养学生的合作精神和社会适应能力等等。这种“万用型”的指导思想过于空泛，其标榜作用大于实际意义。为此，可通过在指导思想里加入“摘要式”的教学思路表述，从而使指导思想变得更加明确具体，更好地体现其对教学设计和教学行为的指导作用。例如：以学生的发展为中心，重视学生的主体地位，是《体育与健康课程标准》的基本理念之一。在这一理念的指导下，本课以花样跳绳来导入教学，引导学生自主探究跳远助跑的技术要点，通过主辅教材的合理搭配和情景化处理，为达成本课的教学目标服务。

二、进行不落俗套的教学背景分析

教学对象、教学内容、场地器材、教师、天气等等主客观条件因素构成了教学背景。对教学背景的了解和把握是整个教学设计的基础。

（一）学情分析，共性少一点，个案多一点

对学生相关知识技能基础的分析是学情分析的重点。以往我们常见到对骨骼、血压、脑容量、注意力等进行大量论述的“体检报告”式的学情分析。这样的分析如果是用在全学年或单元教学设计中并不为过。但对于课堂教学设计来讲，则应在此基础上多一些个案分析，比如学生行为习惯如何，体育骨干和学困生情况如何等。这样的学情分析鲜活具体，有利于教师更好地安排教学环节和解决教学问题。

（二）教材分析，挖的深一点，底气足一点

教师对于教材内容了解的深度和把握的尺度直接关系到教学的成败。教师有必要了解教学内容在各水平年段的分布、重点和要求，使教学不偏不漏。例如，教师在跳远助跑内容教学设计时，通过翻阅人教版教材、教参对跳远教学内容的处理，了解到关于内容处理、重点确定和动作要求等信息。水平三、水平四、水平五的跳远内容依次是急行跳远、蹲踞式跳远、挺身式跳远，而助跑踏跳的要求依次为在助跳板上踏跳、基本踏板、准确踏板，但教学的重点都是助跑与起跳的结合。这些信息为教师更好地处理教材提供了参考。

（三）场地器材分析，效率高一点，用的活一点

场地器材的选择要能满足教学需要，但器材并不是越多越好，应注意器材的活用与多用。课堂上，体育器材的摆放布置、使用更换都需要时间。频繁的器材变换必然产生频繁的教学组织，从而降低课堂的练习密度。而且，不必要的器材购置本身也是一种浪费。例如，某展示课上，教师用了一大堆共计五六种的器材，光布置器材、控制音乐的帮忙人员就有好几位。这显然脱离了教学实际，很难得到认同和推广。

（四）教师分析等，适当说一点，对照强一点

教学背景因素包罗万象，除了上述的主要信息外，季节天气、重大事件、课次安排等都会对教学产生一定的影响。在教学准备允许的情况下，可以对一些主要影响因素进行必要分析和合理预设，这有利于教学活动的有序进行和适时调控。当然，教师要尽量做到教学背景分析与教学策略的对照，从而有效落实分析活动成果。比如，在教师分析中提到教师幽默开朗，那么就可设计相对活泼幽默的教学语言。

三、提出明确具体的教学关键信息

（一）教学目标的确定

1. 教学目标涵盖的课程方面要全面

在确定教学目标时，既要有运动参与、运动技能和身体健康的目标，也要有心理和社会适应的目标。我们可以通过认知、技能、情感等三项来进行目标的分类表述。

2. 教学目标的对象要全面

"保证每一位学生受益"是课程标准的基本理念，教学目标的设置要面向全体学生是教学设计的最基本要求。在目标设置中，常出现这样的错误：使 80% 的学生掌握篮球双手胸前传接球技术。令人不由得发问：另外的 20% 学生就不用管了吗？虽然该教师要表达的意思未必就是只面向这 80% 学生，但却给人造成了以偏概全的印象。

3. 教学目标要具体可观测

这里的具体并不是指用确数来表述目标。比如前例中如果目标用 80% 这一确数来表述，那么严格来讲就算最终有 80% 以上学生达到学习标准也不能算完成教学目标。为此，这里所说的教学目标具体是指目标可以通过观测活动来进行评价。而且，这样的要求应该包括认知、技能和情感等三方面的目标。例如：认知目标为学生能够在教师的提示下集体说出反跑法动作要领；技能目标为学生在跳远展示环节，有 85% 以上的学生能做出反跑法动作环节，至少 75% 的学生能大致踏板；情感目标为学生多数时间表情愉悦，并能主动遵守活动规则。

（二）教学重难点的确定

教学重点与难点可以重叠，但往往独立开来。这是因为教学重点是依据教学目标，在对教学内容进行科学分析的基础上确定的最基本、最核心的教学内容，而难点则是教学中学生比较难于掌握的教学内容，最基本与最难不应是同一事物。

尽管有时教学重难点会指向同一教学活动的不同侧面，但教师仍不能机械地认为教学重难点具有同一性。例如在跳远助跑新授课中，教学重点是通过反跑法大致确定助跑起点，教学难点则是学生反向跑动与正向助跑的一致性。在一般的教学设计中，教学重点常常指向教学基本内容，而教学难点往往停留在学生的学习过程中。

而对于课时教学设计中存在多个教学内容的情况，要根据具体的教学需要进行妥善处理。以往教师常依据教学内容所占的课时比重来确定一节课的重点，即教学时间长的内容就是重点，实际上这是不科学和片面的。重点内容的教学肯定会多花时间，但用时长的内容却不一定是教学重点而可能是教学组织的需要。次要教材直接决定着教学目标的达成情况，作为教学重点确定的依据，次要教材也应该有教学重点。通俗来讲，主次要教材在教学重难点的确定层面是平等和并列的。当然考虑到教学实际，次要教材的难点可以不设，但教学重点不宜没有，否则原本就教学时间不足的次要教材会更难以实现教学目标。

四、构建新颖高效的教学流程

通过在传统的表格式教案中插入设计意图的办法来进行教学流程的设计，既条理清晰又易于掌握，有利于教师将以往写教案的经验迁移到教学流程的设计上来。教学流程处理应注意以下几点。

（一）关于教学构件的处理和安排

首先，队列队形是一项教学内容，它是可选择和支配的，不一定要每课必练和单独安排，也不一定非要放在课的前段，可在教学组织形式转换时安排队列内容。其次，准备活动要有针对性，不能千篇一律的慢跑和热身操。学生通过准备活动不但要得到身体预热，还要得到心理和技能的准备。例如用“8”字跳绳来做跳远助跑的准备活动。另外，放松运动要以学生的身心负荷为依据。避免因内容和方法不当使得学生越放松越疲劳或越兴奋。

（二）关于教学组织、教学法和学习评价

教学组织应该为达成教学目标服务。传统的四列横队已不再是简单的教学组织问题，它不但桎梏了教师的教学思维还产生了体育课的第四列现象等问题。例如当学生一路纵队原地跳过障碍物时，后面的学生要么聊天打闹，要么伸长脖子往前看，到后来就是下饺子一样的行进间跳。这时只要让学生一列横队站在跳跃场地侧面，问题便可迎刃而解。另外，引入多元评价方式非常重要。对于学生自我评价时所述不足，教师一定要对其给予关注和鼓励，而不能漠然处之。

（三）关于课课练、分层教学和作业

课课练应选择与教学内容相关的素质练习内容，并把握好练习强度和运动负荷。这能使学生在教学过程中消耗掉相应的基础体能，在课课练环节只要针对具体的目标素质进行练习便可达到较好的锻炼效果，有利于提高课堂教学效率。同时，在教学中为学生设置不同难度的练习，以使其能够在不断的成功体验中去形成技能。跳远起跳区由宽到窄，跳高高度有高有低，都体现了教学设计的高明之处。另外，体育作业应有明确的目的和意义，应与本课或下一课的教学相关联，并能够吸引学生去积极参与和完成。

五、附上诚挚中肯的设计反思

设计反思主要对教学设计理念和教学流程意图中不宜多说和明说的内容进行必要的补充说明，这有利于在交流展示过程中增进他人对教学审计的认知和理解，还可以在设计反思中对教学设计时存在的疑惑和问题进行探讨，这有利于展现更加丰富的设计材料和设计见解。此外，还可以列举教学设计的特色和优点，以明确教学设计的价值取向和坚定教学设计的执行信心，但不可自吹自擂、言过其实。特别是在评比和评审性的教学设计中，自谦尤为重要。

第四节　体育课堂教学的质量提升

课堂教学是教师执行教育教学方针，落实课程理念目标，促进学生全面发展的根本所在。教师的教学行为是实现课堂教学价值和提升教学效能的关键，它直接决定着课程教学目标的具体实现，客观反映着教师教学能力的具体表现。教师教学行为的持续改进是不断提升体育课堂教学效能的重要手段。

一、改进教师课堂教学的知识传授行为

教师课堂教学的知识传授活动是学生获取优质学习资源的重要平台。教师的知识传授活动是将课程要求掌握和学生现实需要的相关知识，经过系统的组织架构和巧妙的教学设计，用教师能够驾驭而学生又乐于接受的方式，通过教学活动传授给学生的过程。

（一）基础知识可积极运用课前预习

体育学科以身体练习为主的学科特性，使得精讲多练成为体育教师一直秉承的教学行为准则。然而，对于那些课标要求学生必须掌握的知识，以及学生参加体育活动必须知晓的知识，教师仍需在体育课堂教学中认真传授。但是在有限的课堂教学时间里，教师不可能也没必要将学生需要掌握的所有知识都通过学生直接习得的方式进行传授，那么教师只能通过讲授方式传授知识。随着讲授知识点的增多，即便原本已经十分精炼的精讲也变得拖沓，失去了精讲多练的特征和本质。

同时，现代教学技术的快速发展带来了教师教学方式的不断变革，教师唯有紧随时代发展步伐才能推动教学进步和提升教学效能。当下多媒体教学终端的普及仍方兴未艾，而信息化教学时代的号角已嘹亮吹响。微视频辅助教学的微课系

统和慕课平台，正在学校教学中不断发挥着积极作用，特别是在课堂教学的前置性学习中被广泛应用。这为体育教师解决精讲多练的教学准则与知识传授的客观需求之间的矛盾提供了一种可能。

首先，素材类知识可借助公众媒体进行预习了解。体育实践课多在室外开放环境中进行教学，学生的关注容易受到干扰而导致注意力难以保持。特别多班级同时授课时，教师讲得越多反而导致讲授效果下降。对于诸如篮球场地米数、比赛人数、每球分数等简单的素材类知识，完全可以借助公众媒体进行预习了解。例如，下周是七年级篮球单元的第一次课，为了让学生了解篮球比赛相关知识并感受运动魅力，教师可要求学生在星期五晚饭后观看 20 分钟的央视五套 CBA 比赛直播，如果无法观看直播可通过搜狐体育等网络媒体观看视频回放。在观看时要清楚篮球场上每队有几名队员参赛，注意场上的每球得分数，明确两种以上的投篮动作方法。在下周的篮球课前将利用侯课时间进行提问和检查。这样的预习能够让学生在休闲放松中获取有益知识，同时有效减少课堂教学讲授量。

其次，要素类知识可通过特定微课实现预习掌握。网络时代为人们提供了丰富的知识获取渠道，同时也增加了人们甄别和选择的难度。初中生课业负担较小学明显加重但对知识的甄别能力却并未显著增强，让学生通过公众媒体获取体育知识常会因时效问题而难以达成预习目标。这就需要教师将相关专题的视频、动画和图片等教学资源，精心制作成适宜时长并突出教学要素的微课视频供学生预习使用。例如，在八年级实心球课前，教师通过优酷网以实心球为关键词进行视频搜索，将“18 米弯弓实心球教学”等视频制作成 5 分钟的微课视频上传到家长 QQ 群，要求家长将视频下载供学生预习。在微视频中教师通过录制旁白语音提出问题，“几位投掷者的动作共性是什么？按照我市中考规则，他们的投掷动作是否犯规?”学生观看过后往往对视频中“夸张”的背弓动作念念不忘，在课堂上争相模仿，同时也提出了投掷者踩超投掷线的犯规问题。

（二）重要知识需努力强化课中示范

从课程标准的宏观目标到课时设计的微观目标，所有目标均指向体育课堂教学效能评价的指标底线。对于课程标准提出的学生应知应会的知识要点和学生现实所需所要的重要知识，不但要让学生能够识记表达，还要让学生理解文字背后的方法原理。这就需要教师在学生课前预习的基础上努力进行课堂教学强化。

同时，课堂教学组织的方式方法、方位路线、内容次序、术语指令等信息作为体育教学的构成性知识一直客观地存在于课堂教学之中，并成为课堂教学活动顺利进行的基本保障。对于这部分存在于教学组织之中的信息式知识，其传授情况往往关系到教师教学设计执行的具体表现，成为考察教师教学基本素养和掌控能力的重要指标。

首先，充分发挥教师的讲解示范作用。体育课程以身体练习为主的学科特性，决定了教师的讲解示范是课堂教学最简洁高效的知识传授方法。而身体练习的基本组成要件是技术动作，从这个角度来看体育教学是一个由教师展示动作到学生再现动作的过程。学生通过对教师动作示范的视觉观察，来形成动作认知并支配肢体再现动作。语言在这个过程中更多是为了解读动作和突出要点，这是体育教学倡导“精讲多练”和动作学习“百闻不如一见”的原理所在，故在教学中要充分发挥教师讲解示范对学习重难点的强调作用。例如，在新授课教学中教师首先要尽可能地做到最标准和规范的讲解示范。同时，还要设置便于全员观察的教学组织队形，选择学生最佳视角的场地示范位置，变换学生动作学习需要的示范角度，并通过最佳的语调、语态和语言促进学生建立动作认知。而在复习课教学中教师可针对学生练习问题做略带夸张的错误动作示范。这有助于学生意识到自身练习的问题和可能导致的结果，从而不断纠正和完善自身动作练习。

其次，有效利用学生的典型示范作用。让学生参与教学示范有利于达成课程标准赋予体育教学的多元目标，促进学生形成在群体注视下客观表现自己所需的心理品质。在动作练习时，学生示范还常被作为“奖优醒劣”的教学管理手段。教师让学优生在全班同学的注视下做一个优美的动作示范，无疑胜过对他无数次的口头表扬，同时还会激起其他同学你追我赶的练习热情。同时，让学生参与动作示范有时还是教学组织信息传递的必然选择。在合作学习、组合练习和战术配合等复杂教学组织环节的呈现时，由于教师无法同时分饰多人角色，让学生参与示范是最高效的做法之一。例如，在七年级以跳跃组合练习为主的小体能单元教学课次上，教师为了向学生快速呈现和传递四人小组连续跳跃的组织方法，便设置了学生示范环节以强化示范效果。这避免了教师一个人满场跑还不一定能够说清楚让学生如何练习的尴尬。如果练习场地布局较大，教师可让学生在缩小版的模拟场地上进行教学组织方法的示范，这有利于缩减不必要的示范时间和保证学生的听讲效果。

（三）关键知识要尝试布置课后复习

无论是学科知识的掌握还是动作技能的形成，都需要学生不断地进行复习巩固。而课堂教学无论是时间还是时机都无法满足复习的客观需要，那么只能借助课后复习来促成预期的教学目标。在现今体质健康测试广泛开展和中考体育测试有序进行的大背景下，家长对于体育学科的认识正在不断深入和全面，这使得通过体育作业形式进行课后复习成为可能。例如，为迎接体质健康测试，教师在课堂上讲解过仰卧起坐的动作要领和规则后，布置了仰卧起坐的课后复习作业。要求女生在家校联系本上书写“直角屈膝手抱头，平躺开始脚上垫，仰起肘部要触膝，卧下双肩要触垫”的动作要求，同时记录自己一分钟标准仰卧起坐的个数。体育教师可在下次体育课前或利用学生晨读时间进行作业检查。另外，由于很多体育练习需要借助专门的场地器材方能完成，教师可将此类课后复习通过自选作业的形式进行布置，对于没有器材的学生可以通过练习教师设置的其他供选内容来完成作业。教师还可以根据学生课堂学习情况进行差别化的作业布置，以提高课后复习的针对性和效果。

二、强化教师课堂教学的学练反馈行为

教师课堂教学的核心价值是针对学生的学练过程进行合理反馈。学练反馈是教师教与学生学的客观统一，是教师主导与学生主体的和谐体现。信息时代学生获取优质学习资源的渠道和平台很多，网络上不仅可以看到国家队教练的专业讲解和队员训练，甚至还可以看到世界级运动员动作的慢放示范和动画解析。所以，单从知识获取的角度来讲教师对于学生体育学习的作用正不断削弱。但目前学生还无法通过课堂教学之外的其他渠道，高效获得针对自身学习过程的及时反馈和优质指导，而这恰恰是体育课堂教学的优势所在。强化学练反馈既是学生运动技能掌握的必然需求，也是现代教育技术革新的必然结果。

（一）强化反馈对学生学练的改进作用

体育教学的目标和任务均指向学生通过课堂教学从原有的水平提升到新的水平，而新旧水平之间的差距是教学难度评价的重要依据。从教学实践来看，即便教师对单元教学按照不同课次进行合理的难度梯级设置，仍有很多单元目标无法通过一次新授课解决，而需要设置后继的复习课进行改进和提高。在课堂教学过程中，教师应以其专项储备和专业技能为学生提出合理反馈，积极帮助学生改进学练过程。

1. 避免和改进学生学练的认知不足

教师在教学中很难让每个学生均处于距离自己均等的学习位置，加之学生自身感知觉的客观差异，使得教师的讲授示范信息作用于学生的感知觉时也会产生差异，从而形成了学生动作认知的不足和错误。为此，教师除了要尽可能地让学生处于最佳的学习位置，还要简化要点和突出重点进行简洁明了的讲解和示范，这有利于学生的注意保持和信息提取，以形成高质量的动作认知。对于认知习惯和能力相对欠缺的学生，教师可以将他们安排在最佳的学习位置上，既可增强他们感知到的信息强度，还可以避免不必要的注意干扰。而对于学生仍然存在的对学习内容的认知不足，教师应该通过知识问答和学练观察及时捕捉问题，并进行积极反馈。否则学生按照错误认知练习越久，改进动作的难度就越大。例如，在八年级排球单元第二次课的传球教学中，教师针对学生手指“戳击球”的现象强调在触球后要进行必要的缓冲，结果有几位学生因为缓冲过度而造成了持球动作。此时，教师就需要将这几位学生召集过来进行快速的问题反馈，说明无需主动缓冲只需被动弹性即可的改进方向。

2. 预判和辅导学生学练的体验不足

学生对教学内容的学练体验是其建立条件反射形成运动技能的基本元素。因练习环境、密度强度、即时效果等条件制约，学生在学练过程中往往存在着学习体验不足的问题，而这往往是课堂教学的难点所在。为此教师应该精确预判目标统领下的教学难点，进行教学方法手段的预设。同时，对于教学中部分学生存在的体验不足问题，教师要做出针对性的及时辅导。例如，在实心球教学时，为了让学生尽可能加大投掷动作的前后幅度，可以在学生背后约1米远的头部高度拉一条弹力绳，要求学生触碰绳子后迅速向前投掷，这对改善学生用力过程效果显著。但在教学过程中仍会有个别部分学生投掷动作标准、用力幅度和投掷角度都没有问题，但就是投不远。这不但影响了他们的练习积极性，还使他们对教师教学的认可产生问题，教师应该积极解决学生这种成功体验不足的学练问题。比如对因身体素质差而导致的体验不足，可以让学生用减重实心球投掷来对比新旧技术的效果差异，增强其学练体验。

（二）加强反馈对学生学练的促进作用

教师在教学过程中不但要对学生的学练不足进行积极的反馈指导，还要对学生看似正确的学练活动给予适当评价反馈。这是因为学生在练习之初的动作尚未定型，即便正确的动作也具有偶然性和一过性。为此教师必须给予学生适当的反馈以强化学生的条件反射过程，促进学生形成正确的技术动作定型。例如，在武术“马步架打”动作的教学过程中，教师发现学生能够按动作规格将左臂微曲架掌于头上进行练习，这时可以反馈给他“正确”或“到位”的口头反馈。这样学生就能够明确自己所做的动作是对的，可以继续练习。这对于以动作难美为主要衡量标准的运动项群教学具有重要意义。

此外，教师还应该对学生积极的学练态度和优异的学练效果进行必要的反馈。由于学生运动素养和学习基础的差异，学生对新授内容的掌握速度也各不相同。未必学习快的学生，其动作掌握就扎实。相反，经过反复练习的学生往往对动作体会更深刻、掌握更扎实和更有成就感。所以，教师应该积极鼓励学生的积极学练行为和取得成果。例如，教师可以告诉那些协调性差的学生，只要行进间上篮勤加练习就可以改善投球的时机和用力问题，更容易投篮命中，还可以告诉那些因力量素质好而轻易满分的学生，如果能够继续完善实心球的投掷动作，他的投掷远度还可以显著提高。

（三）增强反馈对学生学练的推进作用

信息时代学习渠道的多元化一定程度上形成了学情的复杂化，教师可以通过课前预习设置一定的预习底线，但无法也不能控制学生自学的上限。在体育课堂

上穿着限量版球鞋并谈论着 NBA 赛况，在教师未教过行进间运球已经能够三步上篮的学生大有人在。如果教师对于这样的学生仍旧按部就班的教学，甚至把他们看成调皮捣蛋的学生，课堂教学状况可想而知。此时，教师应该围绕着的课程标准的多元目标，通过增强反馈推进学优生的学练活动走向更高层次。

1. 改变条件，增加动作练习难度

关注学生的个体差异，保证每一位学生受益是课程标准的基本理念。教师有责任让学优生在课堂教学中取得学习上的收获和进步。在教学内容一定的前提下，教师最容易操作的差异化教学就是调整相应学生的学练难度。例如，在排球传球的学习过程中，当其他同学练习低高度自传球时，可让学优生直接练习对墙自传球或者原地连续自传高球的练习。这样的传球学练能够让学生各取所需和分层练习，有利于激发学生的学习兴趣和满足不同的学习需求。

2. 小组合作，推进动作技术内化

体育学优生在相应的体育学习中，不仅是可转化的课程资源，还是学生学习的榜样。在学练过程中围绕学优生建立异质练习小组，让他们帮助同学纠正和完善动作。在向同学的一次次讲解和示范过程中，加深他们的动作认识，促进技术内化。例如，在太极拳校本课程的学习过程中，教师让该班校武术社团的几位学生做小老师指导同学练习。通过观察发现这几名学优生的动作质量均较以前有显著提升。他们还反馈说以前只是模仿老师做动作，现在不但要模仿重现老师动作，还要能够界定和解析动作才能给同学讲解和示范清楚。可见，小组合作促进了学生的自我学练反馈，推动了他们动作技术的内化过程。

3. 体验运用，加快动作能力提升

学以致用是真正意义上的掌握。让学生在课堂教学中进行尝试性的知识技能运用，有助于课程目标的达成和学生学习兴趣的保持。在相同内容的教学中设置接近动作运用的练习环境，通过条件反射信息的反馈强化可快速推进学生学练水平的提升。例如，在篮球行进间急起急停运球教学时，可安排同是校篮球队的两位同学进行突防模拟的运球练习。这不但能让其他同学看到急起急停是什么，还能促进他们理解为什么要做这样的动作。

第五节　体育课堂教学的体能强化

一直以来，身体健康都是体育与健康课程标准的重要构件和核心要素，“是课程学习的重要内容和期望的重要结果”。“学生的身体健康水平与其体能状况紧密相关，而良好的体能是通过持之以恒的锻炼获得的”，为此，广大学校体育工作者进行了积极努力和广泛实践。从20世纪写进教学大纲的“课课练”到近年来得到深化发展的“补偿性体能”，都为学生能够在体育课上得到应有的体能发展提供了理论支撑和技术保障。特别是“补偿性体能”的研究与实践，开拓了发展学生体能的新视野，令人眼前一亮。

所谓“补偿性体能”是指教学过程中发展体能与所教技能之间在形式上相互渗透，在效果上互相补充。“补偿性体能”将传授技能和发展体能这两个中心任务有机地联系起来，谋求以运动技术的教学为载体，在技术传授的过程中渗透与所教技能密切相关且功能互补的体能素质的内容，这既符合新课标“目标统领内容”的要求，也符合“有效教学”理论的内涵。如何有效进行“补偿性体能”教学，应了解和把握以下四个方面。

一、补偿性体能教学的适用范畴

补偿性体能教学作为发展学生体能的一项载体，有其最适用的范畴。因其与技术教学既相互渗透又高度相关，故动作内容的技术特性和体能特征，以及该内容在不同课型中的难易程度和要求差异，直接关系到补偿性体能教学运用的适切性。

（一）适用于以技术技能为主导的内容

相比较而言，从教学内容的技术特性和体能特征出发，体育课堂教学内容大

致可分为体能主导类内容和技能主导类内容两个类别。在体能主导类别中又有快速力量性、速度性、耐力性三个类型，在技能主导类别中有表现难美性、表现准确性、隔网对抗性、同场对抗性、格斗对抗性五个类型。从教学实践来看，补偿性体能更适用于技能主导类内容的教学，它可以简单顺畅地渗透到同场对抗性内容和动作表现性内容的教学中。

这是因为，对于体能主导类内容而言，体能已经是该教学内容的主导性因素。在动作技术的学习和练习过程中，学生体能得到了充分的调动和锻炼，基本不需要再额外补偿与该技术相关的主要体能。例如，在以感受和克服“极点”为学习目标的八年级耐久跑教学中，教师采取了定时定距跑的教学手段，要求所有体能正常的男生在9分钟内跑完1500米。这样，学生的负荷量度已经达到了发展体能的要求，就不再需要进行补偿性体能教学。所以，补偿性体能教学更适合于技能主导类内容的教学。

（二）适合于以诱辅、巩固为目的的课型

学生学习掌握运动技术的过程，其生理学本质就是建立运动条件反射的过程。在此过程中，合理控制进入建立运动技术条件反射的信息传递环路的信息项，可有效调控技术动作的复杂程度和学生学习的难易程度。这样的反射信息控制对于技术复杂的开式技能内容的新授课尤为重要。所以，从运动生理学的角度看，补偿性体能更适合于以诱导、辅助或巩固为目的的课型，其补偿作用不仅会体现在体能上，还会体现在条件反射的强化上。

补偿性体能教学运用的课型不同，就会造成其功用的两面性。例如，某教师在九年级行进间低手上篮内容的第一次课的新授课教学中，因考虑到场地器材资源有限，为了保证课的密度和负荷量度，就采用了一列学生练习上篮加另一列学生防守的补偿性体能形式。这样教学虽然补偿了体能和移动技术，但很可能会导致学生建立上篮条件反射的过程因信息干扰增多和技术难度增加而变得不准确，甚至学生会因为顾忌防守而导致大脑防御性反射的介入，这都不利于新技术的掌握。如果在学生初步掌握上篮技术的巩固课上运用补偿性体能教学，则会发挥强化条件反射的作用，有利于巩固和提高学生的技术水平。

二、补偿性体能教学的课堂运用

体育课多为三段式结构，一般由准备部分、基本部分和结束部分组成。各部分的教学任务既有所侧重，又在技术教学的脉络上关联和体能锻炼的流程上承递。教师应通过对内容技术特性和学生学习基础的分析，选择体育课的具体段落部分进行有效的补偿性体能教学。

（一）准备部分可有效补充发展体能必备的体能基础消耗

体育课准备部分由一系列具有针对性的专门活动组成，学生通过准备活动不但要得到身体预热，还要得到心理和技能的准备。然而从发展学生体能的角度出发，准备部分作为体育课的一个教学段落，还应发挥调控学生体能锻炼负荷量度的作用。特别对于那些因场地器材限制而导致练习密度过低或因动作技术自身特性致使负荷强度过小的教学内容，通过准备部分调控体能锻炼的基础消耗必要且重要。

例如，在八年级蹲踞式跳远助跑的教学中，教师无论如何也不可能在确保教学安全的情况下为每位学生各提供一个沙坑。即便通过助跳板和体操垫来模拟跳远场地情境，也仅能为学生创设有限的练习密度，无法达到发展体能应有的负荷量度。在这样的教学背景下，教师可通过在准备部分安排“8”字形跳长绳来进行补偿性体能教学。这不但能够有效补充发展学生下肢快速力量素质所必备的负荷，还因学生入绳起跳与助跑踏跳的动作相像，而使学生获得了良好的技能体验，补偿性体能教学效果良好。

（二）基本部分可顺畅实现补偿性体能教学与动作技能教学的互融

由于“补偿性体能”教学渗透于运动技能教学之中，依存于动作技术的传授过程，所以作为动作技术教学主要载体的基本部分更适合补偿性体能教学的运用。在课的基本部分运用补偿性体能教学，最能体现其理念、作用和价值。另外，课的基本部分用时最多，这也为教学开发提供了更多的机会和可能。

速度素质的提高对篮球各种技术的运用和战术的实施起着极为重要的作用，

因此，篮球运动员的训练应特别重视快速能力的培养。例如，在八年级篮球传接球或体前变向运球的巩固教学中，教师为了保证合理的快速力量练习的负荷强度和练习间隔，可利用攻防对抗的手段进行补偿性体能教学。根据学生的技术熟练程度，控制学生攻防练习的距离和路线，来实现体能与技能教学效果的双赢。

（三）结束部分可高效补偿发展体能所需的临界负荷

运动技术学练在结束部分已基本完成，补偿性体能教学在这里更像是传统的“课课练”。此时，即便用半分钟时间组织学生做一组快速俯卧撑或深蹲跳，都可能达到发展学生体能的预期效果。但这样的教学会让学生觉得单调、乏味和厌烦，运用越多效果越差。因此，教师必须灵活组织这部分的补偿性体能教学，比如可将其作为基础部分辅助内容教学比赛的奖罚措施，以增加趣味性。

另外，在结束部分安排严格意义上补偿性体能，很可能会造成教学投入与效果产出的对冲，出现此消彼长的现象。这是因为学生的体能素质练习挤占了必要的放松恢复活动时间，练习的越多越久，则负荷越强越大，而放松越来越少。这样的情况会导致一系列的连锁反应，甚至出现过度负荷下机体的劣变现象。所以，教师通过补偿性体能教学可快速地将练习负荷推向学生发展体能所需的临界负荷，但需要严格掌控此部分的教学平衡。

三、补偿性体能教学的效果调控

无论是“课课练”还是“补偿性体能”，其核心价值都是全面发展学生的体能。而体能素质是否得到发展直接取决于练习的频次间隔和负荷量度。

（一）调控目标体能素质的教学间隔和频度

只有遵循物质运动的周期性规律和人体生物节奏的变化规律，按照一定的动态节奏，循环往复、逐步提高地安排素质内容和运动负荷，才能高效地发展学生相应的体能素质。体现在教学上就是有效把握目标体能素质的教学间隔，调控其安排的频度，以充分利用体能发展的周期性规律。同时，这样的安排也是为了补偿性体能教学后的运动恢复。

例如，某班周一的体育课内容为多姿势快速起跑和轻物投掷，学生的速度素质在课堂学练中得到了一定发展。而该班周三的第二次体育课内容为排球垫球和双手掷实心球。由于学生在小学有一定的垫球学习基础，故技术学习难度不大。依据初次练习者素质训练的隔日原则，教师在垫球学练的后段以“一抛一垫”的组织形式，采取朝向垫球者两侧和前面一步以内抛球的补偿性体能教学手段。通过移动目标的练习来诱导学生快速起动垫球，发展他们的速度素质和移动垫球技术。这样的补偿性体能教学，不但保证了单元教学纵向的目标体能素质的练习频度，还切实拓展了课堂教学横向的动作技术教学宽度。

（二）调控目标体能素质的练习密度和强度

着眼学生体能发展的现实可能，依据超量恢复机制和生物适应机制，在练习过程中给予学生适宜的运动负荷，可获得理想的体能发展效果。在课堂上，保证目标体能素质的练习密度和负荷强度具有重要意义，它决定着补偿性体能教学是否能够达到发展学生体能的目的。负荷太弱或密度过小均会致使练习的结果只是单纯的体能消耗而不是应有的体能发展。所以，科学有效地把握素质练习的密度和强度是保证补偿性体能教学效果的重要条件。

例如，在七年级武术健身拳一至五动教学中，为了发展学生下肢的最大力量，教师通过补偿性体能教学采用静力练习法，控制第二动“戳掌冲拳”的马步停滞时间在5～8秒来加大负荷强度。同时，教师根据学生对运动负荷的即时反馈，通过控制马步的动作高低和停滞时间来掌控有益的刺激强度，并在集体统一练习中穿插个人自主练习来控制负荷量，保证学生有相对充分的休息时间。这样的安排不但使学生的最大力量得到发展，还有利于学生体会武术的动作节奏和攻防转换，促进学生武术技能的形成和提高。

四、补偿性体能教学的注意事项

（一）需遵从学生体能发展和技能形成的客观规律

教师要想切实有效地运用补偿性体能教学，必须遵从学生体能发展和技能形

成的客观规律。充分利用身体素质发展的各敏感期，可事半功倍地发展学生的体能素质。依据运动技能形成规律，采取适宜的负荷量度，可有效强化学生已建立的动作技术反射。另外，补偿性体能教学作为以体能发展为主要创想的教学构件，需在剔除学生身体素质自然增长的前提下，对学生的体能发展情况进行分析评价，以完善教学。

（二）需注意补偿性体能教学的合理和有效运用

只有在最适切的教学背景下运用补偿性体能教学，才能发挥其应有的积极作用。对于那些技术富集而又难度较大的动作技术内容，教师首先应考虑如何更好地创设学生技能学习的环境，以免顾此失彼。另外，补偿性体能教学的无痕渗透、负荷调控和安全保障等都关系到其教学效果，需要教师在教学中积极研究和努力完善。

第六节　体育课堂教学的有效管理

新课程背景下，教师关注最多的是如何教学生而很少有人去谈怎样管学生。似乎只要一提到管学生就是与课改背道而驰，体育教师开始越来越不愿管学生，而现实的教育需求又要求体育教师要管好学生。对此，应该用新课程的视角去看待“管”和处置“管”，每一位体育教师都应该在课堂教学过程中管好学生，这是实现课程目标的重要因素。

一、体育教师越来越不愿“管”学生的教育背景

（1）重教轻管的教育指向。一直以来，人们都认为“教师善教、学生乐学”是理所当然的事情。所以，教师努力探寻体育的奥妙并创新教学的手段，以期更好地教学生。然而，学校体育并没有完全朝向理想教育的方向发展，甚至学生的

体质健康状况都在走下坡路。教师只研究怎样教而忽视如何管，这已经影响了课程目标的达成。

（2）学生难管的教育现状。独生子女时代的学生都拥有鲜明的个性，却缺乏对他人的尊重、理解和包容。现今的在校生是完全在新课程标准沐浴下成长起来的学生，他们习惯了自主、合作和探究的学习方式，学习动机倾向于自身的认知和心理，而不是我该学和我要学。学生越来越难管早已成为不争的教育现状。

（3）管了白管的教育现实。新课程背景下体育教师的工作要求越来越高，教育行政部门对于教师工作的量化评价也越来越具体。绩效考核的政策导向和评价作用使得教师更加关注显性的指标而容易忽视其他的教育工作。虽然制度办法可以不断完善，但不可能将教师所有的教育工作都做量化表述，管了白管的现实需要反思。

二、体育教师不得不认真“管”学生的教育需求

（1）体育学科的特殊性需要“管”。体育与健康课以身体练习为主要手段的课程特征，使得其有别于其他学科教学。学生在教室里学习不认真大不了趴桌子睡觉，但学生在室外体育实践课上不认真，那可能就会出现重大安全事故。学生如果在体育课上消极甚至对抗，那么连基本的教学任务也是无法完成的。对学生个人的放纵是对全体学生的不负责。

（2）学校教育的责任性需要“管”。学校是一个特殊场所，教育是重大使命，安全是基本责任。无论我们如何地尊重学生个性，起码在学校进行避险避灾紧急疏散的时候，我们不可能让学生自行或散点离开。如果要保证这一起码的安全措施有序进行，体育教学肯定是学生队列学练的主阵地。在此种情境下，学生无条件地服从安排是对他们最大的爱护。

（3）学生未来的适应性需要“管”。人是社会化的动物，在社会群体中必须要遵守相应准则，否则就会受到排斥。在学校里，我们提倡尊重学生个性和促进学生个性发展。到社会后，我们呼吁遵守和维护社会制度，这种先放后收的方式多少存在些问题。让学生在个性成长的同时去建立规则意识并遵守课堂常规，将为学生走向社会提供更好的铺垫。

三、体育教师如何在课堂教学中“管”学生

（一）“建章立制，签字画押”培养学生的民主参与意识

夸美纽斯说：“学校没有纪律便如磨坊没有水。”对于体育课堂教学来讲，纪律准绳就是学生体育课堂学习常规，而制定一个科学合理的课堂常规则非常重要。

（1）在新课程标准的理念指引下，由教师在继承已有课堂常规的基础上，结合本校体育教学具体情况，提出课堂常规的征求意见稿。然后组织学生学习探讨，在广泛征求并采纳学生合理意见的基础上，形成最终学生公认的体育课堂学习常规正式稿。这样常规既得到了学生认可，又培养了他们的民主参与意识，同时又增加学生对常规的理解。

（2）在组织学生对常规进行讨论和学习后，可对学生的常规学习情况进行书面测验或者口头提问，并在每学期末的体育理论考试中加入常规内容，以加深学生印象和引起重视。每个教室的后面都应该张贴课堂常规，并组织学生在遵守体育课堂学习常规倡议书上签字认可，这样既可以做到有据可查又培养了学生的民主参与意识。

（二）“严格操作，把握尺度”，培养学生的规章制度意识

无论多么科学合理的制度办法如果不严格操作，慢慢也会流于形式并失去其应有的效用。要想管好学生，发挥体育课堂学习常规的积极效用，必须严格执行课堂常规。

（1）教师要一视同仁，不搞特例。理性不是人的全部，师生关系肯定会有亲疏远近，但我们要做到规则面前人人平等。这不仅是课程标准的理念，更是为了维护教师和规则的权威性。如果教师在执行课堂常规时搞特例，必然会纵容学生进一步犯错，同时也会被其他同学拿来做比较，这样教师就会很被动，难于维持常规的执行。

（2）教师要划定红线，严肃处理。学生体育课堂学习的失控肯定与教师的放纵有关。教师有责任让学生知道课堂学习的规则红线，并认识到触碰红线的严重

性，只有这样学生才会去约束自己行为的尺度。对于涉及安全、品德、人格等方面的错误都是体育课堂要严肃处理的问题，比如伤害他人、谩骂打架、破坏器材等错误。

（3）教师要把握尺度，教育为主。体育课堂学习常规并不是对学生的简单约束，也不是为教师“整”学生提供依据，而是为了教育和引导学生更好地学习，将来更好地适应社会。法律尚且不外乎人情，何况学生还是一些未成年的孩子，课堂常规的执行不可过分呆板，要把握好规则执行的方式和尺度，以教育学生为主。教师不但要让学生愿意受罚还要让其认识到错误、反思错误并改正错误。

（三）“多元反馈，注重长效”培养学生的责任担当意识

课堂常规实际上为体育学习评价提供了一定的规则依据，但对学生的评价不可只停留在评价结果上，不能对学生批评过了就算了，“犯错抵消感”无益于学生态度行为的改进。

（1）要建立多元的体育学习管理的反馈途径。可将学生体育学习的行为表现计入学生的体育考核成绩，让其意识到课堂表现的重要性。还可以利用学校的三项红旗竞赛等载体，将各班级的课堂表现列入评比内容，并最终纳入班主任的绩效考核，让班主任重视并参与学生的课堂学习管理。另外还可以利用公告栏、信息窗等设施，张贴含有学生学习表现的班级体育课堂学习评价反馈表，让学生意识到自身行为对于集体荣誉的重要性。

（2）要形成体育学习管理的长效机制。在随堂对学生进行批评指正，对该班课堂表现扣分等即时评价手段外，还要着眼长远，以避免学生形成罚过就算了的概念。将学生的课堂表现与学生的评优和班主任的绩效考核挂钩，会有效增强管理的实效性。当然也不是一锤定音，只要学生在后继的学习中表现良好，可进行书面表扬和加分处理，以平抑之前的处罚，鼓励学生努力学习。

第六章　学生体质健康的教学优化

学生体质健康测试项目作为一种专门化的常用测试手段，其测试结果在绝大多数情况下都能够很好地代表学生体质健康的实际水平。特别是对学生没有太多操作性和展现性要求的身体形态测试，只要测试仪器合格而测试方法规范，那么测试结果的真实性和重复性就会比较好。但对于学生日常学习生活中接触较少的身体机能测试项目，则需要向学生介绍必要的操作方法和测试技巧，从而保证测试结果能够代表学生体质健康水平。而对于跑步、跳跃、悬垂等身体素质类测试项目，如果学生没有掌握必要的运动技能及做好必要的测试准备，那么这样的测试结果不但无法真实表达学生的体质水平，甚至还可能在测试过程中发生运动伤害和安全事故。为此，在学校体育工作中进行必要的《标准》测试项目的学练指导和方法推介，并不是要寻求测试项目与体质健康之间的可逆性发展，而是为了让学生在测试过程中能够更加真实地展现体质健康水平。教师在测试项目的学练指导中，可以根据不同年级学生的具体状况进行针对性指导，以确保指导工作质量和提升学练活动效能。

第一节　肺活量的学练方法

肺活量作为《标准》测试项目中身体机能类测试的内容，是从小学到大学各年级学生的必测项目之一，这充分说明了肺活量测试在整个学生体质健康测试中的必要性和重要性。因为人体的各器官、系统、组织、细胞每时每刻都在消耗氧，机体只有在氧供充足的情况下才能正常工作。而肺是肌体气体交换的中转站，不仅供给着人体内部的全部氧需求，还要排出体内代谢产生的二氧化碳。如果肺活量测试结果偏低，则说明肌体摄氧能力和排出废气的能力较差。当人体一旦处于剧烈运动和长时活动等需要大量耗氧的情况，就会出现头晕眼花和胸闷气短等身体不适。这不仅会影响学生的学习生活，还会影响学生的身体健康。

然而，在《标准》测试过程中常会出现肺活量偏低的假性数据。由于测试对象的年龄跨度较大，学生的认知水平和机能状况必然存在较大的反差。加之肺活量测试仪器和操作方法在学生的日常学习生活中比较陌生，这就无形中增加了测试活动的不确定性。特别对于义务教育的低年级学生来讲，如果没有做好必要的肺活量测试指导，那么测试结果的可靠性将会大打折扣。比如，曾有小学生因为不小心遮挡了吹管的排气孔，导致测试数据明显高于同龄人几千毫升。还有初中学生因为在吹气时漏气和过度紧张而导致最终的测试数据只有不到500毫升。这些不可思议的测试数据都是在以往测试过程中真实测得的数据。为此，体育教师必须对学生进行基本的测试指导和方法介绍，从而在测试操作环节提升测试结果的有效性。

一、学生肺活量测试的教学指导

（一）测试前要做好必要的身体准备活动

有效的身体准备活动不仅能激活呼吸肌的收缩和协调能力，还可以让胸廓保持最佳的柔韧状态，这有利于学生在测试中发挥出最佳的能力水平。因此，测试前适当的准备活动就显得尤为重要。教师可以在测试前组织学生进行基础的慢跑热身，然后用广播操的扩胸运动、体转运动及伸展运动等内容来做必要专门准备活动。还可以根据具体情况，采用吹气球、两人“拔萝卜”和多人吹羽毛等趣味活动，让学生在轻松愉快的氛围下使呼吸机能得到充分预热。在这些热身活动基础上，再组织学生进行原地深呼吸和模拟吹气练习，对测得真实肺活量具有较为明显的效果。

（二）测试中要合理使用吹嘴等测试器械

吹嘴是肺活量测试仪器的重要构件之一，起到收集被测者吹出的气体的作用，在测试过程中高度影响着测试的结果。手持吹嘴的正确使用主要涉及吹嘴接口密封和气道通畅密闭两方面。在学校的《标准》测试过程中，很多学校都会采用多个气嘴分发给学生使用，这有利于保证测试卫生并提升测试效率。但由于产品制造精度和频繁插拔磨损等原因，吹气嘴与吹气手柄的对接气密度可能并不达标，从而导致进入测试设备的正常气体量减少而形成误差。同时，吹气嘴与口腮部的贴紧程度也会影响测试的结果。如果没有贴紧则漏气，而过分贴紧压迫口腔则吹气不畅。为此，教师需在测试指导和测试过程中提醒学生要有效控制气嘴插接的气密度和气嘴与口部贴紧的紧密度，确保气道通畅和设备密封。

（三）测试时要充分做好有效的吹气动作

首先告知受试者不必紧张，并且要尽全力，以中等速度和力度吹气效果最好。令被测试者面对仪器站立、手持吹气口嘴，试一下口嘴或鼻处是否漏气，调整口嘴和用鼻夹（或自己捏鼻孔）；学会深吸气，避免耸肩提气。应该像闻花似的慢吸气，吸气的最后要让腹部随胸部微微鼓起或保持放松。这能帮助膈肌下降，有利于肺部吸进更多的气体。受试者在进行一两次较平时深一些的呼吸动作后，便可以尽可能深地吸一口气，然后屏住气向口嘴处慢慢呼出。吹气的最后可弯腰、含胸和收腹做挤压肺部动作，这有利于把肺里的气体尽可能地呼出来，直至不能再呼出气体为止。此时，要防止受试者不自主地从口嘴处吸气，测试中如果出现中途二次吸气则测试无效。

二、激活呼吸机能的一般简易练习

肺活量的切实提高离不开长期系统的体育锻炼所带来的人体机能和体质的提升，这也是将肺活量作为评价学生体质健康的身体机能指标的重要依据。让学生掌握必要的测试技巧和热身办法，主要是为了通过这些活动激活他们所拥有的呼吸机能，从而展现出真实的肺活量水平。为此，介绍一些简易有效地激活呼吸机能的练习显得尤为必要。而且，这些练习的长期效应也确实具备一定的促进呼吸机能发展的功效，从而使得这些激活呼吸机能的简易练习更加值得推荐。

（1）要保持正确的身体姿态。在日常的学习生活中，学生挺胸直腰的姿势能够为呼吸肌牵拉胸廓的呼吸运动提供充分的空间。而如果学生能长期保持挺胸直腰的姿势，则会给胸肺及其附属系统的发育提供良好的基础。为此，教师需重视体育课中的队列练习，帮助学生养成良好的身姿习惯。同时，倡导学生在课间走到室外远眺、散步或适量运动，都有利于学生良好身姿的养成和保持。（2）专门的呼吸激活运动。通过简单易行的伸展运动、扩胸运动就能够让学生的呼吸机能得到激发。比如，双臂平举后振的扩胸运动可以为肋间肌提供有益拉伸。而双臂上举后振的伸展运动有利于激活膈肌的活动。只要通过几分钟的反复练习，就可以明显增加呼吸的深度。如果时间和空间允许，做一下广播操扩胸运动也是不错的选择。(3）多样的呼吸促进活动。让学生练习吹气球、吹羽毛、吹蜡烛和吹乒乓球等游戏活动，能够明显改善学生的呼吸状况，对提升学生的呼吸机能具有促进作用。此外，朗读、歌唱、吹奏等活动，同样也对呼吸活动有一定的积极作用。教师可以根据具体学情选择适当的内容来应用到具体的实践促进活动中。

第二节　坐位体前屈的学练方法

坐位体前屈是《标准》测试项目中各年级学生的必测项目，它是目前普遍采用的测量人体柔韧素质的一般方法。柔韧是指人体完成动作时关节、肌肉、肌腱和韧带的伸展能力。柔韧素质取决于关节的解剖结构和关节周围软组织的体积及韧带、肌腱、肌肉的伸展性。柔韧性越好，则关节的活动幅度越大，关节灵活性越强。经常参加体育锻炼能够有效发展人体的柔韧性，但如果缺乏专门性的针对训练，柔韧性的总体表现仍会存在较大差距。这样的情况会与学生经常参加的体育活动的类别不同而体现出较大反差。为此，通过专门化的柔韧性锻炼来全面提升学生柔韧素质，这是提高学生坐位体前屈测试成绩的必要措施。

一、学生坐位体前屈的问题分析和教学指导

体前屈内容在体育课堂教学和训练中常以准备活动内容的形式出现，教师缺乏对体前屈项目的教法对策和方法创新。在坐位体前屈项目的练习和测试过程中，很多学生在学习的伊始都会出现一些错误动作，而在后继的练习中素质又提升缓慢。教师在教学和指导过程中，既要着眼于学生的错误和问题，又不能只将注意力停留在问题的表面上，而应探寻学生坐位体前屈的问题根源。

（一）学生坐位体前屈的常见问题

在坐位体前屈的练习过程中，部分学生在体前屈时下腰困难，造成躯干处于屈背未屈腹的状态。表现为上体与大腿成90°左右，躯干处于团身状态。特别是初学阶段，部分肥胖的学生常反映是肚子阻碍了上体的前倾，更有甚者手只能碰及膝盖部位。还有就是体前屈到一定程度时，学生的屈膝无法绷直。当学生按坐位体前屈规则双脚并拢，膝盖伸直，上体前屈时，他们能感受到腿部膝盖十字韧带

和后群肌肉韧带紧绷，如果学生再继续向前屈伸，感觉会越加明显。当韧带紧绷到一定程度和时长，下肢的酸痛感会紧随而来，此时，学生的膝盖会“自动”弯曲。此外，还有学生因为脚部未平蹬而导致水平未完全发挥。学生在练习过程中，常出现脚尖前顶而两只脚未蹬平的情况，致使坐位体前屈的成绩不理想。在借助仪器进行练习时，如果仪器未固定或固定不牢，甚至出现学生稍用力便将仪器顶出去的情况。对于此类“费力不讨好”的小问题，必须给予关注和解决。

（二）学生坐位体前屈的问题分析

从学生运动能力的构成来看，上述问题归根结底是由学生坐位体前屈的体能不足和技能欠缺造成的。坐位体前屈作为国家学生体质健康标准测试的柔韧类素质的检测项目，学生的伸肌腱的柔韧性是该项目的决定性影响因素，而屈肌的收缩力量则是该项目的重要影响因素，二者构成了学生坐位体前屈能力的体能基础。同时，作为一项体育活动，坐位体前屈还具有其特有的项目方法和技能，这同样制约着学生体前屈能力的发展和成绩的提高。故教师应透过练习问题，从学生的体能不足和技能欠缺上进行方法探究，方能标本兼治。

（三）学生坐位体前屈的测试应对

首先，要让学生明确测试前必须做好充分的热身活动。在进行热身活动后，通过专门的体前屈活动来使学生柔韧素质得到充分预热。在其他学生测试时，未轮到的学生可以继续做压腿、立位前屈和坐位前屈的练习，以保持良好的热身状态。还可以让学生两人一组，在练习坐位体前屈时进行加力练习。帮助者在练习身后用双手压住其膝盖，而上身压在练习者的背部保持数秒，帮助其最大化的前屈。而在测试时要提醒学生两脚分开 10 ~ 15 厘米，这既是规范化测试的基本要求，还是展现体前屈最大能力的有效动作。同时，要保持膝盖伸直并全脚掌用足底贴紧体前屈测试仪的抵脚板，避免只用前脚掌或脚尖贴紧抵脚板，而后屈髋低头用中指推动标尺，直至两臂前伸到极限为止。

二、提升学生坐位体前屈能力的练习方法

学生阶段是人一生之中身体发育的快速期，骨骼的弹性好，可塑性大，关节韧带伸展的幅度大。因此这个时间进行力量、柔韧训练可取得最理想的效果。在此主要以发展学生坐位体前屈伸肌延展性的方法为主。所有的练习都要循序渐进，避免拉伤。同时要保持一定的练习密度和强度，使机体得到充分的刺激。

（一）单人坐姿体前屈练习方法

（1）可以通过直膝分腿压腿来练习体前屈。让学生坐在垫子上或者适宜地面，两腿伸直左右分开并勾脚尖。保持背部和膝盖部挺直，以髋关节为轴向前屈体前俯，双手尽量前伸触地前屈或握住踝关节。也可以进行分腿侧屈练习，上体侧倾贴在一条腿上，异侧手上举经头侧向脚尖下压。还可以双手扶在身体前倾一侧的小腿上，用腹部贴紧大腿做分腿交替侧压练习。（2）通过屈膝分腿压腿来练习体前屈。让学生背部挺直坐在垫子上，两腿屈膝外展且双脚靠紧，用双手握住踝关节或前伸以配合身体前屈练习。这个练习也可以用双手抱住一侧小腿向胸部提拉，而另一腿自然伸直辅助支撑。上体尽力屈髋前俯的同时，用头顶和下颚触及脚尖。两腿交替进行锻炼，动作幅度逐步加大。

（二）单人立姿体前屈练习方法

（1）可以通过直立屈髋前俯的练习来提升学生的体前屈素质。让学生通过双手指尖、拳面或掌根触地作为动作标准，能够有效控制并腿或者分腿的立姿体前屈的动作质量。还可以根据具体需要让学生在做立姿体前屈时，在保持某一前屈程度的情况下经由分腿跨立过渡到并腿支撑，以增加练习的趣味性和挑战性。（2）还可以借鉴舞蹈和武术的基本功动作来练习体前屈。比如用单腿的正压腿或正踢腿来发展学生的柔韧组织和屈肌力量。在做正压腿的时候，站位要正，挺胸抬头，支撑腿自然伸直，被压腿伸直勾脚尖，以胯为轴用腹部贴近所压腿。而正踢腿时，可以让学生用手扶着栏杆或窗台做辅助支撑，但支撑腿和摆动腿必须自然伸直且躯干保持正直。通过反复踢腿来发展学生体前屈的屈肌群和柔韧性。

（三）双人合作体前屈练习方法

体前屈的专门练习往往比较枯燥，久而久之将影响学生的练习兴趣和动作质量。为此，通过双人练习和多人练习来激发学生的练习兴趣，并丰富练习的内容形式。(1) 可以通过双人同时练习的形式来提升学生的体前屈素质。学生两人一组双手互握，脚对脚分腿直膝坐在垫子或适宜地面上，交替进行体前屈和展髋练习。对于柔韧性不好的学生，也可以采用一人直腿一人屈膝对脚的形式来完成练习。而柔韧性好的同组学生还可以尝试并腿脚对脚成“一”字的练习，或者保持手拉手的状态做将脚抬高仅臀部支撑而两人的腿搭成“人”字的练习。这些练习不但具有趣味性和创造性，还可以根据学生情况进行适当调整，能够让每个学生都能够找到适合的最近发展区。(2) 可以根据练习的需要让学生在同伴的帮助下完成练习。比如坐姿和立姿的体前屈练习时，由同伴施加外力进行负重或加力的体前屈，这些都能够收获良好的练习效果。同时，需注意练习密度和组织纪律，以保证适宜的运动负荷和练习安全。

第三节　引体向上的学练方法

长期以来，引体向上是国内许多地区初中体育升学考试的男生选测项目。而今，引体向上更成为《国家学生体质健康标准》的初高中男生必测项目。面对既关乎学生利益又上升到国家意志的引体向上项目，广大学校体育工作者进行了许多方法与手段方面的探索，以期提升学生的项目水平。然而，虽然近年来学生引体向上的统计平均成绩有所提升，但占学生总数近 2/3 的非正常体重学生的引体向上个数仍多为零。在政策指向与学生现状的双重背景下，教师除了要重视引体向上一般方法手段的运用，还需在教学策略上进行针对性调整，以提高课堂教学和课外练习的有效性。

一、引体向上的教学指导

（一）引体向上测试的标准方法

受试者跳起双手正握杠，两手与肩同宽成直臂悬垂。待身体静止后，两臂同时用力引体，身体不能有附加动作和做大的摆动，也不得借助其他附加动作撑起。上拉到下颌超过横杠上缘为完成一次。两次引体向上的间隔时间超过 10 秒，则测试停止。

（二）引体向上练习的注意事项

（1）除了要保持规定的动作规格外，还要充分利用有效的用力方法。比如，学生用虎口叉开且食指压住拇指的方法握杠比五指并拢的方法握杠要更加稳固而不容易脱杠。而两手之间保持合理的握杠宽度更容易用力。当双手握杠的宽度与肩同宽时，双臂产生的向上合力最大。如果两手间距过大或过小，则做动作就会更加费力。同时，正确的呼吸方法对引体向上动作也很重要。运动生理学研究表明，人在短暂憋气时肌肉收缩的力量会显著增大。在引体向上的屈臂上拉阶段先吸气再适当憋气上引，而伸臂下放时则充分呼气。这能够保证肌体发挥最大的收缩力量，并为肌体提供稳定的躯干支撑和充分的氧供给。

（2）要认真做好准备活动和安全防范。在进行引体向上练习前，除了要做好基本的准备活动外，还要做好肩、肘、腕和掌指关节充分活动。通过绕环、拉伸和小幅度练习让相应运动系统得到良好预热。如果单杠是安装在硬质地面上，则一定要做好踝关节和足弓部位的准备活动，避免学生从单杠上落地时受伤。此外，学生做动作时一定要注意保护和帮助。保护者可站在练习者侧后方约一步远的位置，在有紧急情况发生的时候快速扶住练习者的躯干，以避免更大的伤害发生。而如果是多人合作的助力练习，一定要确保练习时的纪律管理，以避免发生意外和控制练习质量。

二、引体向上的练习方法

（一）提升引体向上体能的练习方法

引体向上是考查学生依靠上肢力量克服自身体重能力的相对力量项目。很多体重较大或上肢较弱的学生因上肢力量与自身体重不相匹配，使得他们连基本的挂杠悬垂也难于坚持。如果让他们直接去做标准的引体向上练习，不但达不到预期的效果，还会伤害他们的学练积极性。为此，在教学中应以提高他们的相对力量为策略，以提升学生的引体向上的项目体能为重点，对于体重偏大的学生还可以辅以控制体重的练习。

（1）可将广播操和俯卧撑作为主要练习方法。做广播操既能避免学生因强度过大而消极，还可以发挥广播操对上肢的锻炼作用。但在练习时必须强调动作规格，否则必然是收效甚微。而俯卧撑作为简单易行的上肢练习方法，只要保证动作质量和运动负荷，通过系统练习对提升上肢力量具有比较明显的作用。（2）可以垫脚俯卧撑和平梯悬垂前行为主进行练习，用以改善学生的体能水平和上肢力量。在垫脚俯卧撑练习时，可以借助台阶、花坛边、肋木或低双杠来做垫脚的支撑物。根据学生的不同情况选择不同的垫脚高度，以确保必要的动作幅度和完成一定的数量。而平梯悬垂前行时，要注意控制每次悬垂前行的幅度，以避免学生从器械跌落或手部皮肤受损。对于力量较弱的学生，可以让学生以双手悬垂为主，每次只需前移一杠即可。（3）可以用屈臂悬垂和低单杠斜撑引体来发展学生的引体向上体能。学生原地跳起或在同伴帮助下成屈臂悬垂，静力运动对快速提升上肢肌肉力量具有明显帮助。而学生以脚撑地做低单杠斜撑引体动作，更容易体会引体向上的用力方法。练习时可先让学生做比较容易的屈体引体，而后再做相对较难的直体引体。如果低单杠不够，可以用低双杠来替代。还可以将绳索稳固悬挂在其他器械下，让学生做悬垂引体也可完成类似练习。

（二）提高引体向上次数的练习方法

由于学生在小学时很少系统参与过引体向上项目的学习和锻炼，加之初高中

男生上肢发育的速度要缓于其他肢体。这使得学生在学练之初往往无法完成标准的引体向上动作，导致他们对练习失去了兴趣，引体向上的专项技能和力量素质提升缓慢。为此，教师可以通过助力练习和减难练习等方式让学生先完成一定数量的过渡练习，再逐步提高引体向上练习的动作规格。尽管这样的练习并不符合动作标准，但对树立学生的学练信心、体验动作方法及发展专项素质却具有明显的促进作用。

（1）对于完成一个引体向上都比较费力的学生来讲，可以借助弹力带或同伴扶助进行助力练习。教师根据拉力大小和伸展幅度，截取适当长度的弹力带结成环形。将环形弹力带的中间搭在单杠上，使弹力带两端各垂下一个环形。然后学生在同伴帮助下将双腿从体前插进弹力带的环中进行引体向上练习。在练习纪律良好的前提下，也可以由同伴在体前托腿或体后托腰进行引体向上练习。（2）对于能够勉强完成几个引体向上的学生来讲，可以通过反握杠、屈肘或摆动等降低动作规格的方式来进行减难练习。引体向上的主要屈肌群为肱桡肌、肱二头肌和三角肌后束，这三个肌群在引体向上动作中的肌肉贡献率将近 90%。这些肌群的工作比率在正握杠和反握杠引体向上时并没有明显差异，但学生更习惯反握杠引体向上，而且这还有利于肱二头肌和三角肌的力量发挥。为此，可以让学生通过反握杠来提升引体向上的完成数量。研究表明当肘关节约屈 30°～60°时，参与收缩的屈肌群肌纤维最多。故在该角度范围内进行屈肘引体练习，既有利于产生较大的力量完成引体动作，还有利于动员更多的肌肉参与到力量练习。为此，教师可让学生做半屈臂的引体向上来发展肌肉力量。此外，摆动引体有利于学生完成动作，且在动作熟练后能明显提升完成数量。摆动引体通过腰腹和肩带肌肉群的协调配合，能够充分利用肌肉和韧带的弹性张力，有利于屈肌群更高效地收缩。而且，摆动引体还能够有效利用人体重心下降时，部分势能转换成的器械形变动能。

（三）提升引体向上质量的练习方法

引体向上规则要求学生两臂同时用力引体，但身体不能有附加用力动作。这使得引体向上几乎成为一项完全由肌肉力量决定成绩的项目，但我们仍不能忽视其作为一项身体活动而特有的技术性。在引体向上动作过程中，人体控制与平衡身体重心的动作无法避免，只是其动作幅度和作用效果不能达到规则所述的引体附加用力程度。这为摆动引体动作技能迁移到标准的引体向上动作提供了可能。当学生可以一次完成十多个反握杠、屈臂或摆动等引体向上辅助练习时，就可以让他们用相对标准的引体向上方法来提高动作质量，直至最终能够用标准的动作完成满意的引体向上数量。

第四节　仰卧起坐的学练方法

由于仰卧起坐对场地器材要求不高，又对增强腹部肌肉力量具有显著效果，使得它一直是人们比较推崇的腹部锻炼方式，其在我国的学校体育和体质测试中有比较悠久而广泛的应用历史。仰卧起坐是小学中高段全体学生和初高中到大学女生的《标准》必测项目，这除了借以发挥该项目对增强腹部肌肉力量的作用外，还被给予了促进青春期及青年期女性生殖系统发育和健康的愿景。从这一层面来讲，仰卧起坐项目乃至《标准》实施与测试都被赋予更多的价值和意义。尽管目前有相关报道指出仰卧起坐动作存在一定的运动安全隐患，但国内几十年的实践推广经验也表明，只要在科学指导下进行适度的正确锻炼就能够确保仰卧起坐的运动安全。为此，我们需要进一步加强仰卧起坐项目的教法研究和学法指导，以提升锻炼效果和运动安全。

一、仰卧起坐的教学指导

（一）要让学生明确仰卧起坐的测试规范

要求受试者仰卧于垫上，双脚放于垫上且两腿稍分开，屈膝呈 90 度角左右，两手指交叉贴于脑后。另一同伴压住其踝关节，以固定下肢。受试者坐起时两肘触及或超过双膝为完成一次。仰卧时两肩胛必须触垫，如发现受试者借用肘部撑垫或臀部起落的力量起坐时，该次不计数。在测试过程中，当测试人员发出“开始”口令的同时开表计时，记录1分钟内完成次数。1分钟到时，受试者虽已坐起但肘关节未达到双膝者不计该次数，精确到个位。

（二）要让学生了解仰卧起坐的必要技巧

在做仰卧起坐前应做好准备活动，通过涮腰转髋、俯卧静撑和仰卧收腿等练习使腹部肌肉得到预热。在坐起过程中要注意收腹、含胸、低头，让脊椎处于适宜的自然弯曲状态，而后倒时则要腰、背、肩依次着垫。这能明显减弱作用于腰椎和颈椎的压力，避免运动损伤。同时，在起坐过程中可以先适度憋气以便于发力，再在肘关节和膝关节接近时快速呼气以便于坐起，然后在后仰过程中快速吸气，这样的呼吸方式能够让动作更加流畅和省力。此外，在仰卧起坐测试或练习后应做好放松运动，通过拍打、揉搓和拉伸来缓解腹肌紧绷和酸痛，这有利于体能的快速恢复并可为后继的活动做好准备。

二、仰卧起坐的练习方法

（一）可通过与仰卧起坐类似的收腹屈髋运动作为辅助练习

仰卧举腿、仰卧蹬踏、仰卧控腿、仰卧两头起等都具有一定的辅助练习作用。在练习过程中，教师可以根据学生素质水平和动作熟练程度，通过选用不同运动强度和复杂程度的动作来设计组合练习。例如，将对动作协调和精细要求高的仰卧蹬踏放在练习初始，而将动作强度较大的两头起和仰卧举腿放在练习中间，再将仰卧控腿等相对单一的动作放在最后练习。这样既能够保证练习的合理性和有效性，还能够充分激发学生的练习兴趣。此外，还可以借助一些器材来进行辅助练习。例如，借助拉力带用站立屈体的方式来进行练习；借助肋木或单杠进行直腿或屈腿的悬垂举腿、控腿练习等。

（二）可通过降低仰卧起坐的动作标准来进行减难练习

教师可以根据学生情况和练习安排，通过控制学生手臂位置来进行减难练习。

例如，让学生先将双手握拳放到肩上做仰卧起坐，再两臂交叉胸前做练习，还可以双手放在体侧做练习。这样就完成了一轮金字塔式训练，对保证训练强度和运动负荷具有重要作用。此外，还可以在保证仰卧起坐姿态不变的前提下，通过控制动作幅度来进行减难练习。例如，将后仰着垫的位置垫高成适宜斜坡，从而使肩背位置高于臀部。这对于初学者和体能弱的学生完成练习有很大的帮助，有利于提升学生的练习信心。而让学生在仰卧起坐时只需坐起一定角度便开始仰倒，不但更容易完成更多练习，而且对腹部肌肉的锻炼也更加充分。

（三）可以通过加难练习来提高学生的仰卧起坐的水平

可以借助拉力带和重物进行加难练习。例如，在正常仰卧起坐姿态下，学生用手或肩拉动固定在后方的拉力带，或者手持哑铃等重物进行仰卧起坐，对快速提高学生腹肌的力量有积极作用。但在练习中要注意拉力带的固定和牵拉方式以及重物的使用方法，要能够确保练习安全。还可以通过垫高臀部位置的办法，让学生的肩背低于臀部来做仰卧起坐。这虽然增加了练习的难度，但动作幅度的增加能够让腹肌得到预拉伸，有利于增加练习效能和提升锻炼效果。此外，还可以通过控制动作的速度和次数来进行加难练习。比如，让学生半分钟做 30 个仰卧起坐，一轮数组连续练习。这对提升学生的测试表现具有明显的效果。

第五节　立定跳远的学练方法

立定跳远曾是早期现代奥运会的比赛项目，后来世界的竞技体育比赛中逐步取消了这一项目。但立定跳远在我国的学校体育中得以很好的推广和普及，它是各时期体育锻炼标准和升学考试的主要备选项目。目前，立定跳远仍是我国初中、高中和大学学生《标准》测试的规定项目，以及初中和高中体育升学测试的主要测试项目。可见，立定跳远不但是测试学生下肢爆发力和全身协调能力的有效手段，还是人们颇为重视、不断研究和广为实践的运动项目。只要教师能够充分借

鉴和不断创新立定跳远的学练方法，一定能为学生提升体能和展现水平提供有力的方法支持。

一、立定跳远的教学指导

（一）立定跳远的动作方法

学生两脚左右开立与肩同宽，两臂前后摆动且直立预摆次数不宜过多。前摆时两腿伸直，后摆时屈膝降低重心，上体稍前倾，手尽量往后摆。上下肢动作要协调配合，起跳时两脚快速用力蹬地向前上方跳起，同时两臂稍屈由后往前上方摆动，身体在空中充分展髋成弓形。落地时脚跟先着地迅速过渡到全脚掌，并屈膝向后摆臂，使膝盖前伸落地缓冲。需要注意的是立定跳远动作要与呼吸紧密配合。例如，可两臂自然伸直由下向上摆至最大幅度，同时充分吸气，而后两臂由上向侧后方下摆并屈膝降低重心，同时憋气上体稍前倾。起跳腾空后自然呼气至落地。

（二）立定跳远的测试方法

立定跳远须在沙坑或土质松软的平地上进行，起跳线至沙坑近端不得少于30厘米。起跳地面要平坦，不得有坑凹。受试者两脚自然分开站立，站在起跳线后，脚尖不得踩线（最好用线绳做起跳线）。可以赤足，但不得穿钉鞋、皮鞋、塑料凉鞋参加测试。两脚原地同时起跳，不得有垫步或连跳动作。丈量起跳线后缘至最近着地点后垂直距离。每人试跳3次，以厘米为单位，不计小数。记录其中成绩最好一次。发现犯规时，此次成绩无效。3次试跳均无成绩者，应允许再跳，直至取得成绩为止。

（三）立定跳远的注意事项

立定跳远是一项依靠爆发力完成运动项目，要求人体在最短的时间内完成最大程度的蹬伸起跳和腾空落地，瞬时的运动强度甚至超过短跑。为此，必须做好充分的准备活动和辅助活动，以确保身体处于良好的运动热身状态。同时还要注意场地的选择和检查，避免学生在起跳或落地时意外滑倒。此外，在进行相关练习时要注意运动强度和负荷的调控。不宜在练习的开始就进行大强度的训练，可采用纺锤形的强度安排以促进学生逐步适应练习，有效避免运动损伤的发生。

二、立定跳远的练习方法

（一）立定跳远的素质练习方法

学生立定跳远的远度取决于下肢蹬伸的爆发力和全身协调用力的能力。以发展学生下肢爆发力为主，兼顾全身协调用力的能力提升，这是立定跳远素质练习的基本原则。

（1）可通过原地纵跳摸高、行进深蹲跳、鸭子步前行和连续单脚向前跨跳等方法，针对臀大肌、股四头肌和腓肠肌等主要的下肢蹬伸大肌群进行跳远素质练习。通过改变练习次数、幅度、距离和时间等要素，来调控练习的强度和负荷。（2）再通过原地直腿并脚跳、双脚交替跳和负重提踵等方法，来专门练习小腿和足弓的快速起跳。原地并脚跳时整个身体尽量保持绷直，只用前脚掌着地连续快速起跳，以充分锻炼小腿的爆发力。双脚交替跳可选择在低矮的台阶前或花坛边练习。练习者两脚前后开立，前脚搁在台阶上，后脚支撑体重且身体正直。后腿前脚掌着地起跳，膝盖自然蹬直向上跳起。同时两脚在空中交换位置，落地后连续起跳。两臂可以随着起跳动作一起摆动，更便于起跳发力和动作迁移。负重提踵练习时，可前脚掌站在马路牙上进行练习，并根据具体情况选择负重或自重练习。（3）还可以在垫上进行仰卧起坐、两头起和俯卧挺身等练习，通过发展学生的腰腹核心力量为学生的起跳展髋和落地收腹提供基本的素质支撑。在俯卧挺身练习时，学生可以手臂前伸在垫上独立完成挺身成背弓的练习，也可以两人一组合作练习。一人压住练习者的踝关节，练习者两手前伸或交叉放于头后连续做背弓动作。

（二）立定跳远的动作改进方法

立定跳远动作不但对学生的下肢爆发力要求较高，而且其对学生的协调用力

同样提出了较高的要求。这种对人体协调用力能力的具体需求，就是运动项目技术难易程度的客观体现。教师需要通过讲解示范和多媒体教学向学生介绍立定跳远的动作方法，但终究还是要通过反复的身体练习让学生体验、内化和应用所学的动作方法。在运动技术动作难于分解或不宜分解的前提下，教师只能通过改变动作要素来创设一些与所学动作方法相近的练习，从而帮助学生快速掌握动作技术方法。

1. 可以通过原地的蹲跳起和挺身跳练习让学生快速熟悉立定跳远的动作结构

练习者双脚左右自然开立，屈膝深蹲或半蹲，两臂自然后摆。随后两腿迅速蹬伸，同时两臂快速向前上方摆动，髋、膝、踝三个关节充分伸直。最后用前脚掌迅速蹬离地面向上跳起。落地时用前脚掌着地屈膝缓冲，同时两臂由上经前向后下方摆臂。在练习达到一定熟练程度的基础上，还可以让学生在空中做挺髋展腹的挺身背弓动作。

2. 可以通过收腹跳、跪跳起和跳高台等练习，改善学生立定跳远的落地技术

起跳腾空后的落地技术是立定跳远学练的难点之一，练习者需在极短的时间里通过收腿摆臂来调整空中下落姿态，并随后完成小腿前伸、足跟着地和屈膝缓冲动作，立定跳远落地技术的复杂性可见一斑。用原地收腹跳做改善练习最简单易行。练习者身体保持正直，起跳时迅速降低身体重心，前脚掌快速蹬地腾起。在空中屈膝让大腿尽量靠近胸腹部，以体会收腹的动作。垫上跪跳起对提升学生协调用力和落地收腿效果明显。而让学生跳上一定高度的跳箱盖、跳高垫或有安全保护的台阶，对改善学生收腿落地和小腿前伸都有积极作用。

（三）立定跳远的技术提高方法

在学生掌握立定跳远基本动作方法后，可以通过反复的练习来逐步提高技术动作。但必须在练习前和后做好充分的准备活动和放松活动，并在合适场地或专用胶垫上进行练习，以避免疲劳累积和运动伤病。曾有信息反馈，学生因长期在硬质地面进行跳跃练习而导致胫骨骨膜炎的发生。为此，必须对立定跳远的学练安全和运动卫生加以重视。在技术提高练习时，可以通过连续 2 次或 3 次的蛙跳来提升立定跳远能力。还可利用折叠小体操垫作为障碍物，通过不同的组合摆放来提高学生的跳跃技术水平。比如，让学生连续跳过 3 块间距 1 米左右的成“A”字形摆放的立垫，来提高学生的快速跳越能力。而将最后一块垫子展开横放或纵放，可用来提高学生的挺身展髋技术等。即便是在单一的立定跳远练习中，在临近学生最远落地位置向内摆放一块折垫，往往对提高学生的落地技术具有明显效果。

第六节　跳绳的学练方法

跳绳在我国有悠久的运动历史，是广大人民群众非常喜爱的体育项目。跳绳对场地器材要求不高，只需一根绳子和一块空地就能够进行基本的跳绳练习。同时，跳绳的运动形式多样，可个人跳绳也可集体跳绳，可计数跳绳也可花样跳绳，这有利于活动开展和教学运用。最为重要的是跳绳不但能够有效发展学生的下肢爆发力和身体协调能力，还能够促进学生耐力、速度、灵敏等素质的全面发展。这使得跳绳一直是学校体育活动中，学生最喜闻乐见的运动项目之一，并成为小学生的《标准》测试项目和中考体育的备选项目。在学生体质健康指导工作中，体育教师要深入研究跳绳运动规律，针对小学生的身心发育特点做好具体的学练指导工作。

一、跳绳的动作方法

跳绳长度以直立单脚踩住跳绳中间位置后，双手可以将绳柄提到腹部高度为准。具体长度因人而异，且要根据水平提升而适时调整。握绳时手要握在绳柄的中后端，食指环扣绳柄，拇指下按固定绳柄，手心空出，其余三指自然内扣。摇绳时肩关节放松，两臂自然下垂，肘关节贴近腰侧，两手在体侧靠前位置用手腕内旋发力摇绳。跳绳时小腿发力，双脚并拢同时过绳，用前脚掌起跳和落地，膝关节要主动缓冲。离地高度以绳能过脚尖为宜。不要全脚掌着地，以避免长时间不当跳绳对身体可能形成的伤害。

二、跳绳的教学指导

（一）跳绳的快速入门

（1）小学低年级学生可以从徒手跳绳开始学习。在徒手练习过程中，手腕的转动和双脚跳起的协调配合是练习的重点。身体要保持稍前倾姿势，这既有利于学生通过视觉反馈修正动作，还有利于跳绳的落地缓冲。跳绳时跳起的高度也要总体保持平稳，抬脚高度不能太低以避免形成身体紧绷的僵直跳，抬脚也不能过高以免用力过猛形成挺身跳。同时，要根据教学需要控制学生跳绳练习的节奏，并提醒学生保持呼吸顺畅和动作放松。

（2）可以通过摇绳跳练习来进一步提升学生的手脚协同能力。让学生将短绳折叠后握在单侧手上进行以摇绳为主的模拟跳绳练习，提示学生重点感受手腕用力和手脚协同配合。而后可以用同样的方法让学生双手各握住一根折叠后的短绳进行摇绳跳练习，提示学生重点练习左右手的同步摇绳和身体的协调用力。需要注意的是在进行双手各执一根折叠绳的摇绳跳练习时，绳子折叠后的长度要先短后长且不宜过长，不必过于苛求双手摇绳的完全同步，否则会因为难度过大而失去了辅助模拟练习的价值。

（3）在学生初步掌握了跳绳的动作方法后，练习就应以完整规范的正常跳绳为主，要把跳绳的节奏掌控和体能发展作为重点。可以在跳绳练习中用音乐节拍器来强化学生的跳绳节奏感，根据学生的总体水平和练习重点进行节奏变换，进而提高学生的节奏控制能力。在提高跳绳体能方面可以通过限时快慢跳的方法进行练习。可以在限定的时间内进行快跳、慢跳或快慢复合跳，比如 90 秒中速跳、30 秒快跳、50 秒快慢快组合跳等，这些练习对提高学生的速度耐力具有积极作用。

（二）跳绳的能力提升

（1）提升学生的控绳能力。严格来讲跳绳虽然简单易行，但仍属于器械类体育活动，它是人体借助器械操作来提升技能和发展体能的专门活动。为此，提升学生对跳绳的控制能力是进一步提升学生跳绳水平的有效方法。特别是人的专项体能发展随着练习的深入而逐步趋缓后，提升控绳能力从而逐步降低跳起高度是提升跳绳能力的重点。在练习过程中，除了进行常规化的快慢变换跳绳外，还可以引入花样跳绳的一些练习。比如，可以原地前后左右蹬地的方式进行钟摆跳练习，还可以朝向一个方向连续移动进行移动跳练习等。这些练习对于提升学生的控绳能力具有积极作用，有利于提高学生跳绳时的调控和修正能力。

（2）提升学生的专项体能。当学生对绳子的控制已经基本得心应手时，制约他们跳绳水平继续提高的主要因素就是专项体能。学生双手摇绳的绝对速度、有效跳起的最大频率和手脚协同的匹配频率，都直接影响到跳绳的进一步提高。为此，通过专门的练习来提高这些专项素质显得尤为重要。可采用身体稍前倾的基本跳绳姿势进行徒手或配重的手腕摇绳、快速连跳和手脚协同竞速练习，来提高学生的肌肉爆发力和动作精细化。还可以通过单脚交替跳来提升绝对速度，这些练习每组要控制在30秒左右，时间过长不利于增强肌肉爆发力，过短则不利于肌肉耐力的增强。总之，要通过多样方法来提升学生的专项体能，并注意学生练习兴趣的激发和保持。

（三）跳绳的学练纠错

（1）对于最为常见的绳子过长问题必须引起重视。很多初学者认为绳子长一些能够增加跳绳摇绳时的手感，并便于学生观察判断跳绳接地点从而更好把握起跳时机。然而，尽管绳子长度的增加会增加手腕摇绳时的受力感并间接提升手感，但教师必须要让学生明白绳子的长度必须要随着水平提高而逐步缩短。因为，在同等情况下跳绳时的绳子越短，摇绳的频率越高、地面的反弹越少和绳子的形变越小，这有利于学生提高跳绳频率和动作失误。

（2）对于比较多见的跳绳抬脚过高问题要指导学生积极改进。教师可以通过强化高度认知和练习反馈的办法加以应对。教师在对学生进行跳绳练习的检查纠错时，如果发现抬脚过高的问题要及时提醒学生，并鼓励他们不要害怕失败要积极改进。还可以通过让学生之间相互观察抬脚动作和数数的办法，加深对起跳高度与跳绳数量的关系理解。在条件具备的情况下可以让学生在镜子前做跳绳练习，从而更加直观地看到自己的跳绳动作并增强练习信心。

（3）对于部分学生存在的小腿后弯和仰头挺身等错误姿态要帮助学生逐步纠

正。在大多数情况下，起跳后的小腿后弯是学生对跳起高度判断不准而产生的主动代偿动作，特别对于一些下肢力量较弱的学生来讲更容易出现这样的问题。而跳绳跳起后的仰头挺身问题，常常会出现在练习的后段。随着学生体能的消耗，臀大肌作为起跳的伸肌群过度参与跳起动作，从而促成了挺身姿态的形成。这是学生动作技能水平偏低和体能消耗较大的一种表现。为此，教师要根据具体情况不断强化学生对跳绳姿态、协调放松和频率节奏的控制。

第七节　50 米跑的学练方法

50 米跑作为面向全体学生的《标准》测试项目，它是检验学生快速跑和反应能力的有效手段。从基层实践来看，只要是平时正常参加体育活动和锻炼的学生，其基础体能就能够完成 50 米跑测试和一般练习。他们在跑步过程中体现最为突出的问题，常常来自于学生跑步的基本动作方法和 50 米跑各阶段的技术环节处理。合理的跑步动作是提高 50 米跑成绩的必备条件，在教学中应以改善学生跑步的基本动作为重点。而学生 50 米全程跑各阶段的技术运用关系到学生的体能发挥和水平展现，故在教学中应以提高各阶段的技术运用为关键。而最终要以激发学生对跑步的学练兴趣为根本，只有学生积极参与学练活动才可能掌握动作、提升技术和发展体能。

一、50 米跑的技术方法

50 米跑的测试操作办法规定起跑动作需采用站立起跑。当听到“各就位”口令后，学生走近起跑线，两脚前后开立，较有力的腿放在前面，两腿屈膝，上体略前倾，重心移至前腿，异侧臂在前，同侧臂在后维持身体平衡。听到“跑”口令后，两腿即用力蹬地，两臂配合做积极摆动，使身体迅速向前冲出。

起跑后就转变为加速跑，需控制步幅逐步加大，保持身体向前倾斜，让身体重心慢慢地升高。随着跑步速度的加快而逐步加大小腿蹬地角度和大腿前摆高度。后蹬角度越小，蹬地动作幅度越大，则跑步加速越快。此时适当控制大腿前摆高度，能够缩短跑步动作周期，有利于跑步的持续加速。

对于基础教育的学生特别是小学生来讲，在50米加速跑后存在一个相对稳定的途中跑阶段。要求跑的动作要平稳且重心起伏要小，上下肢动作需协调配合，摆臂要做到积极有力“前不露肘、后不露手”，下肢要蹬摆结合和以摆促蹬。跑的过程中要充分打开髋关节，保持放松状态和良好节奏。而在接近终点线的最后几步，学生身体要逐渐前倾，最后一步用胸部或肩部加速鞭打终点线做冲刺动作。而后保持高速跑过终点，逐步减速制动，以避免减速冲刺或突然停跑。

二、50米跑的教学指导

50米跑技术方法虽然相对简单易学，但学生在学练过程中也会出现一些问题。比如，起跑姿势的同手同脚问题。尽管近年来一些国际长距离跑比赛的站立起跑仍有个别选手采用这样的姿势，但一般来讲我们仍建议学生采用更加符合运动生理原理的异手异脚姿势以便于起跑发力。而起跑与加速衔接不畅的停顿问题在学生练习时也比较突出，这主要是由起跑时的上体前倾与屈膝程度不足引起，身体重心没有贴近前脚支撑面从而导致了停顿。在教学中除了要强调起跑姿势，还要通过反复的快速起跑练习来有效提升学生的起跑速度。而对于学生起跑后马上抬起躯干的加速跑问题，除了反复强调保持前倾和控制步幅外，还可以通过在起跑加速段上方架设标志带的方法来辅助练习，高度与学生身高相当即可。此外，对于冲刺技术需让学生明确动作方法和运用时机。在方法上要重点强调胸肩部位的主动前倾，在姿态安全可控的前提下身体前倾最大时肩胸部触及终点线的垂直上方为最佳。可以采取拉终点冲刺带的手段让学生更加直观地体验撞线动作。

快速跑动作质量主要取决于步频、步幅和协调，这三个要素对提升学生50米跑成绩至关重要。传统的小步跑、高抬腿跑等练习方法对提高步频能起到一定效果，后蹬腿跑、车轮跑等练习对改善步幅可发挥一定作用，原地转髋跳、侧身转髋跑等练习对提升跑步的协调放松会具有一定意义。而利用软梯进行相关的变换跑练习，能够为学生呈现更加多样有趣的练习形式。此外，在50米跑的教学指导中教师必须将提升学生身体素质作为学练活动的基础。只有学生的下肢具有足够的爆发力，才能推动身体快速前移从而产生理想的步频，可通过负重深蹲、纵跳和弓箭步加以强化；只有学生的肌肉和韧带具有适宜的柔韧性，才能允许更大幅度的关节运动从而体现合理的步幅，可通过压腿、踢腿和弓步走加以开发；也只有学生的上、下肢乃至全身协调用力，才能尽量减少对抗肌的阻力从而获取更快速度，可通过放松跑、变换跑和绳梯跑加以促进。

三、50 米跑的学练形式

迎面接力跑有利于提高学生 50 米跑的全程跑水平。它是指在规定的距离内，相向错位行进完成交接棒的一种短距离、多人数的接力跑。在校园内，它是学生喜闻乐见、勇于参与的项目。在教学过程中，教师可以根据学生情况和学练目标，来设置不同的跑步距离和每组的学生人数，以调控学生练习的运动强度和密度。在组织接力时，教师要保证起点与终点的各组之间起码间隔一条跑道，同时要求各组必须统一用右手（或左手）交接棒。在各组的起点与终点还要设置标志杆或标志锥，要求学生必须在杆后交接棒，以确保公平竞争。而已完成交棒任务的学生需排在本队最近一组的队尾，不可站在终点位置以免后继学生跑过来时发生冲撞。

异程折返跑有利于提升学生的起跑和加速跑能力。它是借助不同距离的多根平行线段，让学生按照一定规律进行连续短距离折返跑的一种练习方法。由于其频繁折返后均需要快速起跑和加速，故对提升学生的加速跑能力有较大帮助。在教学实践中，教师一般借助篮球场的场地标线组织练习。可通过自然分组或同质分组将全班分成若干组，每组人数不宜超过 10 人以避免冲撞。各组一列横队排列在篮球场底线依次开始练习，听到发令后学生迅速跑向最近的罚球线及延长线。学生用脚触线后迅速折返跑回底线，在脚触到底线后再快速折返跑向中线，依此类推，逐线折返向前跑进。一组完成练习后，下一组再开始练习。

让距跑对激发学生的练习热情具有一定作用。它是指教师根据学生的不同水平组织学生从不同起点跑向同一终点的练习方法。由于该练习在形式上顾及了学生的个体差异，有利于更好地激发学生的练习热情，特别对处于跑步水平高、低两端的学生来讲更加具有激励作用。在学练活动中，教师可先在终点线前分别画出与终点线平行的间距2米的四条辅助线。然后让各组学生依次从起点开始进行正常的50米跑练习，并记下他们在第一位同学跑过终点时所靠近的辅助线。而后，学生以先前确定的最靠近的辅助线为起跑线，以原来的起跑线为终点线进行让距跑。教师在组织第一次排位跑时可根据情况进行保密，以避免学生故意保留实力。也可以通过后继再次调整让距来达成预期的练习应用目标。

第八节　50米×8往返跑的学练方法

50米×8往返跑是小学五、六年级学生的《标准》测试项目，较好地贴合了该年龄段学生的身心发展特征。它在考查学生速度耐力的同时又兼具运动趣味性，对发展学生的速度耐力、灵敏协调和平衡能力具有积极作用。往返跑要求学生在跑到终点逆时针绕过标志杆后迅速跑回起点，在完成若干次这样的来回往返跑后冲刺撞线结束跑步。学生在往返跑时的运动路径更像是缩小后的闭合跑道，这使得加速跑和途中跑成为提升往返跑水平的基础，而绕过标志杆的转弯技术则成为提升往返跑能力的关键。

一、50米×8往返跑的教学指导

50米跑技术是50米×8往返跑的技术基础。测试操作办法规定该往返跑的起跑动作需采用站立起跑。当听到“各就位”口令后学生走近起跑线，两脚前后开立并屈膝，较有力的腿放在前面，上体前倾重心移至前腿，异侧臂在前、同侧臂在后维持身体平衡。听到“跑”口令后迅速向前跑出。起跑后就转变为加速跑，要逐步加大步幅并保持身体前倾，让身体重心慢慢地升高。随着跑步速度的加快而逐步加大小腿蹬地角度和大腿前摆高度。途中跑时重心要尽量平稳，上下肢动作需协调配合，下肢要蹬摆结合和以摆促蹬。而在完成最后一次绕杆接近终点线的最后几步时身体要逐渐前倾，最后一步用胸部或肩部加速鞭打终点线做冲刺动作。

绕杆转身跑技术是50米×8往返跑的技术关键，其动作方法类似于弯道跑的技术方法。学生在距离标志杆3米左右时开始减速和降重心，准备进入逆时针方向的绕杆转身跑。绕杆时左脚距离标志杆30厘米左右着地，右脚过杆70厘米左右用前脚掌蹬地制动，同时身体向左转向标志杆，而后左脚并向右脚过杆后迅速向标志杆右侧落地，同时右脚积极蹬地使身体前倾加速跑出。在转身跑过程中身体左侧的摆臂和步幅要大幅减小，而身体右侧的摆臂和步幅则相对加大，摆臂和蹬地需围绕标志杆做圆周切线运动。同时用左脚外侧和右脚内侧着地蹬地，膝盖向贴近标志杆方向做圆弧形蹬摆，身体内倾快速绕过标志杆且不得触碰标志杆。

二、50米×8往返跑的学练方法

踩点往返跑有利于学生快速掌握逆时针绕杆转身时的脚步蹬转动作方法。教师可以根据学生的能力水平和练习需求在30米左右的间距上设置几组标志锥，并按照两步转身法在标志物周围画出大致的落脚圆圈。然后让各组学生以中等速度和适宜间距递次进入跑动，建议学生尽可能按照标志物周围的落脚点进行脚步蹬转。随着学生往返转身技术的逐步提高，逐步提升跑步的速度并接近正常的测试环境。

圆圈接力跑有利于学生体验往返跑绕杆转身时的身体姿态控制。教师可根据学生练习需要在场地上画一个直径10~15米的圆圈，然后将学生分成人数和实力相当的几组沿着圆圈进行每人跑一圈的接力跑。交接棒必须在本组指定位置进行，等待接力的学生需有序站在圆圈内部等候。接力跑过程中如超越别人必须从外侧，交棒时需优先让处于内侧跑动的别组学生通过以避免冲撞。

异程往返跑有利于提升学生的往返跑技术和练习趣味性。在跑进方向上摆设不同距离的多个标志物，让学生按照一定规律进行连续的逆时针折返跑。这样的往返跑会频繁运用到快速起跑、加速和绕标转身等往返跑技术动作方法，故对提升学生的加速跑能力有较大帮助。在教学实践中，教师可以根据需要采用分组跑，让学生一列列地分批进行练习和体验方法，也可以采用接力跑的形式来进一步增加练习的趣味性。

此外，在50米×8往返跑的练习过程中还要注意学生耐力素质的发展和直线跑动的强化。在原有的学生体质健康测试项目体系中，50米×8往返跑是可以替代400米跑的同一类项目。对于小学五、六年级的学生来讲，该项目不但是客观评价学生速度和灵敏素质的主要方法，还是检测评价学生耐力素质发展水平的重要手段。为此，教师在组织学练活动时要保证学生的练习具有一定的连续跑程和运动负荷。

而针对学生在绕杆转身后因跑进方向偏差而造成的弧线跑问题，可借助直跑道的分道线进行直线跑的强化练习。教师在布置场地往返跑的场地时可将标志物摆放在田径场标准直跑道的中心线，而后让学生沿着该直跑道的左右分道线进行往返跑的直线跑。这能够为学生修正弧线跑问题提供清晰有效的跑进路线参照，而且学生在往返跑过程中实际使用的跑道宽度又并不超出测试标准的相关规定。

第九节　1000米跑和800米跑的学练方法

1000米跑（男）或800米跑（女）是初中、高中和大学各年级学生的重要测试项目，其项目指标分值占测试总分的20%，且根据学生的测试成绩还可再最多加10分。这不仅是因为该项目对提高学生的心肺机能和促进耐力素质发展具有促进作用，还因为它对培养学生吃苦耐劳的品质和锐意进取的精神也同样具有积极意义。由于该项目是测试学生耐力素质发展水平，特别是心血管呼吸系统机能及肌肉耐力的主要手段。当学生的技能水平不高、体能储备不足和目标定位不当时，就会在测试过程中表现出动作姿态、速度变化和情意表现等方面的问题。为此，教师在学练过程中要加强对学生耐久跑动作方法、测试技能和体能发展的学练方法指导。

一、1000 米跑或 800 米跑的技术方法

在跑步过程中学生的上体应保持正直或稍向前倾，这样的跑步姿态能够充分发挥蹬摆力量，并保持自然而放松的步幅。而如果身体前倾过大或后仰则会造成肌肉紧绷，这既不利于内脏器官的活动，还会增加不必要的身体耗能。摆臂时要屈肘握拳，以肩为轴前后摆动。协调的摆臂动作能维持身体平衡，有效调整步幅、步频和跑步节奏。而为了减少脚着地时的阻力，应以“扒地”式的着地方式将脚落在身体投影点较近的地方。前脚掌着地时，着地脚的膝关节是稍微弯曲的，脚跟和膝关节几乎在一条直线上。脚着地后，小腿后侧肌肉群和大腿前侧肌肉群应积极而协调地退让，以减少着地时的制动力，并为后蹬创造有利的条件。在缓冲过程中，应迅速屈踝、屈膝、屈髋，其中屈膝关节起主导作用。

当身体重心移过身体支撑点以后，一腿开始后蹬，同时另一只腿开始前摆的动作。这时，摆动腿膝关节迅速有力地向前上方摆出，带动同侧骨盆前送，支撑腿快速有力地伸展髋、膝、踝关节，最后通过脚掌过渡到脚趾蹬离地面，形成摆动腿与支撑腿的协调配合。后蹬腿蹬离地面后身体进入腾空。此时大腿迅速向前摆出，小腿顺惯性自然摆起向大腿靠拢，摆至支撑点垂直上方时，大小腿折叠至最小角度。然后，大腿继续向前上方摆动，摆至最高点时，大腿积极下压，小腿顺势前摆，为完成“扒地”式的着地动作做积极准备。大小腿的充分折叠缩短了摆动半径，不仅能加快摆动的角速度，同时使大腿前摆省力。

而在弯道跑时学生需让整个身体向内倾斜，摆动腿前摆时，左膝稍向外展，以前脚掌外侧着地；右膝稍向内扣，以脚掌内侧着地，并加大右腿前摆的幅度。弯道跑摆臂时，左臂摆动幅度稍小，靠近体侧前后摆动；右臂摆动的幅度和力量稍大，且前摆时稍向左前方，后摆时肘关节稍向外。弯道技术动作的幅度与跑的速度、弯道半径相关，速度越快、半径越小，则弯道动作幅度越大。从弯道进入直道时，身体要逐渐减小内倾程度，放松跑 2 ~ 3 步，然后再全力进入直道跑环节。

二、1000 米跑或 800 米跑的教学指导

（一）以增进跑的协调放松为目的的途中跑指导

在跑步过程中上下肢的协调配合至关重要。协调的上肢摆臂与下肢蹬摆动作不仅能够相互配合做出最合理的跑步动作，还能够相互促进获取更加明显的跑步效果。当学生在跑步过程中因体能消耗过大而引起步频和步幅下降时，通过摆臂频率和幅度的变化就能够对步频和步幅产生相对积极的影响。同时，跑步过程中的全身放松也十分重要。放松的跑步动作不但能够减少体能消耗，还能够有效提升跑步实效。

呼吸方法对跑步的协调放松起到关键作用。由于青少年大脑皮层对呼吸的调节机制尚未完全成熟，在中长跑中很容易出现呼吸与步频不够协调现象。当学生因此出现气急、胸闷、岔气等呼吸不良时，必将严重影响学生的耐久跑能力。为此，教师除了建议学生用口鼻并用的呼吸方式增加肺通气效率外，还应指导学生将呼吸动作与跑步步频有机关联，从而使呼吸节奏与动作节奏协调配合。而且，这也有助于学生缓解和克服跑步过程中出现的极点。

（二）以提高跑的能力水平为目的的全程跑指导

单纯从跑步的动作技术构成来看，一般都包含起跑、加速跑、途中跑和冲刺跑等几个阶段。但如果从跑步的测试安排或竞赛环境来看，跑步又会存在一些规则制约下的技术内容。比如起跑切入、外侧超越和弯道靠内等都是基于群体环境而产生的一些技术。为此，对学生进行必要的测试环境下的跑步技术指导，有利于学生发挥出应有的耐久跑能力水平。

学生在测试前要做好充分的准备活动，以克服肌肉粘滞和内脏惰性。在起跑后要积极主动地抢占靠前的跑步位置，这能有效避免学生之间不必要的干扰。在途中跑时要尽量做到动作协调和放松，以提高跑步动作质量和减少体能消耗。在速度提升到一定水平后要尽量地保持动作规格和质量，避免因外界干扰而影响已经获得的速度。在冲刺跑阶段要以坚强的毅力快速冲向终点，并做出冲刺撞线

动作。

三、1000米跑或800米跑的学练方法

匀速跑有利于学生掌握耐久跑的动作方法、呼吸节律、速度调控和体能分配。教师可以先让学生通过连续往返跑、图形跑和协作跑等形式进行练习，灵活的练习形式有利于学生完成相对较长时间的练习，从而获取必要的耐久跑基本体能。而后，通过在规定场地上的定时定距跑，有利于学生掌握耐久跑的动作方法，并进一步提升专项体能。

变速跑有利于学生耐久跑的体能素质提升和能力水平发挥。慢跑与快跑交替或走跑交替的练习，能够提升学生在耐久跑过程中的变速能力，让学生能够更好地完成测试环境下的超越和冲刺等动作。而在分组耐久跑练习时，让跑在队尾的学生依次加速跑到队首的练习，除了能够提升学生的变速跑能力，还能够培养学生跑步超越时的规则意识。

1000米跑或800米跑的全程跑练习有利于全面提升学生的耐久跑能力水平。学生按照测试操作办法和项目规则，从站立式起跑抢占有利位置到加速超越和终点冲刺的环境适应，再到全身协调放松、呼吸步频配合以及弯道内倾等动作运用，乃至速度调控和体能分配等技能发展都得到了很好的实践。教师在学生练习时要及时给予动作技术提示和跑步用时反馈，为学生调整跑步提供必要信息。

第七章 学生体质健康的课外强化

从学校体育增进学生体质健康的宏观角度出发，体育课堂教学在学生体质健康促进体系中更多是发挥知识传授和方法指导的基础作用，而体育大课间、体育活动课、体育俱乐部和社团等课外体育活动则是学生体质锻炼活动的主要阵地。这也是国家教育行政和体育业务指导层面反复重申，必须确保学生每天一小时体育活动的根本所在。为此，必须充分发挥课外体育活动在学生体质健康促进活动中的重要作用。

大课间体育活动的系统实施，不仅能满足中小学生身体成长所需的体育运动，进一步丰富学生的校园体育文化生活，更有助于培养学生助人为乐、团结协作、遵守社会道德等良好品德作风。但大课间活动常常受到天气变化、空气质量、场地限制等因素的影响，致使原本属于学生的体育大课间无法照常进行。而这些最终体现为运动场地、负荷及形式上的问题，通过室内课间操能够得到较好的解决。此外，积极拓展课间十分钟体育活动，可以有效补充大课间活动过于统一和相对低效的不足。

学生依照共同的兴趣、爱好、特长在老师的指导下组成的学生体育社团，为满足学生的体育特长发展和终身体育培养具有积极的促进作用。学生体育社团特有的开放性、灵活性和适应性，使其必然成为强化课外体育活动的新途径和新抓手。通过外聘课余体育训练教练员来提升社团活动和课余训练的水平，早已纳入很多校长的思考范畴并付诸实践。而学校体育竞赛作为学校体育的重要组成部分，应贯彻小型多样、单项分散、基层为主、勤俭节约的原则。学校每学年至少举行一次以田径项目为主的全校性运动会。

第一节　充分发挥大课间活动的促进作用

《教育部关于落实保证中小学生每天体育活动时间的意见》指出，近些年来许多地方和学校为落实学生每天一小时体育活动，在课间操的基础上延长活动时间和丰富活动内容，形成了25～30分钟的大课间体育活动形式。从这些年的实践情况看，这种活动形式收到了很好的效果，也得到了广大教育工作者的普遍好评。各地要在总结经验的基础上尽快推广大课间体育活动形式，并形成制度。学校要将大课间体育活动排入课表，按时进行。各地和学校要积极探索、不断丰富大课间体育活动的组织形式和活动内容，科学、合理地安排运动负荷。

《中共中央国务院关于加强青少年体育增强青少年体质的意见》指出，中小学要全面实行大课间体育活动制度，每天上午统一安排25～30分钟的大课间体育活动，认真组织学生做好广播体操、开展集体体育活动。各级教育行政部门要提出每天锻炼一小时的具体要求并抓好落实。教育部印发的《切实保证中小学生每天一小时校园体育活动的规定》指出，为了严格执行国家关于保证中小学生每天一小时校园体育活动规定，中小学每天上午要统一安排25～30分钟的大课间体育活动，并将活动时间和内容纳入教学计划，列入学校课表，认真组织实施。

可见，大课间体育活动是在保证中小学生每天达到一小时体育活动的诉求下，各地学校对课间操进行创新和发展而形成的新的学校体育活动形式。大课间体育活动正逐步成为学校体育的重要内容，展示学校办学水平的重要窗口，培养学生全面发展的重要载体。大课间体育活动的系统实施，不仅能满足中小学生身体成长所需的体育运动，进一步丰富学生的校园体育文化生活，更有助于培养学生助人为乐、团结协作、遵守社会道德等良好品德作风。然而，由于大课间体育活动的发展历史相对较短，活动经验总体不足，各地实施差距较大，致使大课间体育活动的整体效能低下。只有进一步提高大课间体育活动质量，才能实现教育行政部门的推广目标和活动愿景。

一、体育大课间活动存在的问题

（一）体育大课间的领导、组织与管理的系统性欠缺

学校领导是否将体育大课间活动纳入学校的领导范畴和管理体系，这很大程度上决定了体育大课间活动的运行水平和发展状况。如果学校能够从宏观层面对学校体育工作进行解析，并将体育大课间等活动的领导职能分权到具体人员负责，那么这所学校的体育大课间活动就能够处于学校领导之下，并与学校其他同类工作处于相同的领导水平。而如果学校领导并没有进行类似的领导分权或特定授权，只是依靠体育大课间活动应属于体育教师负责等约定俗成的工作惯例，或是仅凭相关领导要求体育教师做好体育大课间工作等口头随机的工作指令，往往会导致体育大课间处于散乱无序的领导缺失状态。这不但会带来体育大课间的工作推诿，还会直接导致活动效能低下，乃至发生意外伤害等安全事故。

学校体育大课间的领导状况和管理水平还取决于学校领导管理的组织设计。尽管各级政府部门一直致力于通过撤并机构设置和简化办事流程等手段来优化行政管理，社会各界避免学校管理过度行政化和学校领导官僚化的呼声和倡议也由来已久，但仍有很多基础教育学校的领导岗位设置众多且组织设计繁琐。校级领导、中层干部、年级组长、教研组长等岗位各有正、副职，这种锥形金字塔式组织结构可以使每位主管针对下属人员的工作信息和具体情况进行相应的管理和指导。但过多的组织层次不但会影响信息从基层传递到高层的速度和进程，还会因为各级主管在信息传递过程中加入的个人认识和理解，而导致原始真实信息在逐级的取舍和补充中逐步失去真实性和可靠性。

体育大课间的管理是一项系统化的工作，必须纳入学校的考核评价体系才能充分发挥管理效能。从评比争优到展示评奖，从过程控制到结果考核，从发展性评价到阶段性评价，这些评价手段的运用将对体育大课间的活动质量和有序运行发挥重要作用。然而，当前很多学校仍未充分认识到系统化管理的重要性，仍然

简单认为单纯依靠体育教师的口头定性评价和日常随机管理，就能够确保大课间活动的正常运行和目标达成，这显然是不切实际和不负责任的管理缺失。这最终将导致体育大课间活动管理陷入互相推诿、互相指责和互相埋怨的状态。在体育大课间活动缺乏管理的情况下，不但无法实现增强体质、愉悦身心、磨砺精神的大课间活动愿景，甚至还会因为学生习惯于人群中公开化的散漫消极，而对他们的心理健康和价值趋向形成不利影响。

（二）体育大课间的目标、规划与设计的操作性欠缺

基础教育学校作为国家教育机构的基层单位，必须执行和落实国家对于学校体育工作的相关指令和要求，这样的机构职能和工作职责构成了学校教育教学工作目标的基本要素。体育大课间活动作为切实保证学生每天一小时体育锻炼的构成要件和有效载体，早已反复出现在教育部等国家教育行政部门的文件通知和规定之中，这使得体育大课间活动必然处于基础教育基层学校的工作目标之中。然而，学校在从宏观目标向工作目标的解析过程中，体育大课间的目标定位上出现了各种各样的具体问题。比如，有些初中学校将体育大课间作为体育中考的练习场，在活动期间只进行专项技能和专门体能的练习。学生对此兴趣全无，而又怨声载道。而且，由于初高中的广播操内容相同，甚至有学生因为不会做广播操而影响到他们高中的学习生活。这显然都是体育大课间目标失当造成的问题。

体育大课间的规划体现在目标统领下的价值诉求与现实资源的整合与平衡。学校在进行体育大课间活动规划时首先要将学校对活动的价值诉求进行整合，并转化为大课间活动的具体工作目标和活动指向，这对于保证大课间活动的和谐健康发展和舒畅有序进行具有极为重要的作用。同时，大课间的规划需基于学校现有的场地器材等硬件资源，以及师资配备和工作水平等软件资源，从而通过规划工作寻求最佳方案和实现最大效能。然而，很多学校因为对大课间活动缺乏组织领导和有效管理，从而导致大课间活动处于毫无规划的自由散乱状态。比如，有的学校因为社会上流行某种舞蹈便停做学生广播操，通过在体育课、音乐课上全面推进舞蹈教学，最终在全校推广以舞蹈为主体的大课间形式。这种表面化和形式化的大课间无序状态，不仅严重影响了学校的教育教学工作秩序，也恰恰说明了学校对于此项工作的规划缺失。

体育大课间活动的设计是一个涉及学校各项工作的专业活动。从内容的选择到活动的组织，从进退场路线到学生的位置，从人员安排到考核评价等事项都是体育大课间活动设计的必要内容。特别是在学校对大课间活动寄予多种诉求时，只有通过系统化的专业设计才能实现大课间活动的载体功能。但并不是每所学校都能够根据具体目标和科学依据进行专业的规范设计，这不但会影响体育大课间活动发挥应有作用和最大效能，甚至还可能因为活动设计不够合理而造成学生意外伤害事故。比如，在活动设计时因为没有给学生留出足够的安全距离，而导致奔跑时发生彼此冲撞或投掷时被器材砸到。因为没有考虑体育器材的摆放和归集，而导致学生用大量时间在排队等待而不是运动。因为没有认真设计进退场路线，而导致学生在进退体育场地时发生拥堵。可见，如果没有科学、严谨、专业的活动设计，就不可能有安全、有序、高效的体育大课间活动。

（三）体育大课间的改革、创新与发展的驱动性欠缺

体育大课间是学校体育工作改革的间接产物，这使得它具有典型的时代特征和鲜明的改革烙印。依据学校体育工作目标和阶段重点，对体育大课间活动进行持续改革和稳步推进，是保持大课间活动旺盛生命力的有效措施。这是因为学校的教育教学工作始终在不断的发展和变化之中，人们对体育大课间活动正提出越来越多的客观要求和主观期待。如果体育大课间改革停滞不前必然会导致其先进性和有效性的逐步丧失，从而成为阻碍学校体育工作发展和限制学生体质健康提升的不利因素。为此，学校体育大课间活动必须审时度势，进行积极主动和富有成效的改革。然而，仍有学校一成不变地机械执行原有的大课间活动安排，导致学生参与兴趣消失，大课间锻炼效果极差。比如，有些学校的大课间广播操活动较差，即便学生懒散无力的做操也没有人管理，这显然是管理革新不够。

学校体育大课间的改革过程中，即会利用现有资源和手段来改变以往不够合理的工作，还会基于改革创生出一些原本并不存在的理念、方法和形式，从而将体育大课间改革活动推升到创新层面。在体育与健康课程改革稳步推进和学生体质健康工作持续重视的时代背景下，体育大课间活动改革和创新压力与日俱增。对于体育大课间活动的形式、内容和管理的创新，已经被推到新一轮大课间改革创新活动的前沿。比如，有些学校为了增加大课间的有效活动时间，将活动时长

由 25～30 分钟进一步拉长到一课时。有些学校为了提升场地器材的利用率和解决生均体育场地面积不足的问题，采用各年级错时进行大课间等。这些创新活动都为解决学校大课间活动问题提供了可行的方案，有利于进一步提升体育大课间活动效能。

学校体育大课间活动是切实保证中小学学生每天一小时体育锻炼时间的重要措施，对促进学校体育工作的有序开展和提升学校体育工作效能发挥着重要作用。体育大课间活动伴随着学校体育工作的改革创新而逐步发展，而检验大课间活动发展效能的重要指标就是看学校体育工作是否了发生积极转变和明显改观。因为，大课间活动不仅是课外体育活动主要形式，还是课堂教学在课外的多维延伸。为此，通过体育大课间活动我们就能够判断一所学校的课堂教学常规、课外体育活动情况和学校体育工作水平。而且，体育大课间活动并不是单纯为了完成上级指令和工作内容而进行的程序化工作，它具有十分明确的工具性意味和非常典型的复合性价值。故而，体育大课间活动必须持续改革、不断创新，而且要富有发展成效。

二、体育大课间活动的改进对策

（一）学校体育大课间活动的领导与组织

在学校日常的教育教学工作中，体育大课间活动成为联系全校师生的公共活动平台，它组成了学校教育教学工作的基础性构件。当前，不仅各级教育行政部门高度重视体育大课间活动的开展，而且体育大课间活动在学校教育教学工作中关系重大。在相对集中的时间和有限的空间里，大课间牵扯到全校的学生资源、人力资源、体育资源等事项，任何一个环节出现问题都可能带来无法弥补的事故。为此，从学校行政管理和工作运行的角度来看，体育大课间活动必须纳入学校领导的直接管理范畴，方能保证各项工作的平稳运行和有序开展。

（1）体育大课间活动的组织设计应尽量采用分管领导直接领导体育组的扁平结构，特别对于办学规模有限和在校学生数不多的学校，采用扁平结构更加有利于大课间活动组织领导。因为，扁平结构组织的管理幅度较大，而管理层次较少，且信息的传递速度较快。这可以让分管领导尽快地发现大课间工作中的问题，以便能及时采取相应的改进手段和修正措施。同时，由于组织信息传递所经历的层次较少，从而信息在流转过程中失真的可能性也较低。此外，随着大课间管理幅度的增大，分管领导对相关具体工作也就不可能控制得过多，这有利于体育教师从专业角度发挥主观能动和创新精神。比如，某校采用校长主管学校体育工作的模式，由校长直接领导体育教研组来管理体育大课间、课余运动训练和群体竞赛活动等事项。这既给人以学校领导重视体育工作的感性认识，更从组织结构层面激发了体育教师的工作热情和创新动力。

（2）要对体育大课间领导组织中的人员进行系统的工作分权，这能够让参与体育大课间管理活动的人员行使较多的决策权，从而形成主管领导全权负责的集权与分管人员各司其职的分权二者的相互补充。在体育大课间组织设计时，要充分考虑到组织规模和组织活动的特性，根据各管理岗位工作任务的要求，通过制度分权将权力分配到具体人员。此外，学校领导也可以根据人尽其用的思考或应对新增事务，而将部分特定权力通过授权的方式委任给某位教师。由于这样的授权常与学校领导的个人能力和精力、教师特长和潜质以及事务发展情况相联系，因此具有很大的随机性。比如，某校为了在上级的学校体育工作检查中有更好的展现，由校长在会议上口头授权某位健美操专业的体育老师来负责近期的大课间广播操管理。尽管这样的授权形式缺乏一定的严肃性，但对解决当前工作问题和重点具有积极作用，而且这也为在后继工作中设置相应的岗位奠定了基础。

（3）对体育大课间的领导要坚持权责对等和指令统一的工作原则，这有利于维护大课间工作的顺畅有序和和谐向上。越是缺乏体育大课间组织领导的学校，越是将全部的工作职责推给体育教师，而且学校领导也不会给体育教师进行与职责对等的分权。由于体育教师的权力范围小于大课间的职责要求，必然会导致其能够调动的资源随着权利变小而减少，而这最终肯定会影响到职责的履行和任务的实现。比如，某校领导因为体育大课间活动混乱，而直接批评体育教师没有做好组织管理工作。而事实上学校从来就没有对体育教师进行过管理分权，导致他们在管理过程中还要经常受到学生甚至教师的非议。这样的权责失衡情况，必然会形成大课间管理的无序混乱。此外，学校领导必须注意指令统一。在体育大课间管理中常会出现双头或多头领导的情况，这种任何领导都来说几句的情况势必会造成教师的无所适从和工作混乱。

（二）学校体育大课间活动的规划与设计

学校体育大课间活动的整体规划和具体设计直接关系到大课间活动的顺利进行和效能提升。规划工作就是要综合上级部门、学校领导和全体师生对于大课间的愿景，积极整合学校的场地设施、体育器材和教师资源，通过系统化和专业化的工作流程进行全局性的体育大课间活动统筹。而设计工作是以体育大课间活动的整体规划为依托，通过严谨和细致的设计工作将相对宏观的规划内容分解转换为具体可操作的实践性工作。体育大课间的规划与设计工作，必须在学校主管领导的直接领导下以体育教师为主进行，并在内容正式确定前征求相关专家、领导和师生的意见。

1. 必须确保体育大课间活动的规范性

《中共中央国务院关于加强青少年体育增强青少年体质的意见》指出中小学要全面实行大课间体育活动制度，每天上午统一安排25～30分钟的大课间体育活动，认真组织学生做好广播体操、开展集体体育活动。由此可以做出三点判断：（1）未达到每天一次的大课间是不足数的体育大课间；（2）活动不足25分钟的大课间是不达标的体育大课间；（3）不做学生广播体操的大课间是不规范的体育大课间。为此，对于学校因为升旗仪式而停止体育大课间活动的问题，体育教师必须向相关领导提出质疑和规划意见。而要保证大课间体育活动时间达到25分钟以上，就需要在大课间的起止时间里加入学生往返的必要时间。对于学校取消学生广播体操内容的情况，也要明确提出意见。因为教育部关于推行实施《第三套全国中小学生系列广播体操》的通知中指出，广播体操的推广和实施工作是切实加强大课间体育活动规范管理的重要内容。经过一段时间的规范化管理，体育大课间可以不断尝试和逐步过渡到活动全程音乐控制。这不但有利于提升大课间活动规范化管理水平，还有利于提升师生对大课间活动的守时习惯和规范意识。

2. 要充分发挥体育大课间的承载性

随着社会物质文明和精神文明发展，以及学校教育教学改革的深化和推进，人们对学校体育工作提出了越来越高的要求。体育大课间活动以其特有的灵活性和良好的系统性，成为承载这些愿景和需求的重要载体。随着各级教育行政部门对学生体质健康的持续重视，在大课间活动中安排一些体能练习成为必然选择，大课间体能天天活动正在基层学校逐步流行。而为了充分利用教师体育特长和校外体育资源，进一步培育学校的体育特色和办学品味，利用大课间活动进行全校性的体育特色项目练习，已经成为当下“一校一品”促进活动的重要平台。此外，为了满足学生的体育活动兴趣和集体体育活动需求，在大课间系列活动中可给予各班学生一定程度的自选活动时间。学校可以让各班级学生提出参考活动内容，由体育教师基于学校场地器材情况和大课间活动效能进行内容选定和活动编排，以最大化地满足学生的体育活动需求。

3. 不断提升体育大课间安排的合理性

在体育大课间活动的设计过程中要充分考虑学生在体育活动时的运动负荷变化，合理安排各项内容的练习序列和活动时间，有效调控学生的练习密度和运动强度，确保学生身体全面发展和健康安全锻炼。一般可以先做广播体操以便做好身体准备活动，然后可安排学校体育特色或“一校一品”活动内容。而身体素质天天练活动内容可以组合在学校体育特色活动中进行练习，也可以紧随特色活动后进行集体练习。最后可以安排各班级自选内容活动，各班级可以每周轮换活动内容。这样的练习序列安排不但符合运动负荷变化规律，还符合学生体验运动乐趣的一般规律。此外，学生大课间的往返路线也要经过认真测量和仔细设计，要尽量避免路线交叉以减少等待时间，教师可以通过实地测量进行时间估算。可以结合学校的消防逃生路线进行设计，这样既可以让学生在平时就熟悉逃生路线，还能够在消防路线的基础上获得最快的行进速度。

（三）学校体育大课间活动的管理与评价

学校通过有组织地对体育大课间活动进行运动管理和考核评价，这是保证大课间活动得以长期有序运行的基本手段。实践经验早已表明，单纯依靠宣传发动、激励鼓舞和说服教育将会很难达成活动预期。无论学校的体育大课间活动多么精彩和富有成效，只要没有长期系统的管理调控，大课间活动质量必将逐步消退。学校只有积极运用各种有效的评价手段，对大课间活动进行过程控制和阶段考核，

才能实现大课间活动的目标愿景和活动效能。

1. 要充分发挥日常考核的评价作用

对班级的考核和对学生的评价，是学校加强体育大课间活动管理和调控的有效手段。将大课间考核结果直接计入班集体的考核，并最终作用于班主任考核，将有助于形成大课间活动齐抓共管的管理格局。比如，在每天大课间活动时，由学校安排值周学生对各班级进行交叉检查，并记录各班的出勤人数、操练表现和活动纪律。这样的传统考核评价对大课间的日常管理具有积极作用。同时，学校在安排检查学生时要注意控制参与检查的学生数，以保证更多的学生能够参加正常的大课间活动。即便是参与检查的学生也要在完成检查任务的同时，尽可能地参与正常的大课间体育锻炼。比如，在开展阳光体育冬季长跑活动期间，检查的学生要与具体的监察班级一起跑步，做到检查与锻炼两不误。此外，需要特别注意的是要严格控制大课间活动的出勤率。无论是大课间体育活动或是体育大课间活动，都要求组织全体适合运动的学生集体参与锻炼。对于因为身体不适无法正常参加大课间锻炼的学生，学校要制定相应的替代活动方案，确保每一位学生都能够通过大课间活动而受益。坚决抵制和避免适合锻炼的学生在体育大课间活动期间，进行其他非身体练习为主的文化艺术活动。

2. 要充分发挥先进师生的模范作用

体育大课间活动管理要努力营造人人参与、人人维护、人人争先的积极活动氛围。学校要倡导全体在校教师在大课间时间到运动场地上与学生一起锻炼，这不但有利于营造积极健康的活动氛围，还有利于教师以更好的健康状态投入到教育教学工作中。特别是班主任老师参与大课间活动的带头作用，更能够激发学生的参与热情和提升意愿。同时，还可以充分发挥优秀学生的先锋模范作用，满足学生不断提升和自我展现的客观需求。比如，在广播体操环节可以让各班级在本班队伍前方设置领操员并定期轮换，而后学校再从各班的领操员中选出优秀学生作为全校广播操的领操员。毫无疑问，这将成为大课间广播体操活动时最靓丽的风景线。此外，需要特别注意的是，学校一定要向教师明确提出体育大课间的工作规范。规定班主任老师必须积极参与本班学生的大课间活动管理，体育教师必须各司其职做好相应的组织调动和技术指导。其他教师不得在学生参加大课间锻炼时三三两两、有说有笑地聚集聊天，否则这将是学校体育大课间活动时最不和谐的一个消极因素。

3. 要充分发挥定期评比的激励作用

体育大课间活动内容除了要在体育课堂教学过程中进行强化外，还可以通过组织小型体育比赛来进一步提升活动质量，充分发挥体育比赛的以赛促练、以练提质的作用。比如，可在开学初组织刚入学新生的广播体操比赛，这对于快速提升他们的大课间参与质量具有推动作用。在阳光体育冬季长跑活动前可以进行全校性的跑操比赛，这对学生熟悉跑操规范和确保活动安全具有积极意义。学校还可以针对学校传统体育项目和学生自选趣味体育项目组织单项体育比赛。以动作难美为特色的项目可以通过统一的操练比赛进行评比，以集体竞速为特点的项目可以通过专门的项目比赛来操作。在比赛组织过程中，学校既要顾及比赛的公平公正和竞争竞技，还要充分考虑如何将体育比赛有效对接大课间活动，尽可能地发挥比赛对于大课间活动的激励和促进作用。

第二节　切实保障室内大课间的有序运行

体育大课间活动是学校群体活动的重要组成部分，它不但是实施《学校体育工作条例》的重要措施，还是贯彻落实学生“每天锻炼一小时”的重要手段。但大课间活动常常受到天气变化、空气质量、场地限制等因素的影响，致使原本属于学生的体育大课间无法照常进行。而这些最终体现为运动场地、负荷及形式上的问题，通过室内课间操能够得到较好的解决。室内操使得学生可以在音乐的指挥下在教室内进行适当的身体锻炼，成为大课间体育活动的重要组成部分。

一、依据客观条件进行室内操的选择和创编

（一）依据教室的空间和资源明确创编的重要原则

室内操的创编受到时间、空间、环境和人力等因素影响，在创编过程中要依据客观条件和主观需求进行设计和创编。创编室内操首要考虑的就是教室空间、陈设和特点，并努力将原本的空间困难转化成创编资源。比如，学校的教室往往连续排列和安排，应尽量避免跳跃和连续踏步动作，以免引起教学楼振动和扬尘。同时，由于教室空间限制和桌椅陈设位置，创编室内操时动作幅度不宜太大，尽量避免大幅度的四肢动作，可以多考虑垂直方向的伸展动作和屈伸转体动作等。此外，创编还要考虑动作的实际运用和运动功效等。

（二）参照学生的兴趣和需求选择创编的主体形式

初中生正处于身心快速发育期，他们充满朝气而又喜爱新鲜事物。故室内操应尽量采用轻快的动作，并配以愉悦的音乐，比如简易健美操、哑语手操、手指操等。在选择动作形式时，还可以考虑学生的兴趣爱好选择以关节和躯干运动为主且又运动幅度适中的流行元素，比如简单的街舞、拉丁舞、骑马舞等。同时，还可以选择传统的体育养生运动形式，如武术（太极）、导引、自我按摩、瑜伽等。这既有利于传统文化的传承，还能够让学生锻炼身体的同时掌握一些养生保健知识，从而进一步扩大体育室内操的教育教学载量。

（三）整合教师的特长和意见确定创编的核心内容

以体育教研组为主创编室内操的动作。体育老师先自主创编室内操动作，再邀请学生代表、体育教师、分管领导、音乐教师等进行评比和动作筛选。教师进入待选的动作需在所任教的班级里进行实验教学，再最终汇编成为全校的备选操。同时，还利用音乐组教师的资源和意见，完善室内操的动作，并进行音乐创编。先将室内操呈现给音乐教师，然后音乐教师根据室内操的动作特点和强度要求进行配乐创作。随后进行配乐的动作演练，对音乐与动作的结合问题进行修改和完

善，最终实现音乐对整套操的控制、激发和辉映效果。

二、着眼学生特点进行室内操的教学和融入

（一）做好宣传发动，让学生明确室内操的目的和要求

教师要充分利用学生在室内学习时注意力比较集中这一有利条件，认真做好室内操的宣传发动，营造良好的学练氛围。（1）要让学生了解做室内操的目的和意义。如果没有室内操，每逢无法在室外进行大课间时就可能会是呆坐半小时或者文化课老师来辅导作业。最重要的是学生的身心无法得到放松和锻炼。学生对室内操的积极意义往往都会比较接受。（2）要让学生明确室内操的操练纪律、规范和要求。必须向学生宣布严明的纪律（可包括搬动课桌椅、器材使用和行动准则等方面要求），并要求人人做到一切行动听指挥，以良好的秩序保证活动的顺利进行。（3）还要对学生提出具体的室内操学习纪律。由于教室空间有限，很多班级的桌椅摆放也各不相同，这就导致了学生可利用的活动空间狭小等问题。为此教师需明确提出室内操学习的纪律要求，比如彼此合理避让、意外接触处理、突发事件处置等。

（二）保证教学质量，让学生清楚室内操的动作和方法

教师要努力吸引学生的注意力，要让学生看得清楚和听得明白。除了对学生严格要求之外，教师还要讲究语言的艺术性，力求形象生动，并能激发学生的学习兴趣，切忌讽刺挖苦学生，挫伤其积极性。室内操的示范方法跟室内教学时一样，站位要恰当，动作要准确优美，能给学生以美的享受。同时，学生的室内操学习会遇到前所未有的问题和困难。教师对学生的进步要及时给予表扬，当学生遇到困难时要及时帮助找原因，这样在教学中能起到事半功倍的效果。另外，充分利用小组学习形式，积极引入合作学习方式对室内操教学具有特别的意义。学生之间的合作学习，能够让他们在轻松的氛围下更直观地获取自己所需的学习信息。优生在示范和帮扶同学的时候，也是在进行又一次的知识抽象和表象，这有利于他们的知识巩固。故合作学习的双方都会通过这一过程得到学习和提高，教

学效益显著提高。

（三）加强实践运用，让学生熟悉室内操的效用和原理

室内操不能为了教学而教学，要与学生平时熟悉和喜欢的游戏结合起来。这不但有利于激发学生的参与积极性，还能够借助学生已有的知识经验促进新动作的学练运用。教师可以依据已经选定的室内操内容进行适当的选编或改造，然后将这些类似于基本功或者重要片段的内容融入体育课的导入环节或者放松环节。充分发挥室内操对学生身心发展的积极作用，促进学生对室内操动作的熟悉和运用。通过教学实践来看，室内操在体育课导入和放松部分的运用，一改以往体育常态课慢跑两圈加定位操的常态，能够有效激发学生的学习兴趣。同时，教师对操的动作方向、路线、幅度进行针对性的调整，既能够更好发挥准备和放松活动作用，还能够让学生逐步明确这些内容的效用和原理。而且，将室内操教学有效的融入室外课教学的开始和结束部分，不仅大大提升了室内操的教学效率，还在反复的运用练习中巩固了教学效果。

（四）收集意见反馈，让学生参与室内操的改进和完善

学生既是教学的对象、学习的主体，同时他们还是富有活力的教学资源。教师始终无法从学生的身心视角去体悟和审视室内操的合理性和适切性。在室内操的创编、教学和练习过程中，要积极与学生进行交流，听取学生的意见和评价。比如，有些动作的创编是按成人的协调性去创编的，所以学生掌握起来有一定的难度。通过学生的反馈，教师调整了室内操动作对学生身体素质的要求，动作的速度、力度、幅度和强度均有所降低，这保证了后继操练动作质量和活动顺畅进行。另外，在室内操的配乐上也可以争取学生的意见，因为不同的配乐会产生不同的操练速度，甚至是动作的风格。让学生选择他们相对喜欢和熟悉的音乐，有利于他们把握动作节奏，培养和塑造运动风格。教师可将音乐教师创编推荐的音乐提供给学生去选择，学生在多种音乐伴奏之下进行练习和匹配，并选出自己所喜欢的室内操的伴奏音乐。

三、创设多维平台进行室内操推行和展示

为了提高学生的体质健康水平，营造良好的体育文化氛围，使学生能够愉快积极地投入到体育活动中去，我们开展了一系列的推广和展示活动。

（一）结合学校文化活动，进行“精彩瞬间”宣传展示

学校在室内操学练期间开展“精彩瞬间”的板报评比活动。号召学生用写日记、画画、照相等方式，记录学习室内操的过程、感受和收获。各班级将本班学生的相关作品收集整理成为专题板报，然后由学校组织评选，并将获得优胜的作品在学校网站、公众号和校报进行宣传展示。学校鼓励各班将学习室内操的历程用相机记录下来并制作“快乐历程”视听剪辑，并在期末评出最佳剪辑。

（二）依据学校管理活动，进行“每月一星”推评选举

依据学校大课间评比活动的信息，进行室内操“每月一星”的推评。凡是在学校专项检查中被推荐记录的学生就有资格参加评选，入围的同学每人录制一段室内操视频放到学校网站和公众号上，进行投票。最后结合专家评审和网络投票选出最终的每月一星，并由学校领导在升旗仪式上进行表彰。以此来号召各班学生在学做室内操的过程中，积极向阳光之星靠拢，向阳光之星学习。

（三）融入学校传统活动，进行“最棒手操”全校评比

在完成室内操的教学后，要对学生学习效果和掌握情况进行检查、展示和反馈。在学校体育节中开展校级的室内操比赛，构建一个学生交流和展示的平台，并对学生学习室内操做一次客观反馈，进一步掌握学生学习室内操的情况。由体育组组织，班主任进行监督和训练，室内操比赛在年级段中进行，分别评出前三名并进行一定奖励。这样的室内操比赛活动，每个学年都举行一次。

通过体育大课间室内操的创编和应用，学生的体育锻炼兴趣愈加浓厚，身体素质也得到了一定加强。这有利于学生的体质健康和全面发展，对培养学生自觉锻炼习惯和终身体育意识具有积极意义。同时，室内操还充分整合了学校的教育

教学资源，丰富了学校的校园文化活动，有效确保了学生每天的体育锻炼时间。

第三节　有效利用课间十分钟的锻炼价值

我国一直比较重视学校体育工作，特别是 21 世纪以来国家对学校体育工作给予了更多的政策支持和物质投入，学校体育的场地器材建设和教师专业素养都得到了显著提升。但随着社会经济快速发展和城市化进程推进，也带来了学校体育场地面积有限和生均体育面积减少的问题。由于这些问题不可能在短期内有效改善，限制了学校体育设施器械的进一步配备。而这不但影响到学校体育课堂教学的质量和效能，更是直接影响到体育大课间活动的开展。我们不难想象在一块只有 150 米非标准跑道的田径场地上，上千名在校学生怎么可能开展有效的大课间活动。即便是房前屋后甚至是屋顶都开发利用，学生大课间的活动形式、内容和质量都必然受到严重影响。在这样的背景下，除了进行体育大课间活动创新外，利用课间十分钟时间进行适当的课间体育活动不失为一种应对策略。

随着各级教育行政部门对学校体育工作和学生体质健康的持续重视，体育课堂教学、体育大课间活动、校园体育比赛等课内外体育工作都要进一步创新，以更好地实现教育目标和工作任务。在原有的体育大课间活动基础上拓展课间十分钟体育活动，可以有效补充大课间活动过于统一和相对低效的不足，从而形成更加健全、丰盈和完善的学生课外体育活动系统。由于课间十分钟的时间、空间和场地限制，开展一些活动组织灵活、场地要求不高和学生喜闻乐见的体育游戏更具有现实意义。为此，学校可以积极推进以课间体育游戏为主要内容的活动形式，通过系统规划和统一组织对活动进行引导，一定能对学生的体育兴趣激发和锻炼习惯养成发挥积极的促进作用。

一、课间十分钟体育游戏的开展背景

游戏是人与生俱来的能力和需求。人们通过身体活动游戏传承生存技能和增进健康水平，进而形成具有一定活动方法和规则要求的体育游戏，这为体育游戏的传承和开展提供了必要条件。体育游戏内容涵盖广泛，具有丰富性、趣味性和健身性等活动特征。体育游戏组织形式多样，具有灵活性、便捷性和竞争性等实践特性。学生参与体育游戏不仅能够促进身心健康发展，还有利于他们学会与人交往和社会适应。体育游戏的这些固有属性，为其成为课间十分钟体育活动的内容提供了基本保证。

（一）课间十分钟体育活动由来已久

课间十分钟是为了满足学生的生存健康根本和学习认知规律，而专门设定给学生自主支配的休息活动时间。这不但对学生缓解学习疲劳和调整学习状态具有积极作用，还能够满足学生的兴趣爱好和交往娱乐的客观需求。在很多人的回忆中一定有这样的画面，下课铃声一响大家就跑到教室外面去玩游戏。踢毽子、跳长绳、跳皮筋、转陀螺、打弹子、跳房子、丢沙包……，尽管这些课间体育游戏多为自发活动，内容也未必来源于体育课学习，甚至连器材都是学生自己带到学校的。孩子们一个个生龙活虎、喜笑颜开、满头大汗，课间活动成为多少人童年时代最美好的回忆。这些活动确实丰富了学生的学习生活，而且还对提升学生身体素质发挥了积极作用。也许正是这些点滴的积极因素才促成了当年学生体质健康水平好于当下的事实。为此，进一步发挥课间十分钟体育游戏活动的健康促进作用显得十分必要。

（二）大课间体育活动的资源限制

大课间体育活动在切实保证学生一小时体育活动时间和营造健康的学校体育氛围方面确实发挥了积极作用。但体育大课间活动的开展也暴露出一些问题，如果得不到积极应对和良好改善将会制约大课间活动效能。（1）大课间体育活动的组织效率一般。在一所中等办学规模的城镇初中，光是全校所有班级学生安全有序地往返运动场的时间，可能就要将近十分钟。如果学校再严格要求队列整齐和行进有序，可能时间还会拉长。（2）全员性的体育大课间是对生均体育资源的巨大挑战。虽然大课间是学校体育场地利用率最高的活动，但很可能也是场地利用效能最低的活动。学生在有限的空间内能够参与的体育锻炼实在太少。（3）体育大课间活动容易导致学校体育发展失衡。有些学校为了争创体育特色或建设“一校一品”而将全部可支配资源投入到一项内容上。尽管一定程度促进了特色项目发展，但却侵占了其他体育活动的发展空间。为此，在进一步完善体育大课间活动的同时，引入课间十分钟的体育游戏活动显得尤为可贵。

（三）课外体育活动需要进一步强化

“健康体魄是青少年为祖国和人民服务的基本前提，是中华民族旺盛生命力的体现。学校教育要树立健康第一的指导思想，切实加强体育工作。”在体育与健康课程改革不断深入，体育课堂教学正通过传统的课课练、补偿性体能练习和体能小单元等途径来有效促进学生的健康发展。而在切实保证学生每天一小时体育活动时间的不断强调下，体育大课间活动也在通过体能天天练和阳光体育长跑等活动来稳步提升学生的体能水平。然而，即便在这样的政策支持、经费投入和活动促进的背景下，我国的学生体质健康水平仍在缓慢下降。为此，学校体育工作仍需要进一步创新和发展，以实现学校体育增进学生健康的目标。在学校日常教育教学工作可支配时间被基本全部分割利用完后，学校体育能够加以利用或引导参与的时间就只剩下课间十分钟的学生休息活动时间。如果能够用学生乐于参与的体育游戏内容充实他们的课间时间，那么既满足了学生的活动需求，又促进了他们的体能发展，可谓是一举两得。

二、课间十分钟体育游戏的具体实施

（一）活动内容选择的多元化

体育游戏之所以深受学生喜爱，就是因为这些游戏内容所具有的特殊承载性。为此，从学生角度出发进行课间体育游戏内容选择将十分重要。而为了满足学生不同的兴趣爱好和发展需求，教师必须充分征求学生意见选择具体的活动内容。否则，在课间十分钟的柔性管理背景下，教师的硬性安排不但与课间活动的出发点背道而驰，而且游戏活动的质量和效果也将无法保证。可见，在课间体育游戏内容的搜集过程中必须充分发动学生的积极性，让每个学生和家长都积极参与到课间体育游戏的内容建设中来。在活动内容的开发上，教师可将发展体能效果好的传统体育游戏与新兴体育游戏结合，通过加入创新元素来增加学生参与游戏活动的兴趣。而后，学校再组织体育教师和班主任对这些内容进行筛选和活动编排。根据课间体育游戏目标和场地器材情况，对活动的区域、人员、内容等进行编排，并做好检查、指导、器械等保障工作，以便尽可能地创造良好的课间体育活动环境。比如，某校通过发动学生收集了大量游戏内容，并从中筛选出花样跳绳、徒手拔河、踢毽子、跳皮筋、跳格子、丢沙包、大渔网、贴膏药、木头人和斗鸡等体育游戏，分为室内游戏、长廊游戏和室外游戏等三大类组织开展课间体育游戏活动。

（二）活动组织形式的多样化

（1）倡导师生共同参与课间活动。这不仅便于课间体育游戏的组织管理，更能提高学生参与活动的兴趣。这对于增进师生友谊、培养团队合作精神和集体荣誉感，都具有比较明显的促进作用。师生共同参与活动并不是教师与学生一起对某种动作技术或游戏进行练习、比赛那么简单。通过师生共同参与的活动形式能够更好地让教师走近学生，打破师生间的隔阂，使学生在一个宽松、和谐、自然的环境中学习成长。（2）要充分发挥体育骨干的积极效用。学生体育骨干是教师组织体育活动时的得力助手，他们不但体育能力出众，还在学生中具有较高的号召力。常常在体育课教学、课外体育锻炼和课间操活动中发挥榜样带头作用。为此，教师可以充分发挥体育骨干参与体育活动的积极性和号召力，通过对他们进行必要的内容培训和职责说明，让他们参与到课间十分钟体育游戏活动的组织和管理中去。对于管理能力强、体育水平高和活动效果好的体育骨干，可以给他们一定的自主活动空间，这对进一步巩固活动效果和促进他们全面发展都会具有促进作用。只有更好地契合学生的兴趣需求和个性发展，根据他们的实际情况合理选择活动形式，才能不断提升课间体育游戏的参与热度，从而更好地发挥课间体育游戏的健康促进作用。

（三）活动激励评价的多维化

课间十分钟体育游戏活动必须在学校的统一部署下进行，通过体育老师组织、班主任监督管理、体育骨干辅助，从而形成一个健全高效的活动运行体系。在活动实施前必须制定详细的活动规划和管理办法，确保活动的安全有序和锻炼效果。除了要向学生强调参加活动的组织性、纪律性和自觉性，还要强化管理和考核评价。检查评价是课间体育游戏管理的重要手段。通过值周教师、值日学生和体育骨干的共同检查，不但能够及时发现和改正学生在体育活动中的不文明现象，还对学生养成良好的行为习惯起到督促和巩固的作用。通过检查活动还能够发现游戏活动中存在的不足和缺点，为改进游戏内容和活动组织提供帮助，从而促进课间体育游戏活动的健康发展。此外，在对学生进行游戏评价时可以尝试让学生之间进行互相评价，评价方式可以采用定性评价为主，避免因为评价过于严肃而影响学生参与活动的积极性。教师应引导学生勇于发现不足，敢于自我批评、自我教育，同时也要鼓励学生客观对待他人意见，不断反省、不断提高、不断完善。

第四节 积极发挥体育社团的养成作用

学校体育是素质教育的重要组成部分和有效载体，在学校教育中，具有其他学科不可替代的作用。新课程标准的实施，使“健康第一”的思想在广大体育教育工作者中得到了进一步的加强。促进学生的全面发展和健康成长，培养学生的终身体育基础和习惯成为学校体育教育的根本目的。

学校体育的相对弱势地位和初中阶段升学压力的存在，导致体育课多集中安排在下午。学校因城市人口密集往往办学规模较大，相对较多的班级和学生数与相对有限的体育场地资源，使得生均体育活动场地面积甚至低于农村初中的平均水平。特定的地位、有限的资源、密集的时间，使得体育课堂教学难以达成理想的教育目的。

学校先进的办学理念、优势的体育器材资源、和谐的学校体育氛围、宽厚的学生体育基础，使得他们有条件开拓学校体育教育的新平台。学生体育社团，是学生依照共同的兴趣、爱好、特长在老师的指导下组成的、为满足学生的体育特长发展需要和终身体育习惯需要而建立的学生体育课外学习组织。学生体育社团特有的开放性、灵活性和适应性，使其必然成为学校加强学校体育工作的新途径和新抓手。

一、学生体育社团的实施策略

（一）明确教育理念、确立社团目标

21世纪初，我国的学校教育正面临这样一个教育困境。我们的学生正承受着过多的几近沉重的关爱，他们要么不思进取，滞于溺爱，要么疲于招架，甚至逃避，但却不知道怎样更好地去关爱他人、回馈社会。我们的教师正徘徊在教育体制变革的十字路口，他们有的仍沉迷于“铁饭碗”的过去时状态，安于现状、停滞不前，成为阻碍课程改革和教育发展的消极因素。我们的学校仍简单地扮演着教育流水线上的一环，接受学生、传授知识、输送学生，忽视了学生教育、学校功能和社会构成的整体性和宽泛性。

《教育法》第一章第五条指出：“教育必须为社会主义现代化建设服务，必须与生产劳动相结合，培养德、智、体等方面发展的社会主义事业的建设者和接班人。”这是我国教育的根本目的。联合国教科文组织提出：教育的目的应使受教育者学会学习，即教育要使学习者“学会认知”“学会做事”“学会共同生活”和“学会生存”，并被称为学习的四大支柱。由此，我们可以明确学生体育社团既不是只为了给学生提供一个简单的娱乐放松环境，更不是在减负呼声中为学生增加学习负担，而是为了我们的学生从初中开始、从现在开始就着眼将来的工作和生活，学会做事、学会付出、学会生存，以提高他们的社会适应能力。

我们一直期望营造这样一种学生社团模式：学生在初步了解各社团的基础上，从自身的兴趣爱好出发结合自己的需求选择加入相应的社团。学生在社团中通过

校内教师、外聘教练、网络、书本、社员等来获取知识，通过自主学习、合作学习、探究学习等来发展能力。大多数社员在达到一定层次和水平后都要担当相应的社团管理、服务和教练任务，部分骨干社员将参与对外宣传以交流活动，一些优秀的社员还将担任学校体育场地对外开放培训活动的教练、服务及管理任务。这样的模式不仅可以提升学生的社会适应能力，还将做活做大做强学校体育工作全局。

（二）出台规章制度、构建社团体系

为了确保学校体育社团工作的顺畅进行，学校修订并完善各项校内制度，进一步完善社团的组织机构。学校以校长室为中心，牵头抓体育教研组、体育社团学生干部工作的组织落实、指导监控、检查评估、总结鉴定、推荐推广等工作。以各项目组长为主体，负责各项目的学生选拔、申报、活动计划、组织参与。以校教务处、教科室、政教处组成的社团管理小组，负责学校社团的评估，确保社团工作的组织到位，促进社团工作的有效开展。

学校出台了《学生社团管理条例》，对学生社团的成立、活动的开展以及业务指导单位和业务指导老师的聘请等做了详细明确的规定。学校对学生社团活动开始实行项目申报制和责任制管理，由社团活动负责人填写《学生社团活动项目申报表》，并签署《学生社团活动责任书》，对活动的组织实施效果等提出明确要求。学校逐步建立和完善了学生社团工作的《考勤制度》《值日制度》《管理制度》《学生社团活动积极分子评比办法》《特长生的评价》等制度，促进了学校社团各项工作的进一步规范化、科学化开展，形成了良好的运作模式，使社团活动做到了六定，即定时间、定地点、定任务、定人员（师生）、定标准、定考核。

（三）围绕社团活动，建立评价体系

学习评价是对学生的学习行为的反馈和引导，评价的意义不单是对过去的总结，更为今后的发展提出了努力的方向。评价方式和评价主体的组成和侧重，对于能否达成最初的教育目标起着至关重要的作用。在评价方式上我们将采用定性与定量相结合，终结性评价与过程性评价相结合的评价方式。评价主体的组成可以是同学、老师、家长或是其他教育见证人。自评、互评、他评，全面记录学生

社团学习过程，并从不同阶段的回顾和对比中把握学生的进步和发展，帮助学生对自己的体育学习过程进行思考，激励学生不断地发展。

平时，我们鼓励学生展开自我评价，并记录下来。自我评价能使学生发现自身不足，激励自己追求进步。同时，同学间进行互相评议、互相帮助、共同提高，互评不仅让学生在阐述不同看法中互相学习，取长补短，还有利于学生间的情感交流，也调动了学生参与体育活动的主动性。学生对老师的评价是十分在意的，老师的评价必须言之有物，要有针对性，从而进一步激励学生刻苦练习。

初中阶段学生的集体荣誉感强烈，体育比赛是激发学生热情与增强凝聚力的有效载体。为此，我们利用计分考核等办法来激发更多学生参与体育活动。如“素质教育成果展示月”活动中的各项比赛，每一个获奖同学的成绩，都以相应的分数记入班级考核，这就大大地激发和带动了学生的参与热情。学校的星级评定办法共设五星级，达到评定条件，就上星级。“星级评定方法”让每个学生都能找到自己努力的目标，使每一位学生都勇于展示自我、超越自我，人人有竞争意识、危机意识，从而有效地促进学生的快速稳步发展。

总之，坚持“健康第一”的指导思想，以促进学生的健康成长和全面发展为根本目的，建立切实可行的发展性评价机制。围绕学生体育社团，建立全体学生的体育学习评价体系，使每一位学生都有足够的动力和勇气去接受挑战，获得最优发展。

（四）搭建活动平台，提供发展空间

体育社团首先依靠培养体育骨干生来带动学生社团的发展，让骨干生通过锻炼、竞选形成学生社团的学生干部，自己管理体育社团，以促进学校体育教育的良性互动。帮助学校举办丰富多彩的体育活动。例如：组织篮球赛、乒乓球赛等小型体育比赛。这些活动，不仅极大地锻炼了学生的组织能力、语言表达能力、动手能力等综合素质，同时，教师通过这一途径可以更了解学生的心理特点、思想意识、行为方式，对更好地开展教学活动大有益处。通过帮助学生组织体育活动，避免了以往由学校、班主任、体育教研组发动的老路子，而是由社团的团长和团员牵头组织，也响应了学校“放手让学生去做”的号召。社团成员团结协作，从制定活动方案，到策划活动的开展，整个过程锻炼了学生，提升了他们的能力。

为了促进特长生全面素质的提高，我们让特长生自己组织或举办体育欣赏、体育知识讲座（如体育项目起源和裁判法学习），以提高特长生的体育素养。本着对学生负责的态度，有的专业性强，本校教师不能辅导的，如花样轮滑、跆拳道等，我们可以向学校申请聘请校外专业教师来校指导，这样既加强了教师的力量，又激发了学生学习的兴趣，拉近了师生的距离，使学生的个性化学习有了可能和保障。

二、学生体育社团的实施效果

（一）学生的终身体育意识和社会适应能力得到增强

终身体育是伴随每个人一生的体育锻炼活动，在一定时期固定一定的体育兴趣和项目是十分必要的。在体育社团活动中，教师可根据每个学生的兴趣、爱好有针对性地进行一项或几项的运动技能的培养，强化他们的自主意识，调动他们的积极性。在专项技能的培养中，兴趣不是唯一的决定因素，还要考虑每个学生的身体条件、各地区的自然条件、体育文化传统以及身体康复的需要等。

学校应倡导多元的校园文化，尊重个性差异。在教育中，我们要尽最大努力调动学生的主体性、能动性、创造性，创设每一个学生个性需要和良好个性形成的空间。这是因为学生的体质状况、健康水平和心理素质直接关系到整个民族身体素质的提高。重视和加强学校的体育教育、健康教育，帮助和指导学生养成良好的体育运动习惯，建立健康的生活模式，有利于学生身心的全面发展。只有这样，才能增强学生的社会适应能力，提高人才的整体素质，为学生今后投身社会奠定基础。

在学校的体育社团活动中，学生可以是一个开心快乐的参与者，也可以是一个热心负责的组织者，更可以是一个体育活动的指导者。在这里，学生压抑的身心得到了释放，学生的不足之处得到了弥补，学生的一技之长得到了发扬。我们就是要培养学生具有在未来不断变化的社会生活中可持续发展的能力，为每一位学生的身心全面、健康、和谐发展和终身发展，打下坚实的基础。

（二）体育教师的职业素养和技能水平得到提升

体育教师是教育教学理念和行为的具体实施者，作为学校教育工作中最特殊的一个群体，承载着历史使命、学校期望、家长嘱托、学生前途，同时也承受着压力、误会和不理解，甚至是偏见。这一局面的形成，既有历史原因也有体育教师自身的因素，体育教师只有通过积极的努力才能更好地体现价值、塑造形象。社团宽松而又富于挑战的环境，体育教师对项目的了解和热爱，学生参与的兴趣和热情，这些因素都能够激发教师更高的教育热情，对不断提升体育教师的职业素养和专项水平，预防教师职业倦怠，起到积极作用。

外聘教练在很大程度上刺激了部分体育教师对自己运动训练能力的信心，坚定了体育教师努力提升自身业务水平的决心，加快了他们的学习脚步。在这样的心理准备下，体育教师会通过积极的努力的学习，去不断地缩小自身业务能力与学校对运动训练水平期望之间的差距，来博得自身价值和地位更大认可。而直接从外聘教练那里学习自己最迫切需求的运动训练理念和方法，无疑是最直接、最便利的方式之一。从实施学生体育社团模式以来，萧山高桥初中共有 5 位体育教师评聘了高一级的教师职称，有 2 人被评选为区级优秀教练员，有 3 人次被评选为校级先进，有多人论文获奖和发表，全体体育教师的工作热忱和工作水平都得到了提高。

（三）学校课余体育训练模式和大课间活动载体得到丰富

课余体育训练作为学校体育的重要组成部分，以往单调枯燥的训练模式，压抑和束缚了学生的体育兴趣和热情，学生对学校课余体育锻炼存在一定的抵触情绪。学生体育社团的存在理顺了课余训练的多方需求，为拓展学校课余体育训练模式提供了有效载体。体育大课间活动是保证学生每天在校体育活动时间的有效载体，是激发和培养学生体育兴趣爱好的有效途径。学生体育社团为体育大课间等群体活动的开展提供了丰富的素材和基础培训，并且社团活动本身也是学校大课间活动的有机组成部分。

社团项目的设置既要能够满足学生体育爱好的宽度和深度，同时还要充分考虑学校体育竞赛的需求。社团活动的开展应坚持普及与提高相结合的原则，满足不同层次学生的学习需求，也为发现和培养体育人才打下了坚实的基础。通过社团活动的开展，改变了以往学生对课余体育锻炼的抵触情绪，使学生自发地参与到体育锻炼水平的提高上来。学生体育社团还要注重学生体育骨干的培养，借以推动大课间活动开展，使课间活动安全有序、丰富多彩、生机盎然。

经过近几年的摸索和实践，学生体育社团模式促使萧山高桥初中的体育工作取得了累累硕果。在中小学生体育比赛中，该校学生表现突出，成绩令人刮目。萧山高桥初中学生在市级、省级乃至全国的竞赛中均有收获，尤其在跆拳道、三棋、田径、乒乓球等方面表现突出。在2004—2008年的五年里，该校共有31位学生因体育特长被保送省一级重点中学，有近20位学生达到国家二级运动员标准。同时，学校连续六年被评为区级体育先进单位，2009年被认定为浙江省体育特色学校，这些都充分地说明了学生体育社团活动的优越性。

（四）学校的文化内涵和教育服务得到强化

学生体育社团已成为促进素质教育的有效载体。学生体育社团无疑为学生提供了灵活的选择性，使得学生的个性得以充分发挥。一方面学生参加社团活动依然具有灵活性的选择，完全可以和个性相结合；另一方面社团通过对成员情感和志趣的聚合，使他们的集体归属感在心理上得到满足；学校的评价与学生参与社团的积极性相挂钩，为学生在社团的素质培养创造了良好的外部环境。同时，社团活动作为课堂教学的有益补充，通过举行不同层次和各种形式的活动和比赛等，使学生在活泼、自由、宽松的环境中学到课堂上难以学到的知识，学生成员的体育素质在潜移默化中得到提高。

以学校体育场地开放为平台，强化学校的服务功能。随着社会的发展进步和人民群众物质生活水平的提高，人们越来越重视通过体育锻炼来获得自身的身心健康和愉悦。为满足广大人民群众日益增长的体育锻炼需求，省市区制定了相应的学校体育场地开放政策和细则。学校体育场地的开放，为广大群众的体育锻炼提供了资源，同时学校的场地设施也得到了充分的运用。发动和指导学生参与到学校体育场地开放的社会体育指导工作中来，使学生由单纯的教育接收者成为学校体育文化的传播者，既锻炼了学生的体育实践能力和社会适应能力，又充分地发挥了学校教育的服务功能。

实践证明，学生体育社团对于促进学校体育工作具有积极的作用。通过体育社团，学生的终身体育意识和社会适应能力得到增强；体育教师的职业素养和技能水平得到提升；学校课余体育训练模式和大课间活动载体得到丰富；学校的文化内涵和教育服务得到强化。

第五节　努力尝试体教结合的积极效应

学校体育竞赛作为学校体育的重要组成部分之一，一直以来都受到广泛的重视。在校内，它是学校教育和文娱活动的重要载体，受到广大师生欢迎和喜爱；校际间，由上级教育行政部门组织的体育竞赛，是学校和体育教师展示教育、教学、训练水平的重要舞台，还是为上级体育部门发现优秀体育后备人才的重要途径，更是上级教育部门对学校体育教学工作量化评价的重要指标。而与竞赛成绩息息相关的课余体育训练自然成为校长和体育教师的关注焦点。

随着教育的均衡化发展和运动水平及竞赛成绩的不断提高，校际间的竞争不断增强，体育教师的运动训练能力逐步成为制约竞赛成绩提升的重要因素。当竞赛成绩无法达到预期时，通过外聘课余体育训练教练员来提升训练水平纳入了很多校长的思考范畴，一些勇于拓展的校长早已经将其付诸实践。这些学校由于在短期内体育竞赛量化指标提升明显，外聘教练这一做法正在被越来越多的校长接受和采纳。同时，学生体育社团和俱乐部的快速发展，也为学校外聘教练员的体教结合新模式提供了更广泛的市场。

对于这一现象，学校应客观的思考和对待，既要看到积极的一面，还要考虑可能存在的消极面。只有妥善处置和利用，才能更好地促进学校体育的发展和繁荣。

一、外聘教练员所带来的积极一面

（一）促进了学校课余体育训练活动和竞赛成绩的提高

由于学校外聘教练员的目的性比较明确，就是希望通过高水平的教练员来提升学校的课余体育训练水平，提高竞赛成绩。在教练员的聘请过程中，学校往往经过了一定的考察和选择，在条件允许的条件下，从各级各类运动训练队和体育运动学校的教练员队伍，甚至是现役和退役队员中物色教练人选。他们所采用和接触的先进务实的训练理念、方式、方法，在很大程度上保证了聘请教练员的训练层次处于一个相对较高的水平，从而保证了竞赛成绩的提高。

（二）促进了学校体育社团和俱乐部活动的丰富

学校作息时间与家长工作时间上的冲突，使得很多学生的离校时间是在社会教辅机构中度过的。如果学校能够有效利用学生下午上课后的时间，开展丰富多彩的学生体育俱乐部和社团活动，不仅能够解决家长的接送困难，还切实拓展了学生的一小时体育活动时间。特别对于小学生来讲，对于学校供不应求的体育俱乐部活动，学校要积极引进社会体育力量，通过外聘教练员来满足学生参与体育锻炼的需求。外聘教练员解决了学校在开设体育俱乐部过程中存在的师资不和内容单调等具体困难，为学校课余体育互动注入了创新发展的新动力。

（三）促进了体育教师课余体育训练能力的提高

外聘教练这一现象，在很大程度上刺激了部分体育教师安于现状的心态，坚定了体育教师努力提升自身业务水平的决心，加快了他们的学习脚步。在这样的心理准备下，体育教师会通过积极的努力和学习，去不断地缩小自身业务能力与学校对运动训练水平期望之间的差距，来换取自身价值和地位更大认可。而直接从外聘教练那里学习自己最迫切需求的运动训练理念和方法，无疑是最直接、最便利的方式之一。所以，外聘教练将直接或者间接的促进体育教师课余体育训练能力的提高。

（四）促进了学校体育的师资整合和交流促进

外聘教练，在一定程度上缓解了学校体育师资不足的现象。新课程标准的实施和体育课时的增加，对体育教师的课堂教学工作提出了更高要求，而很多学校专职体育教师配备滞后，在这样的情况下，既要保证课堂教学的高质量还要保证体育训练的高水平，令很多体育教师捉襟见肘、疲于应付。外聘教练则缓解了体育教师在体育训练上的压力，将更多的精力用于体育课堂教学上。与外聘教练之间的业务往来，为以后的交流学习搭建了桥梁，在体育人才的发现、培养和输送上具有一定的便利。

二、外聘教练员可能存在的不利因素

（一）学校教育经费的额外支出

无论学校是通过与劳动派出机构签约，还是通过其他途径聘请教练员。外聘教练必然会带来相关的费用支出，比如训练费、交通费、招待费等等，有些外聘教练员甚至还要与学校约定竞赛奖金和补贴。如果有些外聘教练员是通过与学校签订劳动合同形式进入学校工作，还可能会产生养老保险、失业保险、医疗保险和住房公积金等一系列投入。这对于学校相对固定和紧张的教育经费来讲，必然会产生一定的影响。

（二）学校体育活动的风险加大

当前在很多学校聘请教练的过程中，学校与教练之间并不签订任何的书面合同或协议，有些仅仅是口头约定，这增加了学校管理和约束外聘教练员相关训练和比赛活动的难度。这导致活动指导和运动训练过程中可能发生的队员伤害事故缺乏明确的责任主体，一旦发生意外必将造成责任认定的难度。所以，与专职教师相比较而言，外聘教练员增加了教育风险，学校对此必须加强风险防控。

（三）教师专业素养的不良退步

学校如果没有在教师层面对外聘教练员工作进行规划、协商和通告，那么很可能导致体育教师对此项工作缺乏了解和造成误判。专职体育教师如果不是将外聘教练员这一安排当作学习的动力和机会，而是心安理得、如释重负、高枕无忧的享清闲，那么必然会造成专职教师专业素养的退步和缺失，从而使学校和教师越来越依靠外聘教练甚至是外援队员来提升群体活动和课余训练的工作水平。

（四）水土不服，教练指导缺乏针对性

由于很多外聘教练员长期在专业队面向高水平的运动员开展训练工作，他们的训练方式方法往往是针对具有较高训练层次的队员，这对于基层学校良莠不齐甚至是整体偏低的训练状况，训练方法缺乏相应的针对性。很多要求较高的先进训练方法和手段因学生无法接受而不能采用，或者是学生反复在督促与呵斥中进行体育锻炼，这既造成了高端训练资源的浪费，又容易使学生失去课余体育训练的热情和信心。

（五）急功近利，忽视运动员梯度培养

外聘教练员对学校聘请自己的目的往往理解为快速提升训练水平和竞赛成绩。由于政策的不确定性，外聘教练员的时间长短往往是相对随机的，如果竞赛成绩不理想可能随时中止聘请。所以，外聘教练员的选材和训练基本上都存在一定急功近利心理，忽视运动员梯队的培养，这对于学生群体活动和课余体育训练的健康发展是不利的。为此，学校可以根据实际情况为外聘教练员配备业务联络人，由联络人对教练员的指导和训练活动进行必要的监督、调控和干预。

三、学校对于外聘教练员应审时度势，思而后行

外聘体育教练员，既不应该一棒子打死，也不应该一哄而上。关键是学校要明确自己外聘教练员的目的意义，在相关的制度保障下根据学校实际，审时度势，三思而后行。

外聘教练员不应该是学校急功近利的短视行为，而应该把这一活动视为直接提升训练水平和教师训练能力的机会。它甚至是一次教师在岗在职的校本培训，教师在消化吸收外聘教练的先进经验后针对学校自身特点进行创新和本土化，通过专职教师素养的提升来最终实现学校课余体育训练水平的提高，由外聘教练员所带来的竞赛成绩的提高只是这一学习活动的副产品和试验品。

外聘教练员要设定门槛，签订相关合同或协议。外聘教练员要有相对较高的专业水平和训练水平，有相应的基层体育训练经验，还应该根据双方的约定形成相关的书面合同或协议，以降低教育风险。

第六节　有效拓展校园比赛的价值意义

校园体育竞赛是培育学生体育精神、展示学生运动水平和营造校园体育文化的重要平台。体育竞赛所具有的竞争性、公平性、健身性和娱乐性，使得其成为学校教育教学工作和校园文化生活中最具有魅力的元素。学校通过开展学生体育比赛活动，不仅能够丰富校园文化生活和展示学校体育工作水平，还对培养学生体育锻炼兴趣和终身体育意识具有促进作用。而学生通过参与体育比赛活动能够更加深切地感受到体育运动的独特魅力，即便是在现场观赏校园体育比赛也会被同龄人的活力和体育运动的魅力所吸引。正是因为校园体育竞赛所特有的魅力和功能，各级教育行政部门和基层学校都比较重视学生体育竞赛的组织开展。《学校体育工作条例》更是明确提出了学校体育竞赛应贯彻小型多样、单项分散、基层为主、勤俭节约的原则，学校每学年至少举行一次以田径项目为主的全校性运动会的基本要求。可见，校园体育比赛对于学校体育工作的重要性。为此，学校要积极开展各项体育竞赛活动，进一步拓展校园体育比赛在促进学生体质健康方面的积极作用。

一、校园体育比赛存在的问题

（一）体育比赛的规划设计缺乏系统性，活动开展缺乏经常性

学校的教育教学工作是在高度的规划统筹和计划设计下进行的系统性活动。除非出现重大突发事件或十分紧急情况，否则学校的各项工作都会按照预先拟定的活动行事历和教学工作计划进行。这样的系统安排既是为了体现教育工作科学性和规范性所需，也是为了保证学校整个庞杂工作系统的顺畅有序和安全运行。而为了保证学校工作规划的合理性和可行性，其设计工作常常建立在人们的普遍认知和过往经验之上。由于人们长期以来对学校体育工作的片面认知，以及缺乏可供参考借鉴的成功案例经验，使得学校体育工作既受到各方面的普遍重视，又缺乏学校教育教学层面的工作支持，从而导致体育课堂教学特别是体育比赛活动的开展处于相对散乱无序的不良状态，体现较为突出的就是校园体育竞赛活动的连续性和经常性欠缺。比如，有些学校的体育竞赛并没有系统规划，或者活动规划并未纳入学校的工作安排，从而导致比赛活动常常是在领导的口头指示下随机开展。甚至有些学校即便是对于学校体育工作条例中明确规定的每年一次的以田径项目为主的运动会，也会因为人为因素而以各种理由取消。这样的活动状况使得学校体育比赛活动的系统性和规范性大打折扣，这不但严重制约着体育竞赛活动的效能发挥，还可能因为违反活动组织规律而导致安全事故。为此，应该重视学校体育竞赛的系统性规划，保证比赛活动具有一定的连续性和经常性，从而逐步形成学校体育比赛的传统性。

（二）体育比赛的活动设置缺乏创新性，内容选择缺乏兴趣性

体育比赛在学校中的开展本身就是近现代学校教育发展的创新，它是随着奥林匹克运动和现代体育项目在我国的推广普及，而在学校体育工作领域进行的最具划时代意义的创新。如果没有这些体育竞赛活动在学校中的组织开展，很可能我们今天就不会看到这些体育运动的繁荣发展。同时，体育比赛在学校中的开展更是现代学校教育工作的创新，这是真正体现学校教育职能和体育工作目标的最

具操作性的创新活动。正是体育比赛的开展让我们看到了学校在促进学生全面发展中的具体形式和显性价值。然而，校园体育比赛这样一个产生和发展于创新活动的事物，正逐步陷入一个缺乏活动创新和内容吸引的尴尬境地。随着社会发展进步和教育改革的深入，学生对学校体育竞赛的认知和需求都在不断发生着细微变化。如果学校体育比赛的活动仍然一成不变地延续传统设置，那么这样的比赛内容必将逐步失去对学生的吸引力。比如，有些义务教育学校完全按照田径竞赛的项目设置、组织办法和竞赛规则来开展田径运动会，导致很多学生要么不具备参加比赛的身体条件，要么就是不具备参加比赛的技能基础。这样教条机械地组织田径运动会的情况必须加以避免，否则学生必然会因为对体育比赛缺乏基本认知和参与体验而导致兴趣全无。为此，学校在体育比赛的活动选择和内容设置上，一定要从学生的兴趣爱好出发进行必要的活动创新，以进一步激发学生对校园体育竞赛的兴趣。

（三）体育比赛的组织管理缺乏引导性，学生参与缺乏普遍性

体育活动的最大魅力是能够让每一位参与者可以通过自己的身体活动来真切感知到运动奥妙、参与乐趣和健身价值。校园体育竞赛通过让学生通过身体感知和直接体验来获得学习认知和运动收获，这是学校教育教学工作中其他任何活动都无法替代的作用价值。以体育比赛为载体对学生进行思想教育、知识传授和技能培养，要比无数次的空洞说教都要来得实在和更具说服力。为此，学校在体育比赛的组织过程中应该充分引导学生参与到活动中来，让学生有机会参与到力所能及和适合自己的体育比赛之中，从而在活动中感受运动乐趣和激发参与兴趣，从而培养学生健康情趣和终身体育意识。然而，目前仍有很多学校在校园体育比赛缺乏规划的情况下，仍然机械地开展单一的标准化田径运动会，面向全体学生的体育比赛活动内容缺乏，使得学生很难通过亲身参与体验到体育比赛的乐趣。比如，在有些校园运动会上很多身体超重的“小胖墩”或身体瘦弱的“小豆芽”们坐在看台上吃零食，而一些身体精壮甚至略显偏瘦的学生却因为三五个比赛兼项而累到筋疲力尽。这样的状况本身就是对学校体育竞赛活动目标定位、组织开展和活动成效的最大讽刺。为此，引导更多的学生参与到体育比赛中来，让他们切身感受体育运动的魅力，这是学校体育竞赛活动组织开展的必由之路。

二、校园体育比赛改进的建议

（一）对校园体育比赛进行规划统筹，增强活动的系统性和连续性

1. 校园体育比赛的规划必须提升到学校管理层面和进入工作计划

学校体育分管领导要在每学年之初牵头做好校园体育比赛的规划工作，以便对体育比赛的活动设置、内容选择和组织形式等具体事项进行统筹。这既能够将学校体育比赛纳入学校教育教学工作的宏观计划，有效避免体育比赛活动与其他教育教学工作的冲突，还能够通过学校层面的统一规划增加活动严肃性、系统性和规范性，从而有效保证学校体育比赛的如期开展和活动质量。然后，学校将规划拟定的比赛安排和组织方案等竞赛信息，通过学校的工作行事历或会议通报等渠道向全校师生进行宣传发布。这能够让师生充分预知学校体育比赛的活动安排，有利于发挥师生的主观能动性和竞赛的活动引导性，让师生能够以比赛为纽带积极参与到体育锻炼之中去。而且，将体育比赛信息提前发布，也能一定程度上避免人为因素干扰而随意变更或者取消比赛活动，能够发挥师生对学校体育工作计划的监督作用。同时，学校对校园体育比赛进行统筹也是保证比赛活动合理安排和安全进行的客观需要，以期将因为体育比赛散乱无序或组织不当而产生的不利因素和意外伤害降到最低。

2. 校园体育比赛的统筹必须遵从运动项目特征和学生运动生理

每项体育运动都有其特殊的活动需求和项目特征，从而决定了相应的体育比赛活动也存在同样的属性。体育比赛只有满足了这些基本的活动需求才能够确保比赛的顺利进行。比如，在学校没有相应室内场地的情况下，很多比赛项目是否能够开展肯定取决于天气状况，为此要尽量避开多雨或者风沙较大的季节。同时，即便是满足体育比赛开展的气象条件平和的季节，还要充分考虑学生机体参加体育比赛的适宜环境。因为天气较为炎热或寒冷的时候，学生参与活动的积极性不高，身心容易疲劳，不利于活动的开展。为此，夏季天气炎热时运动时间不宜过长，可选择广播操、队列队形、迎面接力等运动量较小的项目比赛。冬季人体进

入运动状态较迟缓，在做好充分准备活动的前提下可以开展跑操比赛、拔河比赛、长绳比赛等。只有充分认识体育运动项目的基本特征，并遵从学生的生长发育和运动生理规律，才可能做好体育比赛活动的规划和预判，才能保证体育比赛活动的顺畅安全。此外，对学校体育比赛进行必要的规划也是为了让体育竞赛活动能够在时间序列上相对均衡地分布。这既能够让学生持续浸润在良好的学校体育活动氛围之中，也能够有效避免因为体育比赛过多或者活动开展过密而形成学校体育工作负担。

3. 校园体育比赛的开展必须争取短期基本稳定和长期相对连续

学校体育比赛的内容选择、时间安排和组织办法要尽量保持基本稳定，这是校园体育比赛活动组织规划科学性、合理性和有效性的重要佐证。如果学校目前组织开展的体育比赛是经过系统规划、认真选择和严密组织的活动，那么这些比赛活动的存在一定有其必要性和合理性。比如，某初中学校去年组织篮球比赛时学生的参与情况良好，而今年重点开展的乒乓球赛却参与者寥寥。在学校乒乓球硬件资源有限且学生小学阶段并没有系统学习过乒乓球的情况下，这样的比赛情况是必然的。况且学生的兴趣爱好即便是真的发生了一定变化，也不可能在短期之内如此剧烈转变。故此，保持体育比赛的相对稳定性是一种合理化表现和高效化处理，既能够避免学校将大量时间用在不必要的犹豫选择上，还有利于学生通过连续参与比赛活动而得到更加深切的认知。比如，某学校上半年开展田径运动会，而下半年结合体质健康测试工作开展达标运动会。其余各月份根据学校体育工作需要，分别安排广播操、跑操、篮球、排球、乒乓球、羽毛球、跳长绳、拔河等比赛。这种体育比赛活动的基本稳定性最终会体现为比赛活动的长期相对连续性，从而更加有效地促进学生终身体育意识和能力的形成，并在学校层面最终形成学校的体育传统项目和校园体育文化。

（二）对校园体育比赛进行内容创新，增强活动的丰富性和趣味性

1. 改进以田径项目为主的全校性运动会的比赛内容

学校可以在坚持以田径项目为主的前提下，适当调整和丰富运动会的比赛内容。这是因为尽管田径运动多是个人参赛项目，但很多内容却是奥林匹克的运动

诞生和发展过程中最具有精神文化的部分。将田径项目作为运动会的主要内容既能够让学生感受体育运动乐趣，更能够让他们通过比赛感知世界体育文化。为此，对于学生因为不懂或不会而无法参与比赛的问题，教师要积极在课堂教学和课余训练中加以培养。课程标准中建议要教的跳远、跳高等内容一定要教，对于学生感兴趣的器械投掷应该做到适当介绍。当然，对于一些因为学生身体发育尚未达到运动基本要求而无法开展的项目比赛，教师还可以做好项目转换或器材变通。比如，小学生田径运动会上的标枪投掷比赛，可以采用趣味体育器材来代替统一规格的标枪，从而让学生有机会体验运动乐趣和体育文化。此外，田径运动会还可以增加部分学校体育特有项目。比如，将实心球投掷作为比赛内容既可以与课堂教学内容做到有效衔接，还能够体现实心球作为升学考试项目内容的重要作用。同时，将部分本身就来自于奥林匹克的运动内容放入中小学的田径运动会，往往能达到更好的活动目的和产生更加理想的活动效果。比如，将古代奥林匹克运动诞生时就有的往返跑内容引入田径运动会，只需要进行适当的组织变动就能够让学生与体质健康测试相联系，更能够较为直接地感知到田径运动的历史文化。而立定跳远作为曾经的现代奥林匹克田径比赛项目和当前体质健康测试的重要内容，更是在学校体育教学和训练中开展的相当普遍，将这样的内容列入学校田径运动会的比赛项目，无论项目发展历史还是运动文化都能够与田径运动会做到最为理想的统一和融入。

2. 促进以球类项目为主的传统体育项目单项比赛

足球、篮球、排球、羽毛球、乒乓球等运动风靡世界，社会大众和公众媒体都高度关注着这些体育运动的比赛进程、优秀选手和赛会文化。人们越来越多地从关注新闻逐步转向参与运动，从而形成了这些运动项目良好的推广环境和运动基础。在这样的社会体育大环境下，学生通过耳濡目染也熟悉了这些运动项目。如果学校能够对此加以利用，并利用体育课堂教学和课余体育锻炼对学生进行必要培养，那么将更加有利于发挥教育合力促进学生终身体育习惯的养成。同时，当前各级教育行政部门和基层学校都有对于学校体育特色、传统项目和一校一品等方面的工作诉求和发展愿景。将社会运动文化氛围良好和学生喜闻乐见的传统单项体育比赛作为备选内容，无疑更能够受到学生欢迎和社会认可，也更容易取得良好的工作成果和发展空间。特别是在当前校园足球运动如火如荼开展的情况下，如果学校能够充分利用各种发展机遇和运动资源一定能够获得更多收获。比如，有些地区由教育局统一购买足球教练服务，学校只需进行必要的场地布置和教学组织，就会有专门的足球教练甚至是外教到校为学生上足球课。而学校负责足球工作的老师既可以通过向这些教练学习获得业务提升，还有机会参与教育行政部门组织的各种培训和进修活动。只要能够审时度势和把握机遇，学校和老师并不需要做艰苦付出，也不需要承担过多活动风险，但学校体育工作层次和教师业务素养都得到了显著提升。

3. 秩进以趣味体育项目为主的民族民间体育比赛

民族文化是流淌在血脉中的记忆，民间体育是流传在人群中的智慧。民族民间体育运动产生于特定的历史文化环境，是整个民族在生存繁衍、生产生活和人文传承中留存下来的文化遗产。学校体育比赛应该充分发挥民间体育活动的独特魅力，有效利用这些体育活动良好的社会基础和操作简易的特点，在丰富学校体育比赛内容的同时促进民族体育的传承发展。比如，将大象拔河、拧杆子、抽陀螺、抖空竹等内容引入学校体育比赛，既可以极大地激发学生的参与热情，还能够有效发展学生的力量、灵敏、协调等素质。特别是少数民族聚居区的学校，可以充分发挥传统体育项目的魅力。比如，开展竹竿舞比赛活动，既可以使体育活动不再受制于丘陵山地的地形限制，还能够充分利用这些地区最为普通的植物资源。让孩子们在竹竿舞欢快的节奏中发展灵敏和协调等身体素质，品味祖先生产生活中的休闲娱乐，这就是最和谐真挚的体育教育活动。而对于冬季冰天雪地的北方地区学校，因地制宜地组织开展传统的冰雪项目比赛无疑是再恰当不过了。特别是随着北京冬奥会的临近，整个社会冰雪运动氛围逐步浓厚。只要教师适当调整竞赛规则，就可以在校园里开展相关的体育比赛。比如，既可以在校园里开展滑爬犁、滑冰、抽冰尜等传统比赛，还可以组织开展冰壶、冰球等现代冰上运动。这不但可以极大地丰富校园体育比赛内容，激发学生参与体育比赛的兴趣，促进学生终身体育意识的培养，还能够丰富学校体育比赛的内涵，让学生在体育比赛中感受体育文化。

（三）对校园体育比赛进行组织扩容，增强活动的参与性和群体性

1. 学校要尽可能地增加现有各项比赛的报名人数，同时限制每位参赛学生的兼报项目数量

只有尽可能地增加参加体育比赛的学生数量，才能够让更多的学生感受到体育运动魅力，才能够更好地发挥体育比赛对于学生全面发展的推动作用。为此，学校在组织体育比赛过程中要做好充分的准备工作，不但要对比赛进程进行最优化的编排，还要对比赛裁判进行业务培训和工作指导。从以往的比赛情况来看，每次全校性田径运动会的大部分时间都用在了竞赛组织和裁判工作，真正留给学生比赛的时间并没有想象的那么多。因此，必须进一步提高体育比赛的工作效率，将更多的时间真正留给比赛，从而让更多的学生有机会参与到比赛中来。同时，还要尽量控制运动会中过多的仪式活动。尽管必要的活动仪式感是需要的，但如果在仅有的一天运动会时间里，有半天时间是用在开幕式表演等文化活动上则必然是得不偿失。这样做失去了体育比赛应有的主体形式和活动价值，除非学校能够提供更多的运动会时间。在确保基本的比赛规模和参赛人数的前提下，学校体育比赛越隆重越有利于扩大比赛影响，将比赛活动开展的红红火火是所有组织者和参与者最希望看到的局面。

2. 积极推进以体质健康项目为主的《标准》测试运动会

随着各级教育行政部门对学生体质健康工作的不断重视，越来越多的学校认识到《标准》测试工作的规范性、严肃性和重要性。为了能够更加准确、高效和统一地测得学生的体质健康数据，也为了学校自行组织的测试活动能够更加接近上级数据复核活动，很多学校开始采用运动会形式来进行全校性的《标准》测试活动。这既有利于提升测试数据的准确性和数据复核的一致性，更有利于提升全校师生对学生体质健康工作的重视程度。同时，运动会形式还能够让学生充分释放自己的拼搏精神和运动实力，从而获取学生最真实的体质健康数据和营造良好的体质健康测试氛围。特别是能够让每位适合参加体育锻炼的学生都能够感受到体育比赛的乐趣，这是以往任何体育比赛活动都无法比拟的根本优势。因为，无论学校如何增加田径运动会报名人数，或者进一步丰富趣味体育比赛内容，但终

究会有一部分学生因为竞赛组织限制和学生兴趣爱好而无法让所有学生都参加体育比赛。但这样的情况在《标准》测试运动会上不会出现，除非学生因为身心健康原因在取得相关医疗诊断或证明的情况下不参加测试，否则所有适合运动的学生都必须参加测试。这使得《标准》测试运动会成为学校体育比赛活动中参加人数最多和拼搏精神最好的学校体育比赛盛会。

3. 广泛开展以操舞类项目为主的校园集体体育项目比赛

学校体育活动中的广播操、跑操、武术操、健身操等操舞类内容，不但具有活动参与要求不高、运动强度和负荷适中和简单易操作等项目特征，还具有培养学生集体主义精神、提升社会适应能力和塑造良好的健康形象等活动功能。为此，学校要将这些体育大课间的常规活动内容提升到学校体育比赛的层面，这既能够发挥这些体育活动内容的积极作用，还能够借助体育比赛的推动作用来提升日常活动质量。当然，在活动的具体安排上要充分考虑学校工作部署、季节天气因素和学生的学习状态，以进一步提升和扩大操舞类体育比赛的活动效能。比如，在每学期开学一个月后组织广播操比赛，不但能够促进新生的广播操学习进程，还能够巩固老生的广播操学习质量。而在冬季长跑活动开始后及时组织全校性的跑操比赛，不仅能够提高学生参与跑操的兴趣，更能够通过控制跑操质量而提升活动安全。而其中最为重要的是这些比赛活动能够让更多的学生感受到群体性体育比赛的特殊魅力，让他们通过参与体育比赛认识到个人与群体的关系，从而更好地融入集体之中，提升社会适应能力。

第八章　学生体质健康的问题建议

我国重视学生体质健康监测质量，近年出台了一系列的制度和文件，加强了政策方法的宣传推广力度，以期提升学生体质健康监测工作质量和学生体质水平。然而第六次全国学生体质健康调查显示，中小学生身体素质下滑趋势虽然开始得到遏制，但我国学生体质健康的总体水平仍持续缓慢下降。这除了社会发展带来的人们生活方式改变的影响，以及国家方针政策施行的效果滞后等因素外，学生体质健康工作的质量不高是其中的重要因素。

从构成学生体质健康工作体系的主体来看，学生的《标准》活动、学校的《标准》实施、区域的《标准》监测组成了学生体质健康的具体形式和工作基础。学生的《标准》活动情况是学生体质健康工作的出发点和落脚点。唯有切实提升学生体质锻炼的认知、行为和样态，才能实现学生体质健康的积极转变和持续发展。学校的《标准》实施工作是学生体质健康的基本保障和提升源泉。只要学校强化学生体质健康的行为促进、方法指导和兴趣激发，必然会为学生的体质健康产生积极影响和良好态势。而区域《标准》监测质量则是提升学生体质健康的关键要素和必要条件。如果没有区域教育行政层面对基层《标准》实施的领导、监督和评价，那么就无法保证学生体质健康工作的水平、质量和成效。

第一节　学生《标准》活动的现实问题与指导建议

学生体质健康问题不是独立存在和稳固不变的单纯性问题，它是整个社会发展体系弊病在学生体质健康方面的具体展现。随着经济社会发展，人们的精神文化生活方式发生了剧烈变化。信息多媒体娱乐的即时刺激与快感，远胜于体质健康这一基本生命维系对人们的吸引和诱惑。同时，由于人们物质生活丰富和饮食结构调整，学生中营养过剩和挑食厌食的情况比较常见。生活方式的转变正深刻影响着学生体质健康的现状和发展。而在当前应试教育未发生实质性转变的背景下，学生校内外学习的全部重点仍然是以文化知识学习和解题能力提升为目的的应试培养。在升学压力、学习氛围和价值引导的作用下，学生参与体育活动的行为动机多为情绪宣泄式的原始诉求或升学考试样的短期目标，缺乏对体质健康和体育活动的本质认识和价值感悟。此外，人们对学生体质健康的认识不足和方法欠缺也是一个不能忽视的问题。很多教师仍然希望通过短期的测前突破和专门的测啥练啥来达到提升学生体质健康水平的目标，这不但不符合体质健康相对稳定的概念定性，而且也不符合《标准》实施的价值导向。为此，重视学生《标准》活动中存在的问题，并进行积极的应对和调整，是实现学生体质健康稳步提升和有序发展的重要基础。

一、学生《标准》活动的现实问题

（一）学生自主支配的锻炼时间较少

基础教育学生可自主支配的体育活动时间较少，这是严重制约着学生体质健康稳步提升和持续发展的突出问题。自主体育活动是培养学生体育锻炼习惯和终身体育意识必不可少的基本条件。如果没有一定量度和周期分布的自主体育时间，学生的活动习惯和终身体育将无从谈起，那么学生体质健康水平的提高必然缺乏稳定性和持续性。由此可见，自主支配体育活动时间对于学生体质健康的重要性。

当前，随着考试制度改革和课程改革深化，传统应试教育模式正在发生着潜移默化的改变。对学生学业水平的考试评价正由原来“一考定终身”的终结性评价，补充进来对学生各阶段学习发展情况的过程性评价内容，乃至采用多次选考的形式来更加客观和全面地考察学生的学业水平。这样的考试制度改革对学校教育教学工作和学生全面发展必将产生积极影响，然而这对于学校体育工作和学生体质健康来讲却可能产生消极影响。在原有的按学段进行考试评价时期，学生可能会因为距离最终考试为时尚早而有一定的余暇时间，从而为在余暇时间进行体育活动提供了时间保障。而如果应试细化到学生学习经历的每一次阶段考试和每一个日常评价，那么必然会导致学生余暇自主时间的进一步压缩和体育锻炼时间的进一步减少。

而今，随着精神文化生活丰富和电子信息技术繁荣，电子娱乐正以压倒性优势夺走人们余暇时间里的体育休闲锻炼时间。特别对于处于身心快速发育而人生观与世界观又尚未完全形成的基础教育学生来讲，网络虚拟世界的角色变换和电子竞技游戏的显性收获都要比在传统体育活动中获取类似效果要来得容易和刺激。电子娱乐活动简易的参与方式、丰富的参与体验和社会的参与氛围，都有别于体育活动时场地器材人员的限制、活动的规则制约和氛围的封闭独立，这使得学生更加热衷于电子娱乐而不是体育运动。加之体育活动不仅受制于天气、场地、器材、人员等必备条件，还需要基本的热身准备活动和必要的放松拉伸，这使得原本就捉襟见肘的体育活动时间里能够承载有效活动内容的时间进一步减少。

此外，尽管学生通过体育课堂学练、大课间体育活动和体育活动课等载体获得了一定的体育锻炼时间，但由于这些活动仍以统一操练形式为主，故对学生自主体育活动时间增量并不突出。而且，这也没有真正发挥这些载体在培养学生体育兴趣爱好和终身体育习惯方面的积极作用。传统替代型教学策略的灌输教学在学生短期认知技能的提升方面具有比较明显的教学效果，但对学生学习兴趣的激发和学习能力的培养仍有很多欠缺。而大课间体育活动受制于时间、场地和内容，多以占用体育资源较少的操舞类活动为主，缺乏学生活动自主性和多样性。即便是由班主任主导或体育教师指导的体育活动课，很多时候受制于场地器材统筹和团队活动计划也多以集体活动为主。由此可见，在当前的社会背景和教育体制下，学生可自主支配体育锻炼时间仍明显不足，并影响到学生体质健康的发展。

（二）学生体质锻炼的行为动机不足

学生参与体质锻炼活动的行为动机不足，这是严重影响学生体质健康活动效能与和谐发展的根本问题。行为动机是行为主体为实现一定的目标所表现出来的主观愿望和意图，它直接影响着学生参与体质锻炼活动的行为表现和活动质量。学生在整个基础教育阶段理想的行为动机发展应基于认识未知事物的内部驱动，加以适宜的外部引导并最终形成稳固的内部动机。在这个过程中，光有内部驱动不足以实现和谐统一的群体目标，而不顾及内部动机的外部引导则难以促成稳固的内部动机。

对于处在身心快速发育期的基础教育阶段的学生来讲，不但强健的体魄对于他们的学习生活不会产生过多显性的积极影响，就算是关系到生命维系的体质健康水平也会让他们感觉与自己的学习生活相去甚远。这样的健康意识对于心智尚未完全成熟的青少年来讲不足为奇，因为即便是许多成年人也会有很多不良的健康生活习惯。只有人们在面对和感受到自身健康问题时，才会积极主动地去参加健康促进活动。可见，人们往往基于当下的身心感受去选择自己的行为方式，这符合内部动机的一般特征。学生参与体质健康锻炼活动的最初动机往往来自对未知事物的探索和身心愉悦的感受等人类生存生活的基本诉求。这样的内部动机还会因为学生性格、所处环境和价值取向的不同而产生较大差异，从而使得这种原生式的内部动机不足以支撑和完成高层次的统一群体目标。

在体育课、大课间和课余锻炼等学生体质健康的校园促进活动中，学生参与体育锻炼活动的行为动机往往来自完成学校布置的任务和听从体育教师的指挥。如果学校的安排和教师的指导不能基于学生的认知水平和兴趣爱好，那么这些健康促进活动所产生的行为动机就成为单纯的外部压力，从而难以产生对学生体质健康行为的驱动作用。特别是学校和教师采取《标准》测什么就教什么和练什么的策略，将会严重打压学生对体育活动的基本兴趣。这种以外在检测手段替代内在事物本质的做法，很难从本质上提升学生的体质健康水平。因为很多测试手段并不具备对学生体质健康的逆向推进作用，例如每天练习肺活量测试也无法有效提高学生的肺活量，否则这样的测试手段便失去了最初的设定价值。而且，这些测试办法和检测手段本身也不具备体育竞赛活动的趣味性、竞争性和系统性。如果教师不能通过体育活动有效提升学生的体育技能和兴趣爱好，促使学生的原始兴趣转化为爱好习惯并成为稳固的内部动机，那么学生体育参与的外部动机和内部动机最终都将减弱消失。

当然，学校的《标准》实施情况也密切关系着学生体质锻炼活动的行为动机。学校严格按照《标准》实施办法、测试操作办法和《学生体质健康监测评价办法》对学生的体质健康进行测试和评定，将有助于学生基于自我认同而从行为因果方面激发行为动机。特别是学生通过自己的努力切实改善了测试体验和提高了测试成绩，这样的成功体验有利于学生从最初的被动练习转变为后期的主动学练，从而使外部压力转换为内部动机。此外，在发挥学生体质健康指导文件和操作办法激励引导作用的同时，还要重视这些文件对于学生评优评先、三好学生和奖学金等事项的制约限制条款。这些条款的严格执行有利于通过外部约束促进学生产生积极的体质健康锻炼外部动机。

（三）学生体质健康的知识方法欠缺

学生体质健康的知识方法欠缺是导致学生体质健康水平不高和表现不佳的重要问题。如果学生对体质健康的必要知识、提升方法和测试办法没有相对系统的了解和掌握，那么他们对体质健康锻炼和测试将会不知所措和无可奈何。为学生提供尽可能丰富的适宜方法，并通过系统的练习建立正确认知，这是体育教师在学生体质健康锻炼指导中的重要职责。否则，不但会让学生产生厌烦畏惧情绪，还可能发生活动安全隐患，并导致整个体质健康促进活动的效能低下。

学生体质健康的基本知识并不是独立于体育与健康课程之外的专有知识，它从属于体育与健康课程的知识体系，存在于体育课堂教学、群体活动和课余训练的方方面面，对体质健康促进活动发挥着重要的支撑作用。然而，在课堂教学和课外锻炼等体质健康促进过程中，教师常常忽视对学生进行基础知识的教学，从而增加了学生体育学习过程中不必要的负担。学生要么通过反复的练习尝试从运动经验中提炼总结知识，要么通过身体在运动过程中的代偿反应而逐步感知运动常识。诚然，学生基于必要的运动体验从而掌握基本知识能够获得较好的学习效果。但并不是所有的知识都要通过直接体验和经历来获得，这既是为了保证教学效率，也是为了教学效益。比如，教师不可能让学生通过不断的跌倒来体验各种保护姿势，更不可能让学生从跌倒保护中悟出前滚翻的动作方法和价值。为此，学生体质健康的基本知识教学，既要避免空洞说教，更要注意避免教学缺失。

学生体质健康的锻炼方法是体质健康促进活动知识性、系统性和科学性的具体体现。体质健康锻炼方法是人们基于人体运动生理认知和体质健康锻炼经验，在长期的锻炼活动中总结出来并得到实践验证的专门知识。它对提升学生的体育锻炼的方法和效果发挥着不可或缺的促进作用。在教学指导过程中，教师能够针对学生的具体情况提供可供选择的有效锻炼方法，这不但是教师教学水平和能力的展现，还是教师工作价值和意义的支撑。如果学生没有掌握相应的体质锻炼方法，那么无论教师如何激励都难以克服锻炼中的实际问题。比如，某教师在指导学生引体向上锻炼时，要么反复鼓励学生用力加油，要么大声呵斥学生不够努力。然而，很多学生除了在单杠上痛苦扭动外就是无法完成引体动作，甚至有学生连手掌上的皮肤都撕脱了。此时，教师给不同水平学生提供可行的引体向上锻炼方法是当务之急，否则学生对这个项目会彻底丧失信心。

学生体质健康的测试办法是系统的操作性规范，它明确指出了测试操作办法和动作规格标准，为更加客观和准确地测定学生的体质健康情况提供了保障。学生掌握基本的体质健康测试办法是保证测试活动顺利进行的工作需要。只有学生明确测试操作办法和动作规格标准，才能有效避免测试过程中的违规行为，并能保持良好的测试心理发挥应有水平。否则，学生在被反复告知和不断提醒的测试情境下很容易发生测试失常。而且，对测试办法的全面认识和客观解读有利于学生在测试活动中展现出更好的体质健康水平。比如，坐位体前屈测试办法明确规定“两脚分开约 10 ~ 15 厘米”。但在教学和测试过程中很多教师往往忽视这一细节规定而反复强调两腿伸直并拢，这不但会因为学生的双腿方位变化而导致无法测得准确成绩，还会导致学生因为下肢紧张而影响水平发挥。

二、学生《标准》活动的指导建议

（一）确保学生的自主体育时间

在体育课堂教学过程中，教师要选取适宜的自主、合作和探究等学习方式组织教学，从而为学生提供一定的自主学习时间。通过“先学后教”的教学模式，在课堂教学的初始为学生安排一定的探究学习时间，对激发学生的体育学习兴趣具有积极作用。这样的教学模式能够让学生通过自己的探究活动，提前感知教学内容和发现学习重点，从而更加有针对性地进行体育学习。同时，这也有利于教师发现学生体育学习的问题和兴趣，并进一步调整和完善教学计划安排。而通过“学以致用”的教学模式，在完成教学内容的讲授后为学生安排一定的学习运用时间，对学生形成积极的体育学习动机具有帮助作用。这样的教学模式能够让学生通过合作和运用，进一步体验体育学习的快乐和意义。总之，只有在课堂教学过程中给学生留有一定的自主体育学习时间，才能从根本上实现学生体育学习由“要我学”向“我要学”转变。

在课外体育活动过程中，学校要创设适当形式、内容和时间的体育参与机会，为学生的自主体育活动提供可能。学校要根据目标任务和场地器材情况，在体育大课间活动时安排一定的自主体育锻炼活动。以往体育大课间多以全校统一的操练式安排居多，全校学生在教师或音乐的统一指令下机械运动，学生体育锻炼的积极性不足。为此，学校可在条件允许的情况下增设相对自主的班级轮换锻炼内容，只要学生能够跑起来、动起来、喊起来，那么终究会对学生体育兴趣培养和锻炼效果提升有所帮助。学校还可以根据学生兴趣爱好和师资状况开设体育俱乐部或社团活动，师资可以由体育教师、专长教师和外聘教练来组成。让学生自主选择不同项目和类型的体育锻炼组织，从而将原本的被动学习转换为自主学习，显著增加了学生的自主体育活动时间。而且，体育俱乐部和体育社团这种相对松散的活动形式，能够为学生提供更多兴趣指引下的自主体育时间。

在校内外的学习余暇时间里，学校要营造宽松和积极的体育活动氛围。学校应该按照相关文件要求严格控制学生的在校时间和作业量，将更多的可自主支配时间还给学生的校内外生活。学校要严格控制教师拖堂问题，给学生必要的学习转换时间和基本的课间休息。在中午要给学生一定的午休时间，学生吃饭后就马上做作业和学习将不利于身体健康。而且，学生成长过程中必要的情感交流和情绪表达也需要一定时间和空间，否则学生会将这种成长需求在课堂上进行宣泄而影响教学。学生的回家作业严格控制量和难度，让学生离校后有更多时间参与自己喜好的活动，从而为学生参与体育锻炼提供可能。此外，学校可以对学生的校外体育活动进行引导，通过以参与为主的体育活动倡导和粗放式的体育作业布置，让更多的孩子能够感受到体育锻炼的积极作用。

（二）激发学生的体育锻炼动机

学校要积极落实体育、艺术 2 +1 项目工作，通过课内外体育活动让学生至少掌握两项体育运动技能。帮助学生掌握体育运动技能不仅是衡量体育教学评价和教师业务水准的基本内容，还是构成学生体育锻炼动机的重要促成因素。学生只有较好地掌握体育技能才能体会到运动乐趣和体育魅力，并诱发内部驱动去主动参与自己喜爱的体育活动。

（1）学校可在不打乱学生行政班的情况下，根据教师专长来确定其执教全校学生的某一项或几项体育教学内容。通俗来讲就是多位教师教一个班的体育课，以往是按班级来划分教师的教学任务，而现在则是按体育项目。由于教师的教学内容单一且擅长，所以教师教学准备的效率更高、效果更好。能够同时获得不同年级的教学反馈，教师教学方法的选择和运用将会更加合理、高效。

（2）学校也可将多个班级的学生按其所选的体育项目进行重新的教学组合来进行集中教学。一般每隔几课时安排一次，多个班级的全体学生在同一课时进行由不同教师任教的体育学习。每学期的专选教学课时以 10 次左右为宜，课时过多则影响体育与健康课程目标的达成，过少则会导致专选项目技能教学的连续性不强。具体开设的体育专选项目由学生在课程标准和“2 +1 项目”的范畴内自主选择，学校统筹确定。

（3）为满足学生的学习需求和技能发展需要，学校还可以利用课外时间以学生体育专项社团为载体，在教师的指导下由学生自主开展相应体育学习和活动。它可以看作是学生自选学习的课外延伸，只是形式更加宽松。这有利于学生对已具备的体育技能进行巩固和运用，以期真正地实现对体育技能的较好掌握，从而在校内外初步形成一个有共同爱好和特长的“圈子”，为学生的终身体育打下坚实的基础。

（4）学校要严格按照《标准》实施办法、测试操作办法和《学生体质健康监测评价办法》对学生的体质健康进行测试和评定，通过终结性评价和过程性评价来充分发挥学习评价在学生体育学习动机方面的促进作用。同时，学校还要在学生评优评先、三好学生和奖学金等事项中严格执行相关的体质健康要求，以发挥学生体质健康指导文件和操作办法激励引导作用，促进学生产生积极的体质健康锻炼外部动机。此外，学校还要组织好每年一次的以田径项目为主的运动会，以及丰富多彩的小型体育比赛，让更多学生在体育运动中得到锻炼和展示机会。

（三）加强学生的锻炼方法指导

在体育课堂教学过程中，教师要有意识地进行体育与健康知识的讲授，从而让学生更加从容地参与体质促进活动。比如，教师应该教给学生耐久跑的一般呼吸方法，让学生通过体验呼吸与脚步的配合来掌握跑步节奏和缓解运动疲劳。对于跑步过程中可能会出现的“极点”情况，教师也要做好科学讲解和应对说明，从而让学生更加从容地参与到体育活动中去。而对于一些可能未列入体育教材教参的锻炼常识，教师也应该针对学生的锻炼情况进行必要的提示和讲解。例如，教师发现有学生在800米测试时紧闭双唇跑步，那么就要建议学生最好采用口鼻并用的呼吸方式，以保持气道通畅来增加肺部通气量。

在体育活动指导过程中，教师要尽可能地向学生介绍体质健康促进方法，从而让不同体质状况和体能水平的学生都能获取适合的锻炼方法。比如，在引体向上锻炼活动中，教师可以让肥胖的学生选择一些能够调控体重的有氧练习，而没有必要反复挂在单杠上做收效甚微的短暂直臂悬垂。对于那些不足以完成单次标准引体向上的学生，教师可以提供给他们斜撑引体、屈臂引体和助力引体等练习方法，还可以通过协作练习来提升趣味性。而对于能够完成标准引体动作但数量不足的学生，教师可以通过宽握引体、快起慢下和屈臂悬垂等方法来进一步提升他们的体能素质。总而言之，层次细分而又方法多样的练习手段有利于提升学生体育锻炼的效果。

在体质测试学练活动中，教师要进一步地向学生讲授体质测试的操作办法、规则要求和技术方法，这有利于学生更加从容应对测试活动和充分展示体质水平。只有让学生做到对测试操作方法的熟知，才能展现学生真实的最优体质水平。比如，肺活量测试时如何进行有利的呼吸动作以进行最大吸气和最佳呼气，如何握持吹嘴以保持气道通畅和避免漏气，乃至如何调动呼吸机能和调整测试间隙等。体质健康测试项目的运动规则也是学生必须掌握的重要知识，这是维系运动项目公平公正和安全有序的基础。比如，立定跳远测试时要重点关注起跳是否有小跳动作，以及落地后的最近落地点确定，这关系到测试的准确性和公正性。再如，耐久跑测试时要重点关注学生向内跨过或踩着跑道线跑步，以及从其他跑步者内侧超越的情况，这关系到测试的公正性和安全性。

第二节　学校《标准》实施的客观问题与改进建议

学校的《标准》实施工作是整个学生体质健康工作中最为关键和最为重要的环节。如果学校的《标准》实施流于形式或敷衍了事，那么所有的政策引导和方法设计都将难以发挥应有作用。随着学生体质健康工作的稳步推进和质量监测体系的逐步成熟，学校在《标准》测试上报环节的虚报瞒报和弄虚作假情况已经大为减少。学校在《标准》实施工作中的主要问题正由数据测试上报环节转移到体质健康促进环节，而这正是学生体质健康工作的根本所在。为此，在继续强化政策引导和监测评价的同时，如何从根本上促进学生体质健康的持续发展是当前学生体质健康的工作重点。学校要针对《标准》实施工作中的主要问题，不断进行工作调整和创新，以促进学生体质健康的稳步提升。

一、学校《标准》实施的客观问题

（一）学生体质健康和学校体育工作的法律法规执行不力

学校体育的法律法规是国家教育行政基于当前工作现状和未来发展愿景所进行的顶层设计的具体展现。这既为学校开展学生体质健康工作指明了方向，也为对学校进行相关工作评价提供了充分依据。然而，在区域教育管理和基层教育实践中仍普遍存在着对体育法规执行不力的问题，体育专项经费投入不足和每天一小时体育活动无法保证等问题仍然存在。同时，基层教育行政和学校还存在着对相关文件通知落实不足的问题，尽管开齐开足体育课这一要求反复重申，但仍有学校尚未全面落实。

《学校体育工作条例》中明确规定学校的上级主管部门和学校应当按照国家或者地方制定的各类学校体育场地、器材、设备标准，有计划地逐步配齐。地方各级人民政府在安排年度学校教育经费时，应当安排一定数额的体育经费，以保证学校体育工作的开展。然而由于各种原因，目前仍有很多学校在体育经费和场地器材方面尚未体现出条例的具体落实，使得这些因素仍是制约体育教学和课余锻炼有效开展的重要因素。同时，条例还规定普通中小学校、农业中学、职业中学每天应当安排课间操，每周安排 3 次以上课外体育活动，保证学生每天有一小时体育活动的时间（含体育课）。学校体育竞赛贯彻小型多样、单项分散、基层为主、勤俭节约的原则。学校每学年至少举行一次以田径项目为主的全校性运动会。但仍有很多学校无法保证学生每天一小时体育活动时间，全校运动会的田径项目份额也越来越多地被开幕式表演和娱乐性项目所替代。

《中共中央国务院关于加强青少年体育增强青少年体质的意见》和教育部关于印发《切实保证中小学生每天一小时校园体育活动的规定》的通知中明确提出要严格执行国家关于保证中小学生每天一小时校园体育活动规定。中小学校要认真执行国家课程标准，保质保量上好体育课，其中小学 1 ~ 2 年级每周 4 课时，小学 3 ~ 6 年级和初中每周 3 课时，高中每周 2 课时；没有体育课的当天，学校必须在下午课后组织学生进行一小时集体体育锻炼；每天上午统一安排 25 ~ 30 分钟的大课间体育活动。要将上述学生校园体育活动时间和内容纳入教学计划，列入学校课表，认真组织实施。然而，很多学校体育课开课不足和挪用的情况还很普遍。小学因为尚无升学压力，一般体育课排课能够按照要求进行，但被其他学科挪用的情况也很多。初中因为面临中考升学压力，尽管有体育考试但还是有很多学校每周只排 2 节课，甚至有学校课程表上排了 3 节体育课，但有一节是由其他主科教师来上文化课。我们不难判断，如果学校对于文件通知要求的体育课尚且无法保质保量，那么学校的体育大课间和一小时体育锻炼就更可想而知了。

（二）体育课堂教学和课外体育锻炼的体质健康促进不当

体育课堂教学和课外体育锻炼是学校对学生体质健康发展实施干预的重要平台和基本途径。各级各类学校应制订和实施体育课程、大课间（课间操）和课外体育活动一体化的阳光体育运动方案，以有效提升学生体质健康促进工作效能。然而，当前学校体育工作中还是存在着体育课堂教学变质和课外体育锻炼变味的问题，严重制约了学校教育功能的实现和学校体育目标的达成，致使学生体质健康发展缓慢。

在当前的体育课堂教学中也存在着过度追求教学的技术性和艺术性，而忽视教学的工具性和目的性的问题。体育课堂教学需要依托体育运动项目的身体练习，但这些内容只是实现课程目标的教学媒介，而不是体育课程教学的根本目的。但仍有很多教师在课堂教学中过度强调动作技术和运动技能学练，对增进学生身体健康缺乏直接有效的教学手段，从而导致课堂教学效能低下。比如，有教师用 6 课时在沙坑边教学生蹲踞式跳远，由于未进行教学场地调控和组织创新，学生体育课的练习密度尚不足 20%。这样的体育课不但很难教会学生掌握动作技能，而且对促进学生体质健康发展也作用甚微。此外，还有部分体育课对课程改革理念的展现存在欠缺，出现将教学理念当作教学方法的问题。体育课过度强调兴趣激发和自主探究，导致体育课出现散乱无章的放羊课和随心所欲的游戏课。

体育大课间和课外体育活动是保证学生每天一小时体育活动的重要措施，然而很多学校的大课间和课外活动的次数和时间常存在过分随意和不能达标的问题。有些学校即便在无体育课的当天下午，也没有按照要求开展集体课外体育活动，学生每天一小时体育活动难以保证。尽管形成这一问题的因素复杂，诸如排课序列、内容形式和教师配备等都会影响到课外体育活动的落实，但这个长期以来制约学生体质健康发展的问题必须得到有效解决。此外，近年来很多学校引入社会体育资源在校内开设体育俱乐部取得了一定成效，学生的体育兴趣和运动水平都得到了快速发展。但俱乐部过于商业化和兴趣化的倾向值得注意，而且这种由学生按兴趣购买服务的形式并不是面向全体学生。为此，学校必须全面统筹和调控课外体育活动安排，以促进全体学生体质健康的稳步发展。

（三）学生体质健康测试和监测评价的过程方法存在不足

学校学生体质健康测试工作缺乏规范性和统一性仍是目前影响《标准》测试成绩准确性和真实性的主要问题。这既有区域教育行政部门对学生体质健康工作领导和管理不到位的原因，也有学校对学生体质健康工作缺乏全面认知和主动落实的原因。但无论基于何种现实或出于何种考虑，都不能成为学生体质健康测试散乱和随意的理由。试想如果教师不按照测试操作办法，而是让学生穿鞋测身高和体前屈，那么这样的测试结果不会可靠。而有些教师在这样的测试中还变通地观察学生鞋底减去 1 或 2 厘米，那么这样的测试结果也不会准确。而允许学生借助身体摆动、反手握杠或屈臂来进行引体向上的情况在初中男生测试中也比较普遍。但即便将学生跳起拉上的引体向上计算在成绩内，学生的成绩提升似乎仍不十分明显。可见，测试活动散乱随意的出发点，并不单纯是为了提高学生体质健康的测试结果，更不可能是为了提升学生的体质健康的水平状况。此外，在测试后允许学生反复补测的所谓以测促练问题也需要引起重视，这虽然能够一定程度激发学生测试热情，但严重破坏了测试的规范性、合理性和严肃性。

学校对学生体质健康监测评价缺乏必要重视和落实，是基层《标准》实施工作中面临的主要难题。在区域教育行政部门对所属学校缺乏系统监测和评价的情况下，这样的问题将会更加普遍和难以改善。在学生体质健康的测试环节，很多学校仍采用分散自主的测试模式进行测试，致使测试结果的信度和效度相对较差。而这又成为学校和教师疏于将测试结果运用于评价活动的心理背景和行为依据，使得原本就已经比较松散的学生体质健康工作变得更加流于形式。比如，尽管有学生的测试成绩并未达到良好及以上，但是为了评选校级及以上的三好学生称号，学校和教师并不会因此否决学生的评选资格和所获荣誉。这种情况并不只是存在于这样的评优评奖活动中，即便是作为学生档案重要材料的《标准》登记卡也会存在漏填、少填和数据失实等问题，甚至有教师让班主任或学生随意填写的情况发生。为此，将学校《标准》实施的评价情况列入检查督导范畴，成为进一步提升学生体质健康工作的必要措施。

二、学校《标准》实施的改进建议

（一）学校要严格执行学生体质健康和学校体育工作的法律法规要求

学校体育法规制度是维系学校教育教学工作正常运行的基本保障，它为学校体育工作设置了底线和划出了红线。然而在绝大多数情况下，除非有上级教育督导或者体育专项检查，否则学校教师在日常工作中并不会意识或接触到它的存在。这自然而然地形成了学校和教师对体育法规意识淡薄的局面，导致学校体育法规和制度停留在文件和通知里。为此，学校要进一步推动学校体育法规制度的学习宣传和执行落实。

1. 学校应将体育法规制度张贴上墙和文本进档

在校园文化的营造活动中，学校往往只进行思想道德、兴趣培养和个性展示方面的图文张贴和陈设。而为了更好地向师生宣传学校体育法规，学校可以在传统的学生守则和行为规范之外，加入一些法律法规方面的教育内容。同时，将体育法规文件列入学校档案管理的重要内容，积极关注收集和学习宣传相关法规文件。这既有利于学习宣传学校体育制度，还有利于发挥师生对学校工作的监督作用。比如，将《学校体育工作条例》张贴在体育场馆和体育办公室，将上级下发的学校体育工作文件张贴在学校的宣传栏等。

2. 学校要严格执行学校体育的法规制度和通知文件

法规制度具有行政强制特性，任何正规学校都必须执行相关的学校体育法规制度。这是学校作为基层教育部门被分授的行政权力，也是学校必须接受的法理职责和义务，否则就违反了相关法律法规，将会受到相应行政处罚和问题追责。同时，学校对于教育行政部门发布的通知文件也要学习落实和全面推行。这些通

知文件往往是对法律法规相关问题的补充和强调，对进一步提升当前工作水平具有重要意义。为此，学校要在宣传学习的基础上，全面执行学校体育的法规制度和文件通知。比如，对学校体育经费、每天一小时体育活动、体育课时要求等法规内容，学校要全面执行和努力落实。

3. 学校要对学校体育工作调查和督导进行如实反馈

随着各级政府和社会各界对学校体育的不断重视，学校体育相关指标的调查评估早已列入上级教育行政部门对学校考核评价和教育督导的重要内容。然而，很多时候学校出于各种考虑，并未在上述活动中如实反馈相关信息。这使得原本应该呈现的问题被掩盖，原本能够解决的问题被拖延，而最终受到影响最大的却是学校体育工作。为此，学校和教师在填写报表或者问卷调查时必须如实反馈情况，否则将无法承担虚报瞒报和弄虚作假所带来的严重后果。比如，在填写《学校体育工作年度报表》时就应该严格按照《学校体育工作年度报告办法》的相关要求如实填写本校的学校体育工作信息。

（二）学校要积极发挥课外体育锻炼和体育课堂教学的体质促进功能

体育课堂教学对学生体质健康发展具有重要的促进作用。无论是体能锻炼或是测试应对都离不开课堂教学的知识方法传授，乃至通过身体素质课课练和体能促进手段增进学生的体质健康水平，这些都是体育课堂教学促进学生体质健康的具体展现。而且，较之体育大课间和课外体育活动，体育课堂教学具有更好的系统性和可控性。教师能够有更多的时间和精力来为每一个学生推介适合的练习计划、内容和方法，这能够更有针对性地促进学生的体质健康发展。比如，教师可以在课堂上安排追逐跑、变速跑、定向跑和图形跑等内容来发展学生的耐力素质，但这些内容显然无法在体育大课间时让全校学生统一练习。

为此，体育教师要合理统筹学校体育场地器材的利用，尽量减少场地器材冲突和教学活动干扰。然后要认真做好教学设计，确保学生在体育课上的学练密度。不断改进练习方法和教学管理，确保学生体能促进活动的质量和效果。当然，过度强调体育课对学生的体质健康促进作用，将体育课当作体能训练课也是违背课程理念和教学规律的不当做法。如果每次课都是让学生进行重复枯燥的大强度和大运动量的身体素质练习，也许学生的身体素质在短期内会有所提高，但这不利于激发学生锻炼兴趣和终身体育习惯养成，可谓是得不偿失。

课外体育活动一直都是学生进行体育锻炼和培养体育兴趣的主要载体，其对学校体育工作的承载能力和对学生体质健康的促进作用，甚至要超过侧重于计划和预设的体育课堂教学。学校可以利用课外体育活动时间开展统一的集体活动，比如组织小型体育比赛、开展远足越野活动和安排体能锻炼内容；还可以利用课外体育活动时间开展分散的兴趣活动，比如学生自选参加体育社团活动、自愿参加体育俱乐部和自定体育锻炼形式内容等。这都充分体现了课外体育活动的灵活性和丰富性。此外，丰富多彩的体育回家作业也在学生体质健康促进工作中发挥了积极的作用。比如让小学生在家里完成一定数量的跳绳、仰卧起坐等简单易操作的练习，既可以为学生的校外生活增添一些运动元素，还可以快速提高学生的体能水平。而建议家长带领孩子一起完成一定时间的体育活动，不但能够增进亲子之间的关系，还有利于学生终身体育意识的培养。

（三）学校要努力落实学生体质健康测试和监测评价的过程方法规定

学生体质健康测试和监测评价是《标准》实施的主要形式和重要载体，其具体工作是否符合测试规范和评价办法关系到整个学生体质健康评定工作的科学性、合理性和有效性。测试操作方法、规则要求和相关规定直接关系着学生的《标准》测试结果，并最终体现为评价的测试成绩、等级评定和结果应用等方面。然而，仍有很多学校在测试过程中并未按照相关规定进行测试，这一定程度上影响了评价结果的有效应用，为学校原本就不够积极的评价工作提供了逃避依据。这显然与国家持续关注学生体质健康和学校体育工作的时代背景，以及人们不断重视学生身心健康和学习生活质量的社会愿景不相匹配。为此，学校要努力落实学生体质健康测试和监测评价的相关规定。

1. 学校应该按照学生体质健康测试操作办法进行规范测试

学校可成立由校长牵头负责的学生体质健康工作领导小组，全面统筹部署学生体质健康促进、测试和评价等方面的工作。在测试模式的选择上可以采用运动会集中测试的形式进行，这既能够保证测试活动的统一规范，还能够全面接轨上

级教育行政部门的抽测活动。这对营造良好的《标准》测试氛围和提升测试数据信度具有积极作用。在全校或分年级的身体素质集中测试时，学校可以参照上级抽测安排进行测试程序安排和进度调控，以确保学生的测试安全和获得良好的测试结果。如果学校确实不具备开展集中测试活动条件，则一定要做好相关测试部署和提出测试要求，以提升测试工作质量和数据可靠程度。

2. 学校应该严格执行学生体质健康评价的相关办法

在测试活动结束后，学校应该及时将测试结果通过适当途径反馈给学生和家长。这有利于学生和家长更加客观地认识学生的体质健康水平，为后继的学习生活和体育锻炼提供信息参考。同时，学校还要按照相关规定将学生体质健康的相关信息进行数据上报和面向社会公开，从而接受上级教育行政部门的考核和社会各界的监督。而后，学校应将学生的体质健康测试成绩填进学生体质健康登记卡，并列入学生的学籍档案材料或成长档案袋之中。在学生评奖评优时，学校要在评选和公示活动中将学生体质健康测试结果作为重要指标，并按照相关规定进行严格审查和评定。此外，学校还应该加强对于免测学生的审查和评价，避免学生出于逃避或者获利目的而出现弄虚作假情况。

第三节　区域《标准》监测的操作问题与设计建议

在本行政区域内统筹开展面向全体学生的体质健康测试，逐步建立健全包括学校测试上报、部门逐级审查、随机抽查复核、动态分析预测、信息反馈公示、评价结果应用等相关制度和管理措施在内的学生体质健康监测评价体系，这是各级教育行政部门的行政职能和工作职责。

区域教育行政部门对学校的《标准》实施情况和测试结果进行即时性的现况监测，不仅是学生体质健康监测评价的基本内容和重要形式，还是《标准》实施工作质量管理的关键环节和决定要素。而通过组织专门人员或第三方机构对学生个体、特定群体和区域总体进行连续性的发展监测，既可以对学生体质健康工作的过程方法和效能成果进行评估，还可以为后继学生体质健康的工作重点和措施完善提供帮助。

但无论是即时性的现况监测或是连续性的发展监测，都必须建立在学生体质健康工作的现实背景和实际问题基础之上，而这离不开科学合理、严谨可行和务实高效的抽查复核工作的支撑。抽查复核是区域教育行政部门专属《标准》监测工作的核心内容，其工作对于整个监测工作来讲具有始源性、专属性和关键性。只有对抽查复核的操作性问题进行全面分析和客观判断，才能更加准确地把握问题的关键要素和提出更加合理的改进建议。

一、区域《标准》监测的操作问题

（一）抽样设计

区域教育行政部门对学校学生体质健康工作实施的监测，主要是通过对被监测学校抽样学生的《标准》测试数据进行上级抽测与学校自测的数据比对，来间接推断评估学校《标准》的实施现状和测试规范。为此，《标准》抽样测试的结果是上级教育行政部门对学校《标准》实施和测试的重要评价依据。同时，由于统一抽样测试的信度较高，抽样测试的结果也常常会作为区域教育行政部门自我评估的数据来源。为此，如何基于区域现状和评价需求设计最为合理的抽样办法，成为整个抽测设计工作的开始。

在学生体质健康监测抽样方法的选择上，既要考虑抽测样本如何能够更好地代表抽测整体并反映监测问题，同时还要考虑抽测活动如何尽量减少对学校工作和学生学习的干扰。在这样的抽样背景下，单纯依靠一种抽样方法已经很难满足抽测需求。比如，采用简单随机抽样办法进行抽测，那么学校每个班级都可能有学生被抽到，这会对学校的教育教学工作造成较大影响。此外，简单随机抽样还存在抽测样本的分布不均问题。比如，尽管每所学校都随机抽选同样的人数，但有些学校抽选的可能都是测试成绩较好的学生，而有些学校抽样的学生可能成绩都比较差，这将极大限制抽测结果的使用。

（二）测试环境

学生体质健康监测的数据复核是将学生《标准》测试的学校自测成绩与上级抽测成绩进行预设指标的比较和核对，以此来考察和评价学校《标准》自测成绩的准确性和可靠性。通过统一规范的《标准》测定工作，获取学校自测与上级抽测的准确成绩是数据复核工作的基础。不论最终数据复核的内容是什么，一般来讲都要求抽测与自测保持程序统一和操作一致。只有这样才能确保学生两次测试尽可能地贴近，所测得的数据方才具有可比性。为此，制定科学合理的抽测工作计划，并按照统一的操作办法实施抽测，这是确保《标准》抽测工作质量和意义的基本前提。

同时，上级抽测还要紧密结合学校《标准》自测安排拟定工作计划。从抽测工作计划角度来看，上级抽测与学校自测的时间间隔决定了抽测活动是否具有监测的参照意义。如果抽测安排在学校《标准》自测的一个月后，不但学生的身体素质会发生较大变化，甚至连身体形态都会有一定的变化。这样的《标准》抽测成绩尽管是真实和客观的成绩，但已经不能作为考察和监督学校《标准》测试情况的数据比对依据。而从抽测工作实践经验来看，抽测工作人员的组成则高度影响着抽测工作过程规范性和结果的可靠性。加强抽测人员的行为自律和外部监督，有利于提升抽测人员的工作规范和质量。

（三）数据比对

由于《标准》测试过程中系统误差和操作误差的存在，以及被测学生自身的身心变化影响，过度追求测试数据复核结果的完全一致并不符合实际。为此，选取数据复核的适宜指标内容，为数据复核设置合理的数据波动区间，成为数据复核工作的关键。此外，尽管数据复核的计算平台和比对工具的选择，取决于复核指标的设定。但计算工具的运算效能却高度影响着数据复核的工作效率，其运算精度更是对复核结果产生较大影响。为此，必须由具有数据分析能力的人员参与此项工作，如果是自制统计软件必须经过专门审定方可投入数据复核应用。

较之抽测的小样本学生的《标准》测试成绩，用全校学生的体质健康测试数

据作为教育局对该校《标准》实施工作的评价依据，无疑更加符合对该项工作评价的目的意义和内容指向。但在考核评价影响下，学校与教师对评价所依的测试成绩的真实性和可靠性提出了更高的要求。故很多地区都以信度更高的抽测数据作为学校学生体质健康水平的评价指标，以保证评价的客观公正性。这使得学校自测成绩处于一种无关紧要的尴尬境地，从而导致了学生体质健康监测质量低下的问题。为此，必须将学校的自测成绩纳入区域教育行政部门对学校的考核评价中来。

二、区域《标准》监测的设计建议

（一）采用整群分层随机抽样办法抽取复核样本

在《标准》实施之初，乃至现在仍有部分区域采用人工抽样的方式进行学生体质健康监测的复核抽样。抽样人员在面对区域教育行政部门所辖的众多学校和大量学生时，尽管每所学校的抽样人数并不会很多且样本数一定，但受制于自身人工抽样方式的影响只能进行一些方便抽样或者是等距抽样等非概率和易操作的抽样。比如，在抽测复核活动的现场抽样时，由抽测组长直接指定抽样框中的某个班级的学生为样本。从学生名单的第一个人开始选择，直至样本的男生数、女生数和总人数达到抽样定额。如果抽样定额不足则由后一个班级的学生依次递补。这样的抽样方式看似合理，但很容易出现被测单位人为指定班级、重新编排名单和样本冒名顶替等隐蔽的违规问题。尽管有些抽样活动在此基础上采用定距抽样加以完善，但仍然很难避免人为干扰和有效提升效能。可见，抽样工具制约着抽样办法的选择，而客观的抽样需求又推动着抽样方式的变革。

在抽样办法确定的前提下，采用怎样的抽样工具进行具体的抽样操作，不仅决定着抽样办法能否得以实施，还关系着抽样办法实施的效率和质量。随着计算机技术的发展，在统计抽样工作中人们越来越多地借助计算机软件来进行抽样。比如，用SPSS软件的复杂抽样功能实现分层分群的抽样；用EXCEL软件或其他软件进行抽样等。尽管不同软件的功能和操作各不相同，但通过或多或少的抽样步骤后都能够获得所需的抽样结果。在确保抽样程序合理的前提下，还要尽量实现抽样过程的公开化，以增进学校和教师对抽测活动的了解和认识。如果抽样方法和程序已在现有监测条件下做到了最佳选择和最优设计，那么学校和教师就会更多地从自身的《标准》实施方面去寻找影响抽测结果的因素。抽样程序是将抽样要素和抽样设计转化为具体抽样活动的重要环节。如果说抽样设计决定了抽样工作的可靠性，那么抽样程序则高度关系着抽样工作的有效性。为此，确保公平、公正、公开，是抽样程序安排和工作实施的基本要求。

从学生体质健康监测的实践来看，区域教育行政部门采用“整群分层随机抽样”的混合办法对所辖学校的学生进行抽样，往往能够获得更好的抽样统计效果和更多的抽测结果运用。(1）区域教育行政部门通过整群抽样的办法来确定该年度的抽测年级，并以学校对应抽测年级的全体应测学生名单建立该校的抽样框。(2）为抽样框中学生样本的《标准》测试总分计算无并列的名次排位，并依据学生的总分排名进行抽样总体的分层。分层越多则样本的分布越均匀，但分层数必须小于抽样数并能被抽样数整除，这是抽样总体分层的基本前提。同时，分层数量应以所辖学校之中最少样本框的人数来确定，以避免出现分层数大于人数的问题。加之《标准》抽测时可能会因为学生请假而产生样本替换的客观需求，为此各抽样分层的样本数都应高于两人。(3）在各个样本框的分层内通过随机抽样抽选出等人数的样本。每层的抽样人数为总抽样人数与分层数的除数。限定范围的随机抽样既是概率的统计学需求，也是为了避免可能存在的人为干扰因素。

（二）建立规范合理和操作一致的复核工作模式

上级教育行政部门组织的《标准》抽测活动，一般安排在学校《标准》自测后的半月内为宜。这样的抽测时间安排，不仅能够让学生在学校《标准》自测后得到充分的体能恢复，还能够保证学生的身体素质不至于受到外部干预和干扰的过多影响。而在半月左右的时间里，学生身体形态、身体机能和身体素质的自然获取，对《标准》抽测产生的成绩影响，基本可以忽略不计。为了确保抽测与自测的时间间隔处在可控的区间，教育行政部门还要在前期的工作安排中对学校自测的时间区间进行限定。只有在上级抽测与学校自测的时间区间均处于限定的区间内，二者的时间间隔才具有操作意义。此外，区域的《标准》抽测活动也应该安排在尽可能集中的连续时间内为宜，最多不能超过5个连续的工作日。如果抽测活动的前后延续时间过长，不单是要考虑学生体质的自然获取和外部获得的影响，更要考虑时间跨度所产生的气象条件和自然环境的差异。所以，尽量缩短抽测活动的时间跨度，有利于学生在相对接近的条件下完成《标准》抽测。从而，维护《标准》抽测活动公平和公正。

在不具备聘请第三方《标准》测试机构和人员的情况下，区域《标准》抽测活动的工作人员一般多由体育教师组成。他们熟悉《标准》测试的工作流程和操作办法，也了解测试过程中可能存在哪些问题，这对提升抽测工作质量具有很大的帮助。在区域教育行政部门的指派下，由两所或三所学校抽调体育教师组成抽测工作人员，对一所学校实施“多对一”的《标准》抽测活动，能够明显加强抽测人员之间的相互监督作用。而学校之间交替循环抽测的形式，能够让抽测学校与被测学校之间保持单向联系，避免相互对调抽测时可能存在的利益交换问题。加之抽测学校与被测学校处在同一个区域学校体育工作考评组，相互之间存在一定程度的竞争关系。这使得抽测人员的《标准》抽测活动基本不会出现降低操作规格的主观故意。对于抽测人员因为竞争关系而可能存在的测试行为过于严苛的问题，由被抽测学校进行监督和反馈。如果被抽测学校认为抽测工作人员的操作有问题，可以当场指出并可以拒绝在抽测登记表上签字。以此，来调控抽测人员的工作规范。

区域教育行政部门须在《标准》抽测活动前，以文件通知和会议布置的形式向所辖学校和抽测人员传达抽测工作部署和要求。特别对于抽测活动的具体程序和工作安排等信息，必须提前以文件的形式进行发布，这有利于基层学校以此为参照来安排学校的《标准》自测活动。被测学校须在抽测前一天做好《标准》测试场地器材的布置，在抽测当天按要求准时将抽样学生带到指定地点集合。学生应穿着运动服装和运动鞋，并携带学生的“学籍信息表”等身份证明材料。抽测组成员在接到抽测工作通知后，需提前协调好工作安排，保证能按时到达相应学校。到校后抽测组长首先要落实考评人员分工和职责，然后工作人员检查学生名单和核实学生的身份信息，检查场地器材是否规范、标准和安全到位。在抽测过程中，工作人员必须严格按照抽测工作程序和《标准》测试办法来执行抽测工作。抽测组长在测试完成后，在该校教研组长陪同下将成绩输入到电脑中的抽测成绩登记表上。打印一份纸质成绩表，请校长确认并签字后由考评组长带回保存备查。

（三）选取适宜指标和设置合理幅度作数据比对

在《标准》监测的自测成绩与抽测成绩的比对中，对抽样学生的测试结果或成绩分数进行完全的一致性比对，在当前的监测体系下显然不具有操作价值和实际意义。因为学生参加学校自测和上级抽测时的身心状态和测试表现都很难完全一致。如果将学生《标准》测试的总分等级作为比对指标，很可能会因为处于等级分数线上临界生的成绩微动而产生较多的差异个体，这种情况在小样本抽测中的影响尤其显著，而且对抽样个体进行逐一比对会增加数据复核的技术要求和工作难度。为此，以被抽样单位或学校的全体学生的《标准》测试成绩为统计比对内容更具有数据稳定性和统计便利性。

用学校抽样学生的《标准》抽测成绩与自测成绩进行对比，无疑是最能得到普遍认同的合理比对对象。但有些地区为了突出抽样全体在复核工作中的影响，以及提高数据复核运算的便利性。将抽样学生所在群体的全年级数据作为数据比对的原始值，即用抽样学生的成绩比对他们所在群体的成绩。这样的比对方式，即便是通过分层抽样后选择的样本已能够较好地代表全体，但概率抽样的不确定性仍旧存在着。由此产生的概率误差将会扩大监测结果评价的难度。可见，用抽样学生的抽测成绩与自测成绩进行对比，能够消除抽测复核的概率误差。

抽样学生《标准》抽测成绩与自测成绩的计算，必须由同一运算平台采用相同计算方式来完成，否则成绩计算结果不具有可比性。在数据统计过程中，能够用原始成绩进行的计算，绝不用间接数据做数据源，以确保数据计算的准确性。如果采用第三方软件或者自制软件进行学生《标准》测试成绩计算，那么要将抽样学生的自测成绩与抽测成绩都导入该软件进行成绩计算，再进行后继的比对。如果没有采用其他软件系统，可以将学校抽样学生的测试数据导入教育部“学生体质健康网”数据平台进行计算和成绩下载。该平台会以最后一次导入的成绩为准进行计算和留存上报。对于该操作的过程性控制，各地可以根据具体情况进行必要的工作部署。

第九章 学生体质健康的策略创新

教育作为一种以影响人身心发展为直接目标的社会活动，具有明确的目的性和先进的科学性。体育与健康课程是学校课程体系的重要组成部分，肩负着实现教育目标和展现教育科学的基本职能。在学校体育工作中努力实现课程目标是教育目的性的具体展现。学校要充分发挥教育设施和课程资源的作用，想方设法落实增进学生健康的课程目标。通过体育课堂教学的强化和课外体育活动的开展，全面推进学生体质健康工作的不断深入。

同时，学校体育工作还要密切关注以方针拟定和政策调整为特征的社会发展需求。这些需求不但构成了当前学校体育发展的阶段目标，还可能最终转化为未来体育与健康课程的重要目标。为此，学校体育工作要积极落实上级教育行政部门提出的目标期望，努力把握课程体系改革、学生体质健康、体育艺术 2 + 1、学校体育特色等发展机遇。只有这样，学校体育发展才能有效融入时代进步中去，从而展现学校体育工作的先进性和科学性。

第一节　体育教学的价值取向和实施路径

我国的教育改革一直都在科学有序地进行着，特别是第八次课程改革的步伐之大，速度之快，都是前七次改革所不可比拟的。本轮课改为体育课堂教学带来了令人欣喜的理念改变，取得了有目共睹的积极成效。但在这个过程中，由于人们更多地去关注和展现新旧课程的差异性，以至于在对课程改革的理解、表达和感知上都与新课程的核心理念有所偏离。体育课堂教学作为教师执行教育教学方针、落实课程理念目标、促进学生全面发展的根本所在，出现了过度生活化、趣味化和去技能化的课改乱象，一定程度上导致了学生体育技能低下、体质健康下降和学科素养缺失等不良问题，从而促使教育主管部门和体育工作者重新审视课堂教学的价值趋向和实施路径。

《浙江省义务教育体育与健康课程指导纲要》（以下简称《纲要》）是近年涌现出来的省域层面课程改革与实施成果的典型代表。《纲要》依据教育部颁布的课程标准的相关要求，依托浙江省深化义务教育课程改革契机展开，构建面向全省的课程内容框架体系，以获得适合浙江省乃至全国提高义务教育体育与健康教学的最有效策略。《纲要》主要以内容标准和表现标准的形式呈现了教学内容的范围和标准，同时配附大量的体育与健康课程实施案例供教师参照实施。对《纲要》中关于“技术、体能、运用”的单元构建、对一堂课的基本要求和组合练习等教学实施的操作性内容，进行课堂教学层面的价值推导和策略构建，有利于推进教师对《纲要》的认知、理解和实践，乃至进一步谋求提高全国义务教育体育与健康教学的教育愿景。

一、体育课堂教学的价值趋向

（一）提高学生体质健康水平的身体锻炼趋向

近年来我国学生体质健康工作已悄然跃升到国家意志的高度，出台了一系列的制度文件，加强了政策方法的推广力度，以期提升监测质量和学生水平。这是因为体质健康不仅直接影响着学生个体的学习生活质量，还间接关系着社会保障体系乃至国家安全问题。但第六次全国学生体质健康调查显示，虽然我国中小学生身体素质下滑趋势开始得到遏制，可是学生体质健康的总体水平仍然在持续缓慢下降，学生体质健康问题仍然十分突出而紧迫。而初中阶段是人的行为认知形成和身体快速发育的重要时期，初中生的体质健康和认知行为具有极强的可塑性。有效的行为干预不但可以帮助学生养成积极锻炼的生活方式，还可以促使他们将良好的锻炼习惯带到成年期，从而对个体健康和社会体系产生深远影响。在此背景下体育健康课程作为增进学生体质健康的重要途径，促使体育课堂教学呈现出以提高学生体质健康水平为重要目标的身体锻炼趋向。

（二）强化学生体育学习成效的技术习得趋向

以身体练习为主要手段，学习体育与健康知识、技能和方法为主要内容是体育与健康课程的学科特性。尽管第八次课程改革赋予了体育教师更多的内容选择权限，体育教学内容形式也呈现出生活化、趣味化、民族化等多样化趋势，但竞技运动项目的动作技术仍是构成当前体育教学内容的主体。动作技术作为运动技能形成的基本构件，体育课围绕其展开教学符合学科特性和现实需求。同时，体育课堂教学作为学校教学实施的重要组成部分，学生通过体育课学习所获取的技术习得与提升是课堂教学质量评价的重要指标。特别是在当下对课改之初“去技能化”思潮进行批判与反思的背景下，运动技术动作教学的重要性正不断得以正视和重视，体育课堂教学呈现出以强化学生体育学习成效为重要价值目标的技术习得趋向。

（三）促进学生运动技能形成的能力运用趋向

运动技能是制约体育与健康课程目标与理念实现的关键。这是因为运动技能的形成不仅是学生习得巩固、体能提升和习惯养成的重要过程，还是学生技能学习的目标主体和学习成效的高级形式。特别在当今课外体育与课堂教学整合不足的现实背景下，课堂教学几乎承载了课程运动技能愿景的全部诉求。所以，关注运动技能形成对体育教学具有重要的现实意义。同时，运动技能作为人脑在准确的时间和空间内精确支配肌肉收缩的后天能力，它有赖于人们对人体的深刻认识和机能的自觉运用。这说明运动技能的形成既离不开动作技术的学习和认知，也离不开动作技术的运用和内化。所以，要想促进学生运动技能的形成就必须重视课堂教学时学生对动作技术的体验运用，从而使体育课堂教学呈现出促进学生运动技能形成的能力运用趋向。

二、体育课堂教学价值趋向的实施路径

（一）教学建构由知识传递转向反馈指导

知识传授活动是学生获取优质学习资源的重要平台。然而在有限的课堂教学时间里，教师不可能也没必要将学生需要掌握的所有知识都通过学生直接习得的方式进行传授，故此教师常常通过简洁高效的讲授方式传授知识。随着讲授知识点的增多，教师开始不断干扰学生的学习过程来反复进行灌输教学。这不但使课堂教学失去了精讲多练的特征和本质，还偏离了体育学科以身体练习为主的学科特性和相应的发展趋向。为此教师应将单纯的知识传递控制在合理的区限内，转而针对学生的学练过程进行更多的合理反馈。这是因为信息时代学生获取优质学习资源的渠道和平台很多，单从知识获取的角度来讲教师对于学生体育学习的作用正在不断削弱。但目前学生还无法通过课堂教学之外的其他渠道，高效获得针对自身学习过程的及时反馈和优质指导，而这恰恰是体育课堂教学的优势所在。强化学练反馈既是学生运动技能掌握的必然需求，也是现代教育技术革新的必然结果。

1. 重视负反馈，改进学生体育学习不足

若想从根本上减少不必要的修正性反馈，就要给予学生最合理的教学。教师要尽可能地让学生处于最佳的学习位置，还要简化要点和突出重点进行简洁明了的讲解和示范，这有利于学生的注意保持和信息提取，以形成高质量的动作认知。而对于学生仍然存在的认知不足和可能的习练不足，教师应该通过知识问答和学练观察及时捕捉问题，并进行积极反馈。否则学生按照错误认知和动作练习越久，后继改进的难度就越大。例如，在八年级排球单元第二次课的传球教学中，教师针对学生手指“戳击球”的现象强调在触球后要进行必要的缓冲，结果有学生因为缓冲过度而造成了持球动作。此时，教师就需要将这几位学生召集过来进行快速的问题反馈，说明无需主动缓冲只需被动弹性即可的改进方向。

2. 关注正反馈，巩固学生体育学习成效

教师在教学过程中不但要对学生的学练不足进行积极的反馈指导，还要对学生看似正确的学练活动给予适当评价反馈。这是因为学生在练习之初的动作尚未定型，即便正确的动作也具有偶然性和一过性。为此教师必须给予学生适当的反馈以强化学生的条件反射过程，促进学生形成正确的技术动作定型。例如，在武术“马步架打”动作的教学过程中，教师发现学生能够按动作规格将左臂微曲架掌于头上进行练习，这时可以反馈给他“正确”或“到位”的口头反馈。这样学生就能够明确自己所做的动作是对的，可以继续练习。这对于以动作难美为主要衡量标准的运动项群教学具有重要意义。

3. 适时情意反馈，强化学生体育学习态度

教师应对学生积极的学练态度和优异的学练效果进行必要的反馈。由于学生运动素养和学习基础的差异，学生对新授内容的掌握速度也各不相同。未必学习快的学生，其动作掌握就扎实。相反，经过反复练习的学生往往对动作体会更深刻、掌握更扎实和更有成就感。所以，教师应该积极鼓励学生的积极学练行为和取得的成果。例如，教师可以告诉那些协调性差的学生，只要行进间上篮勤加练习就可以改善投球的时机和用力问题，更容易投篮命中。还可以告诉那些因力量素质好而轻易满分的学生，如果能够继续完善实心球的投掷动作，他的投掷远度还可以显著提高。

（二）教学模式由铺垫解析转向体验运用

教师依据教学任务、对象和资源，对教材内容进行单元和课时教学的科学解析是教师教学设计能力的具体体现。在教学内容一定的前提下，教师常常将创设更多的教学解析方法和学习铺垫手段作为教学创新的突破口。这一定程度上丰富了课堂教学的形式、方法和手段，同时也常因为解析铺垫过度致使课堂教学的环节增加和效率低下，甚至使教学内容脱离固有的形式特征和技术特性而变得面目全非。客观现实表明，教学内容的解析铺垫是有限度的据实行为，教师投入过多精力不但得不偿失还将事与愿违。而体验运用不仅是学生掌握教学内容的必由之路，还是教师解析铺垫的上位目标。基于学生体验运用的教学模式是落实体育课程理念，实现教师教学愿景，满足学生学习需求的有效平台。教学模式由侧重教师对内容的解析铺垫转向学生对内容的体验运用是当下体育教学价值趋向的现实之选。

1. 优化教学行为，辅助学生的动作认知体验

学生对教学内容的学练体验是其建立条件反射形成运动技能的基本元素。因练习环境、密度强度、即时效果等条件制约，学生在学练过程中常会因学习体验不足而难于掌握教学内容，这往往就是课堂教学的难点所在。为此教师应该精确预判目标统领下的教学难点，进行教学方法手段的预设。同时，对于教学中部分学生存在的体验不足问题，教师要做出针对性的及时辅导。例如，在实心球教学时，为了让学生尽可能加大投掷动作的前后幅度，可以在学生背后约一米远的头部高度拉一条弹力绳，要求学生触碰绳子后迅速向前投掷，这对改善学生用力过程效果显著。可在教学过程中仍会有个别学生投掷动作标准，用力幅度和投掷角度也没有问题，但就是投不远。这不但影响了他们的练习积极性，还使他们对教师教学的认可产生问题，教师应该积极解决学生这种成功体验不足的学练问题。比如对因身体素质差而导致的体验不足，可以让学生用减重实心球投掷来对比新旧技术的效果差异，增强其学练体验。

2. 倡导小组合作，深化学生的技术习练体验

同质分组有利于习练活动推进，异质分组则可促进体育学习内化。在合作学

习中体育学优生不仅是可转化的课程资源，还是学生学习的榜样。在向同学的不断讲解和示范过程中，他们的认知和体验不断加深，促进了技术内化。而学困生在小组合作中可获得同学基于学生视角的学习经验，这较之教师基于教学经验视角进行的教学更具有针对性和实效性。例如，在太极拳校本课程的学习过程中，教师让该班校武术社团的几位学生做小老师分组指导同学练习。通过观察发现小组合作的学练效果较教师反复组织集体练习的效果有显著提升，小组合作学习推动了学生动作技术的体验、内化和重塑。

3. 运用组合练习，推进技能运用体验

（1）组合练习提升了课堂教学载量。教师可根据现实需要，合理利用原有的教学组织、休整和轮转间隙进行技能复习和体能强化，这有利于体育技能的巩固和专项素养提升。（2）组合练习促进了体育技能形成。当下体育技能学习多以重点动作的分解教学进行，教学形式常脱离技术技能形态。利用既有教学间隙和适量教学时间围绕新授内容组合进复习内容进行组合习练，既有利于还原教材本色，还有利于内容掌握。（3）通过合作形式的组合练习让学生在接近动作运用的练习环境中进行尝试性的知识技能运用，有利于运动技能的分化和细化，快速推进学生学练水平的提升。例如，在篮球行进间急起急停运球教学时，可安排同是校篮球队的两位同学进行突防模拟的运球练习。这不但能让其他同学看到急起急停是什么，还能促进他们自己理解为什么要做这样的动作。

（三）教学量度由练习密度转向学练密次

体育课的练习密度一般是指学生个体在体育课上参加身体练习的时间占该课时间的百分比。练习密度不仅关系着学生体育课的运动量，还直接关系着学生体育学习的效能，适宜的练习密度是实现教学目标的基本保证。然而，在教学实践中也常出现练习密度看似合理但教学效能低下的情况。很多教师通过增加体育课准备活动、放松活动等基础活动时间，采用集体练习方式大幅度拉升体育课练习密度。但真正与教学目标相关，用在教学内容练习上的时间却很少。另外还有教师将原本完整紧凑的教学内容进行不必要的动作拆分和环节设置，通过对“慢动作”的练习来拉长教学内容的练习时间，从而提升学习内容练习时间在练习总时

间中的占比，这同样是不可取的。为此，将体育课堂教学量度由传统的练习密度转向学练密次，增加学生个体在体育课上直接参与教学内容练习的时间和次数，有利于促进学生的技能掌握和体能发展。

1. 优化教学组织，增加学生的教学内容学练时间

体育教学组织的根本目的是为了达成教学目标，保证课堂教学顺畅、有序和高效进行。通过优化教学组织增加教学内容的学练时间是创设高效课堂的有效途径。首先，场地器材的使用和布置要合理。尽量避免学生在课堂上进行非教学目标统领下的器材布置和取还，否则将造成教学时间浪费。其次，学生组织队形要尽量简明。严密控制不必要的队伍调动和反复的集中分散，以免干扰学生的学习过程和影响学习体验。

2. 着眼教学效能，增加学生的教学内容学练次数

课堂教学是在课程目标统辖下以完成教学目标为目的的有组织行为。基于体育学科特性和教学发展趋向，增加教学内容的学练次数是提升教学效能的有力保障。首先，教师应将准备活动和放松活动控制在必要的时间内，将更多时间用于内容教学。在准备活动时间不可压缩的情况下，还可以尝试将准备活动与教学内容铺垫相结合来优化活动效能。其次，教师对教学内容不应做不必要的动作拆分和环节设置，避免教学过细过繁的不良倾向。可从水平、学年、单元的目标层递视角，基于学生应知应会和现实情况进行科学的教学设计，以谋求更加科学、合理和适切的教学。

在当下课改后时代的特定背景下，体育课堂教学呈现出强化应用性和功能性的价值趋向，并影响到课堂教学的建构、模式和量度等相关维度。课堂教学由侧重知识传递转向反馈指导，由注重铺垫解析转向体验运用，由倚重教学密度转向学练密次，这些实践路径对实现当前课堂教学的目标、任务和价值具有积极的现实意义。这既是满足现实需求的必然现象，也是教育教学本质的理性回归。

第二节　体育教学的基本要求和现实意义

“一堂课的基本要求”（以下简称“基本要求”）是浙江省教育厅教研室组织编著的《浙江省义务教育体育与健康课程指导纲要》（以下简称《纲要》）教学评价部分的主体内容。它以基本要求和等级评价的形式阐明了浙江教师业务主管部门对体育课的基本要求和总体愿景。“基本要求”其理论雏形最早见著于《体育教学》杂志2010年刊发的专题文章，观点来源于余立峰老师在人教社论坛上所做的“常态教学下体育课的基本要求”的主题发言。而其基本形式最早听闻于2013年温州“促进有效学习”推进会，余立峰老师在会议上做了“常态课的基本标准八要素”的专题讲座。经过五年多的实践和完善，“基本要求”于2015年以《纲要》教学评价的形态正式呈现给读者。在《纲要》的推广与实践过程中，“基本要求”既得到了大家的普遍认可，同时也存在一定异议甚至非议。譬如至今仍有很多教师认为“开始有队列”过于呆板，而“少讲需多练”则不如传统的“精讲多练”来得准确。为能促进读者对基本要求的认知和理解，本节内容试图从“基本要求”的内容解析入手，申明其对教学实践的现实意义，以期更好地发挥“基本要求”的指导和评价作用。

一、“一堂课基本要求”的内容思考

（一）开始有队列

原始的队列形式存在于人类的一切有组织活动中，其本质是维系集体的组织和管理。体育与健康课程由于其教学组织管理的复杂性和难度远高于其他学科，促使队列行为自发而普遍地存在于课堂教学活动之中。它们以队列精神为主导，队列训练为基础，队列实用为目的，而队列训练则是一切队列现象的基础。相比较而言，在体育课的开始部分安排队列队形练习更有利于展现队列精神和促成实用目的，对提高教学的组织效能和展现课程的多元价值具有积极意义。当然，教师也没必要严格按照成人化和军事化的队列条例僵化执行，而应针对教学对象和应用目的进行专门设计。例如，在基本队列练习的基础上，通过“相反口令”动作练习来提高学生的注意力，通过在跑步走中加入“喊数抱团”游戏来提高练习的趣味性等。

（二）准备兼体能

准备活动是教师依据人体工作原理和课堂教学需求，通过一系列身体练习使学生在核心内容学习前做好身体、心理、技能和体能的准备。准备活动的根本目的是为了克服人体的生理惰性，为后继的学习活动和练习做好准备。但在强化学生体质发展的时代背景下，体育课准备活动开始兼顾适切可行的学生体能发展目标。例如：基于人体协调发展考虑，在以下肢为主的课的准备活动中做上肢和腰腹练习；基于运动负荷调控考虑，在以体能锻炼为主的课的准备活动中做体能预耗；基于体能全面发展考虑，在以动作学习为主的课的准备活动中做灵敏练习等。这样持续4~5分钟以上的身体练习，将直接提升准备活动的效能，并间接促进学生在基本部分的学习效果。

（三）教材三个一

教材三个一是指在课堂上采用一个单一的动作练习、一个组合练习和一个游戏比赛练习的方式进行教材练习，这是“基本要求”对课堂教学核心价值诉求的集中体现。这三个练习由前向后的递次排列，体现了由易到难、由简至繁、由学到用的教学理念。其中，单一练习与组合练习之间最大的差别在于动作的数量；组合练习与活动性游戏之间的最大区别在于有无规则要素；而活动性游戏与项目运动之间最大的区别则在于活动规则和运动环境的完善程度。这既为全体学生的体育学习搭建了成长阶梯，还为不同学生提供了适宜的成长环境，从而使课堂练习变得更加灵活适切而又富有效能。例如，篮球课的原地运球是一个单一动作，而原地运球加上行进间运球就是一个组合动作，在组合动作基础上设置相应的规则就成了一个游戏比赛。

（四）复习成环形

学习是人脑认知、抽象和对信息编译内化的过程，然而人脑对新事物的遗忘规律是先快后慢，所以在进行初次学习后应及时进行复习。而运动技能的生理基础是神经条件反射。而依照运动技能形成规律，练习、纠错、练习、小结的环形安排有利于动作学习初期条件反射的泛化联系。因为在学习初期人的动作还不够协调和准确，单一动作的重复练习容易导致学生疲劳和产生错误动作定型。而经过纠错后的再练习则既符合认知规律又能够提高练习效果。最后的小结部分，教师主要通过语言向学生第二信号系统输入关键信息，强化两个信号系统间的微弱神经联系，这有利于条件反射的完善和运动技能的发展。同时，复习成环形更是在考验和锻炼教师的检查纠错能力，以使教学和练习更加具有针对性。例如，在学习行进间运球的练习时，学生往返运球两次后纠错再运球两次，其练习效果要明显好于让学生连续往返运球四次。

（五）放松内容化

放松活动是人体单次运动活动里不可或缺的一部分，它对于体育课堂教学的意义并不亚于准备活动，但却并没有受到应有的重视。从基层的教学现状来看，体育课的放松活动常流于形式，几个部位拍打两下就草草了事。这不仅时间过短又内容单调，而且其价值也仅停留在功能性从属层面。在全人教育和全课理念的当下，体育课堂教学效能的提升早已突破了课的基本部分，向准备部分和结束部分延伸，甚至课前与课后的教学也开始普遍。放松活动作为结束部分的主要内容，它不仅要积极应对体能发展视角下学生课堂练习产生的身心疲劳，还要更加努力地开拓其作为课堂组成部分的教学承载功能。而内容化的放松活动不仅能发挥应有的放松功能，还能够让学生接触更多的专门化学习内容。例如，教师在放松活动中引入瑜伽、冥想和太极等内容，学生通过一学期每课 3 分钟以上的放松活动就基本掌握了这些知识方法，事半功倍。

（六）少讲需多练

精讲多练是基础教育各学科共同遵循的教学原则，而少讲需多练则体现了新时期学校体育的诉求和教改引领者的智慧。精讲是指教师讲授内容的性质，而少讲则直指教师教授内容的量度。在课堂教学过程中，即便教师已充分缩减课堂讲授的内容，用口诀、呼号和关键字进行简练的精讲，但如果其未合理搭配内容和控制教学载量，课堂仍旧会随着教师讲授内容的增多而变得拖沓，失去精讲的特征和意义。相反，如果在课堂上要求教师必须少讲，那么教师自然而然地会通过精简内容的方式进行讲授总量控制。由此可见，精讲仍会出现讲的精但未必讲的少的情况，而少讲则必然呈现既讲的精又讲的少的局面。所以，除新授课确有所需外，课的基本部分练习密度大于20%和全课练习密度大于50%的合格标准，对体育课堂教学具有极其重要的指导意义。

（七）安全组织妥

“健康第一”是体育与健康课的指导思想，而安全则是健康的基础，故十分重要。从教学内容的设计开始到教学组织的具体实施，均要秉承安全为重和健康第一的理念进行预防或应对。在完成教学目标的前提下，教师应务求教学组织的简约合适而非繁杂漂亮，这不但能够提升教学效能还能够有效避免意外概率。例如，一组学生在进行双脚连续跳过折垫的依次练习时，如果教师不在课前对安全组织加以预判和应对，那么随着练习次数的增加学生一定会出现人人紧跟的同时跳而非依次跳。这十分容易因为踩踏而出现伤害事故。为此教师可以通过哨声、口令、击掌等声音信号，以及摇旗、挥臂、示意等视觉信号进行控制。还可以在跳前加入单人组合动作练习来加以控制，比如在连续跳之前做几次俯卧撑，将标志物放倒或立起等。这不但能控制练习节奏从而提升质量，还可以有效避免伤害事故。

二、"一堂课基本要求"的现实意义

（一）研究与需求相结合，具有突出的创新意义

学校体育是学校教育的重要组成部分，是国家行政的重点关注领域。近年来，教育部联合多部委出台了一系列的学校体育文件和业务指导纲领，然而常态体育课却并没有呈现显著改变和应有效果，其中的重要原因是教师区域业务指导部门的职能缺位。而"基本要求"刚好填补了政策文件、课程理念、学科目标与体育课堂教学实践之间的执行空白和衔接断档，使得庞杂的学科理念、目标和方法能够通过简洁的教学要求得以科学呈现，为一线教师提供了切实可行的操作范式和有理有据的实践抓手。"基本要求"将学科理论研究与教师业务需求有机结合，具有突出的创新意义。

（二）继承与发展相结合，具有崭新的时代意义

"基本要求"在教学效能的取向方面，除了继承传统体育教学的基本知识、基本技术和基本技能外，还强化了对学生体质健康的关注和应对。"准备兼体能"促使体育课准备活动不但要发挥热身、激趣、铺垫作用，还将兼顾发展学生的多维体能。同时，"基本要求"在教学策略的把握方面，不但重视教师教学的科学性，还注重学生学习的方式、过程和效果。"教材三个一"促使体育教学要由传统单一动作的学习、练习和复习的传授方式，发展到倡导游戏形式和组合运用的能力培养模式。此外，"基本要求"在教学实施的处理方面，既继承吸收队列等传统措施，还有从精讲到少讲的创新发展。这些举措具有崭新的时代意义。

（三）提优与建底相结合，具有鲜明的价值意义

"基本要求"明确提出了合格标准是日常体育课教学起码要做到的底线，同时提出教师可以依据优良标准进行掌握和参考。这使得教师教学研究的视线由以往只关注先进理念和优秀案例，下延到日常教学合格标准的基本底线，促进了优质课与常态课的客观统一。毫无疑问，学习先进能有效促进教师思索和教学进步，

但为课堂教学建立一个起码的底线则显得更加现实和有效。从熟知的“木桶短板”理论可以判断，学校体育的有序发展和课程目标的有效达成更多取决于日常体育课的质量和底线。为此，“基本要求”在提出一堂课评价标准的同时，明确说明体育课的合格底线，这展现了鲜明的价值取向。

（四）要求与评价相结合，具有强化的指导意义

“基本要求”是以教学评价标准形式存在的课堂教学要求，通过评价等级的细分内容增强了要求的强度和量度。这既避免了要求本身的呆化，又丰富了要求的内涵。而每一个要求所关联的不同评价量级的内容，能够让更多教师找到适合自己的要求条款和努力方向，突出了要求的针对性和适切性。同时，“基本要求”还是以课堂教学要求形式存在的教学评价标准，通过要求对评价等级和内容的强化作用，在保证评价标准工具性与参照性的同时，还突出了评价的倾向性和驱动性。而“基本要求”中教学评价标准与教学要求内容的有机结合，对教学具有更加强化的指导意义。

（五）定量与定性相结合，具有广泛的操作意义

“基本要求”的评价标准采用合格标准定量和优良标准定性的特殊形式进行评价内容的梳理。在合格标准中既有对相关练习时间的规定，还有对练习密度的百分比要求。即便是对“基本要求”相关条款有或无的界定，同样相当于二进制的数字量化。而优良标准则恰恰相反，普遍采用好、强、妙等主观评判的定性内容。这样的处理方式即是共性与特性的逻辑关系使然，同时也是为了建立清晰明了的底部形态。此外在合格标准的量化指标之上，建立优良标准的定性评价，有利于增强“基本要求”的普适性，并促进其应用、交流和完善。可见，定量与定性相结合使得“基本要求”具有广泛的操作意义。

人们对新事物的认知常发起于争议，侧重于差异，直至深及思想和本质。“基本要求”来源于教学实践，深耕于浙江课改，脱胎于省编《纲要》。其浓重的时代性和创新性，其鲜明的价值性和指导性，以及广泛的操作性和现实意义，必将深入影响浙江乃至更广域地区的学校体育未来。

第三节　体育艺术2+1项目的实施和策略

体育教学是学校体育工作的核心和根本。新课程标准的施行为体育教学提供了充分的宽度，学生体质健康标准的实行为体育教学提出了具体的围度，而“体育、艺术2+1项目”标准的试行将为体育教学加上应有的深度，这将使得学校体育能够朝着更加科学健康的方向发展。

长期以来，由于学校体育在学校教育中的特殊地位以及体育与健康课以身体练习为主要手段的课程特征，使得学校体育教学的质量检测不够系统和规范。如今，虽然国家学生体质健康标准的实行已经能够比较客观地对学校体育教学的效果做出间接评价，但我们仍缺乏针对体育教学质量的直接检测手段，“体育、艺术2+1项目”标准的提出使得这一问题迎刃而解。“体育、艺术2+1项目”标准的提出，第一次真正地实现了体育教学行为、过程和质量的直接监测，对完善体育课程改革和推动学校体育发展具有举足轻重的作用。由于“体育、艺术2+1项目”标准对于学生的技能水平要求相对较高，我们只有不断地改革和创新学校体育的教育教学模式，才能稳步推进“2+1项目”工程的开展，促进学校体育事业的发展和繁荣。

为推进“2+1项目”工程的实施，结合初中体育教学实际情况，依据学生运动技能形成规律，通过以下三种依次递进的教学组织模式来使学生建立技能基础、提高技能水平并形成和巩固技能体系。

一、通过“专家教学模式”，建立学生的技能基础

新课程标准打破了以往以运动技能为纲和按年级排定教学内容的传统教学模式，但却没有为广大教师建立可操作的教学实践体系，在一定程度上造成了体育

教师教学行为随意和教学内容混乱的不良现象。由于我国高等院校仍基本延续着“一专多能”的体育教师培养模式，使得大多数体育教师虽然能够胜任自身专项的教学和训练工作，但却无法很好地满足学生对其他项目越来越高的学习需求。教学行为缺乏系统性和技能教学总体水平偏低是阻碍学生掌握技能的根本原因。

专家教学模式是指学校以课程标准为依据，以“2 +1 项目”标准为准绳，在不打乱学生行政班的情况下，根据教师专长来确定其执教全校学生的某一项或几项体育教学内容的教学组织模式。通俗来讲就是通过多位教师教教师自身最擅长的项目内容来给同一个班上体育课，以往是按班级来划分教师的教学任务，而现在则是按体育项目。首先，学校要牵头制定科学的学年体育教学工作计划，并合理分配各项教学内容的课时数。然后，在保证教师教学工作量基本均衡的前提下，通过教师竞聘、学生投票、综合评价等手段来确定教师负责的体育项目。最后，所有体育教师要一起协同制定教学计划、单元计划和教学进度，以保证教学质量和避免教学冲突。

例如：某初中的三个年级各有四个教学班，每周每班体育课时数是 3 节，学校共有 3 位专职体育教师，每学期执行 15 个教学周的体育实践课教学任务。根据课程标准，假定学校确定各年级的教学内容为篮球、排球、乒乓球、武术、体操、健美操、田径跑、跳、投等九项，且每学期每项各 5 课时。实行专家教学模式后，三位教师各负责自己擅长的三个项目的全校体育教学任务，保证了工作量不变。假定某教师负责田径三项的教学，则其教学进度可以是前五周初一年级，再五周初二，最后五周初三，这样就不存在教学进度冲突的问题。当然，在实际的操作中应根据教学需要以更加合理的课时为单位进行各年级的教学轮转，而不是简单地以阶段来划分。只要学校有一位以上的体育教师，专家教学模式就是可行的，教师越多则分工可以越细，越容易发挥教师的专长。

由于教师能够从全局的角度去处理自己擅长的教学内容，这使得教师马上由原本平平淡淡的“多面手”华丽地转变为光芒四射的“专家”。实行专家教学模式前，即便教师始终随班任教某个班级从初一年级直到初三，其仍需要至少三年的时间才能实践和梳理完某一项教材的技能脉络及内容体系，且由于前后时限过长，教师对教学内容体系的结构感并不强。而在实行后，由于教师要面向全校教学，所以其必须迅速地建立起体育项目的技能教学体系并不断完善，这有利于教师技能教学的系统性。另外，由于教师的教学内容单一且擅长，所以教师教学准备的效率更高、效果更好，能够同时获得不同年级的教学反馈，教师教学方法的选择和运用将会更加合理、高效。由此可见，专家教学模式有利于学生的技能学习，对建立学生的体育技能基础具有积极作用。

另外，在运用专家教学模式时，还要注意这样几点。(1) 要充分调动体育教师的积极性，尊重教师的意见，做好解释沟通工作，避免产生不必要的消极因素。(2) 教师在教学过程中要统一教学规范和课堂常规并严格执行，避免体育课出现人人管而又无人管的不良现象。(3) 要预防教师职业技能的退化。发挥教师的“一专”并不是要抛弃教师的“多能”，而是要教师在比较中去学习他人的长处和优点。学校可以通过试教和轮教等措施来避免教师的职业退化。

二、通过“专选教学模式”提高学生的技能水平

随着素质教育的深入开展和新课程标准的逐步实施，我国学生的学业水平和综合素养都有了可喜的进步。现今的学生，更加自尊、自立和自我，他们对于学习、生活和人生都有着自己独到的见解。当我们由呼喊“学生喜欢体育但不喜欢体育课”到忽然发现学生对体育中考项目也缺乏动力的时候，如何让学生对标准相对较高的“体育、艺术 2 +1 项目”产生必要的兴趣和保持足够的热情，显得十分重要。

专选教学模式是指学校将多个班级的学生按其所选的体育项目进行重新的教学组合来进行集中教学的一种教学组织模式。专选教学一般每隔几课时安排一次，多个班级的全体学生在同一课时进行由不同教师任教的体育学习。专选教学模式就是要以学生的兴趣取向和新颖的教学形式来激发学生的学习热情，通过以提高学生技能水平为目的的系统教学来提升学生的技能水平，促成专选班内初步形成一个有共同话题的“圈子”。从初二年级开始实行专选教学比较合理，这样能够保证学生对初中体育有一个充分的认识、体验和理解，而不是建立在以往传统教学模式的经验和认识之上，以维护学生自主选择的正确性和严肃性。每学期的专选教学课时以 10 次左右为宜，课时过多则影响体育与健康课程目标的达成，过少则会导致专选项目技能教学的连续性不强。具体开设的体育专选项目由学生在课程

标准和“2 +1 项目”的范畴内自主选择，学校统筹确定。开设体育专选项目的数量要充分考虑专职体育教师人数和学校的体育场地设施容量。

这里需要特别说明的是，因为是多班级的全体学生同时学习各自专选的教学项目，所以为了避免学习时间上的冲突，最终每位学生只能参加一项专选内容的学习，这与“2 +1 项目”要求学生掌握两项体育技能的目标形成了矛盾。为此，我们可以通过引导学生在初二和初三年级选择不同的专选项目来解决这一矛盾，也可以通过强化专家教学模式下的某一项教学内容来弥补专选教学模式技能数量的不足。当然，实际上通过专家教学模式已经能够使大多数的学生达到一个相对理想的技能水平，在这里我们之所以要去强化某一内容，主要是出于对如何更好地提高学生的“2 +1 项目”技能水平的考虑。

例如：某初中的初二和初三年级各有 4 个教学班，每周每班体育课时数是 3 节，学校共有 3 位专职体育教师，每学期执行 15 个教学周的体育实践课教学任务。根据专选流程，学校确定体育课每隔 3 课时安排 1 节专选课，且两个年级的专选课不安排在同一节课，专选项目为篮球、排球、武术、体操等四项。由此我们不难发现，因专选课是 4 个专选班同时上课，这样便造成了专选教学缺一位教师的问题。对此，学校可以从其他具有体育专长的教师和社会体育人才中物色人选以满足专选教学的师资需求，也可以在保证各专选班合理班额的前提下，将专选项目缩减到 3 项以避免师资不足。为了均衡各专选教学班的人数，在选项时学校要指导学生对供选的 4 项内容填写志愿次序，以便于调剂。

另外，对于办学规模较大的学校，由于学生人数和体育教师人数都相对增多，开设的体育专选项目也应该增多，以保证合理的专选班额。但实际上，学生的首选项目志愿往往集中在几个热门项目上，学校如果一味地通过调剂措施将学生分配到其不喜欢的专选项目班，那么就无法发挥专选教学模式对于激发和保持学生兴趣的作用。所以，学校要尽量满足学生的学习需求。比如，某初中有 9 位体育教师，初二和初三年级各有 10 个教学班，按学生志愿开设篮球、排球、乒乓球、武术、健美操等五个专选项目班。此时，如果仍 10 个班同时上课，那么这 5 个专选班肯定是人满为患。对此，学校可以将 5 个项目各开两个班，由同一位教师在不同课时分别授课。如果学校场地设施配备充足且教师技能储备富足，学校也可以安排这 5 个项目的 10 个专选班同时上课，同一项目的两个班由不同教师授课。

三、通过“专项社团模式”巩固学生的技能体系

实施“体育、艺术 2 + 1 项目”，是为了让每个学生在九年义务教育阶段能较好地掌握两项体育运动技能和一项艺术特长，为学生的全面发展奠定良好的基础。为了加强可操作性和体现激励性，“2 + 1 项目”按体育新课程标准的学习水平制定了具体的技能标准，学生只要通过了相应等级标准的测试便可认定为掌握了相应的体育技能。这样的技能认定方式存在着认定内容片面的不足。比如倍受初中男生喜爱的篮球项目，它有着丰富的技战术内容。假设学生能够较好地完成运球、传球和投篮等技术动作，取得了“2 + 1 项目”及格以上的等级。但由于学生缺乏对篮球战术的学习和技战术的运用，即便学生通过测试取得了相应等级，仍不代表学生较好地掌握了篮球技能。如果认定标准仅停留在项目的技术上，那么我们可能会培养更多会篮球技术但不会打篮球的学生，学生的这些技术也会随着技能认定的结束而慢慢消退，这是我们所不希望看到的，更是违背“2 + 1 项目”方针思想的。

专项社团模式是指学校为满足学生的学习需求和技能发展需要，利用课外时间以学生体育专项社团为载体，在教师的指导下由学生自主开展相应体育学习和活动的教育模式。它可以看作是专选教学模式的课外延伸，只是形式更加宽松。专项社团模式主要是为了使学生在一个灵活、开放、宽松的环境下，对“2 + 1 项目”中不够完善的内容进行拓展学习，对已具备的体育技能进行巩固和运用，以期真正地实现对体育技能的较好掌握。在校内外初步形成一个有共同爱好和特长的“圈子”，为学生的终身体育打下坚实的基础。

（1）学校可以利用课外体育活动时间开展丰富多彩的学生体育专项社团活动，如组织各种学习、比赛和展示活动等。考虑到学校的场地设施资源限制，专项社团模式可以只面向初二和初三年级的学生，当然在保证活动质量和安全的前提下也可以面向全校学生。可以像体育大课间活动一样集中开展，也可以各年级分批错时进行。（2）学校还可以动员学生带动家长参与体育锻炼，如开展体育亲子赛、周末欢迎家长来锻炼等活动。（3）学校还可以充分利用学校体育场地开放等活动，让学生参与到社会体育活动中去，比如：向在学校打太极拳的老拳师学习武术、

为在学校进行的篮球赛担任裁判工作等。

上述三种教学组织模式既存在递进又各有侧重。在整个水平四阶段，以年级由低到高的递进次序来依次实施专家教学模式、专选教学模式和专项社团模式以使学生建立技能、提高水平和形成体系。其中“专家教学模式”侧重于建立学生的技能基础，“专选教学模式”侧重于提高学生的技能水平，“专项社团模式”侧重于巩固学生的技能体系。三种模式的有序实施和有机结合必将显著提高初中生“体育、艺术 2 +1 项目”的体育技能水平，对促进体育课程改革和学校体育发展具有积极作用。

第四节　体育特色的发展困惑和对策探讨

以考试作为教育筛选主要手段的今天，应试教育仍然左右着学校的教育教学活动，制约着学校体育的发展和繁荣。致使学校出现了体育课时不足，课外体育活动时间无法保证；体育师资不足，结构不合理；体育场地器材不足，缺损严重等现状。同时，我们也欣喜看到，随着素质教育的深入开展和新课程标准的逐步实施，越来越多的具有创新精神的教育工作者开始尝试和探究素质教育所带来的机遇。新的教育纲领文件的颁布实施、新的教育教学评价机制的提出和完善、新的人才发展观的确立等因素决定了学校的发展需要新的突破口。这时候，没有什么比特色教育更能彰显学校的教育理念和办学个性。

由于学校体育在学校教育中的弱势地位，致使其发展的深度和水平有限。学校体育宽泛的种类和丰富的内容为学校的特色发展提供了更多选择。弱势的地位、有限的层次和更多的选择，成为体育作为学校特色发展方向的优势。体育特色丰富了学校教育的内容，拓展了学校理论研究的范畴，具有较强的可操作性和教育效能。体育特色对于学生而言，为学生的发展提供了广度、增加了深度，为终身体育打下了良好基础。体育特色对于教师而言，为体育教师提供了机遇和平台，为其他教师提供了参照，使教师的成长和奉献由点及线成面。体育特色对于学校而言，意味着更强烈的理念标榜和个性展示，体现了学校的办学智慧和胆识。

在这样的背景下，体育特色学校如雨后春笋般不断涌现、发展和壮大，取得了一定的荣誉和成绩，得到了学生、家长及社会的认可。由各级教育主管部门组织的特色学校的认定、测评和比赛也在有序开展，学校体育特色进入了前所未有的发展期。

一、体育特色学校创建的不良现象和发展困惑

纵观我国的学校体育特色创建工作，会发现绝大多数的体育特色学校，多是以某一项目为抓手，一手抓普及一手抓提高。先对特色项目进行普遍开展以形成氛围和进行选拔，再对部分学生进行重点培养和提高，以竞赛成绩作为衡量特色水平的主要指标。大多数学校有校本课程，多数学校有与校外体育机构或个人合作的经历，部分学校成立了相应的俱乐部组织，这些都是值得肯定的。同时，我们也看到了部分学校在创建体育特色学校过程中存在的不良现象和发展困惑。

（一）急功近利，为了特色而特色

教育是立国之本，是百年大计，教育要服务社会，要面向现代化、面向世界、面向未来。体育特色应该为学生的学习、成长和将来的工作和生活服务；应该为教师的成长与发展服务；应该为学校的教育教学服务。总之，学校体育特色的目的应该是更好地达成教育目标，而不是成为谋取功利的短视行为的工具。

有的学校因为上级教育主管部门对学校或校长的考核测评中，有特色建设的相关条款，出于对名利的考虑而去制造特色。这时候我们看到了，一所连《中小学体育器材配备目录》必配器材都无法配齐的学校，却一次性购置了 20 张乒乓球世锦赛专用球台；一所连唯一的篮球场都是煤渣场地的学校，却建造了标准的重竞技馆。我们也看到了，仅有一名专职体育教师且每周每班只安排两节体育课的学校，却外聘了两位教练员来专门进行轮滑训练。我们还看到了，从教科书和各种书籍报刊上东拼西凑而来的所谓的校本课程。我们更看到了，部分学校为了取得好的竞技名次甚至不惜弄虚作假、冒名顶替。

这些个别现象的出现，从某一个侧面说明了，学校体育特色创建过程中急功近利心态的存在。这样的特色创建行为，可谓是目的不纯、根基不牢，即使产生了一定的特色表象，即便被上级认定为特色学校，也终将被淘汰。

（二）人走茶凉，体育特色的稳定性堪忧

学校体育特色是在教育目标的指引下，由广大师生参与的，有组织、有计划开展的连续性活动。稳定性是学校体育特色的一个重要特征，缺乏稳定性的学校体育特色必将走向消亡。

造成学校体育特色缺乏稳定性的因素很多，诸如：场地、器材、生源、经费等客观因素，以及教育政策调整、学校工作重点转移、教师热情消退等主观因素。但有一种情况较为突出，就是体育特色学校一旦更换了校长或者特色教师调出，那么这所学校的体育特色的稳定性立即会面临严峻的考验，其中因校长的更换所造成的影响最为突出。

每位校长都有着与众不同的个性、经历和理念，对同一事物的认知和热情也不尽相同。此时，如果在学校体育特色创建的初始就存在着目标迷茫、参与不广、影响不大、根基不牢，那么特色很可能会在二次认知的过程中，被逐步地冷处理和边缘化，并最终走向消亡。还有就是特色教师的流动，也会直接导致特色稳定性受到影响。体育特色学校的创建必将为特色教师积累经验、收获荣誉、带来机遇。面对着更多的选择，特色教师的调动可能性增大。但体育特色项目具有典型的师本特征，一所学校往往因为一名有特长的教师才走上了特色学校之路。在没有建立良好特色师资队伍的学校，如果一旦特色教师流失，其影响同样是严重的。

（三）停滞不前，体育特色的独特性消失

特色的独特性是构成体育特色学校的必要条件和主要特征。在以教育均衡化发展为主旋律的今天，城乡之间、校际之间的差异被不断的缩小，越来越多的学生正在享受着同等的优质的教育。可以说，现今的学校教育并不存在着绝对的资源独有和优势领先。在这样的背景下，保持特色的独特性变得越来越难。

我们不难发现，最初的体育特色学校只不过是比其他学校想得早了一点、看得远了一点、走得快了一点而已。体育特色学校所取得成绩和荣誉，正有越来越

多的学校达到或赶超。特色学校与非特色学校之间的区别越来越小。如果体育特色学校安于现状、停滞不前、不积极地进行探索和实践，必将导致特色的消失，成为现代版“伤仲永”的典型案例。

二、体育特色学校发展的对策探索

（一）高瞻远瞩，不断审视教育理念，修正特色目标

学校体育特色作为学校教育的一种模式，应该为学生、教师、学校的发展服务，要不断拓展教育的服务功能，追求社会效益的最大化。

1. “健康第一”，重视学生的主体地位

学生作为教育的主体，他们的身体健康和心理状态将直接关系到教育教学的质量和目标达成。关注广大学生的休闲、娱乐、健身，关注和维护他们的身心健康是实施素质教育的最基本工作。生活在钢筋混凝土丛林中的学生，面对着学海无涯的茫然，面对着题海书山的苦闷，能让他们学且有趣便是最激昂的宣告、最嘹亮的号角、最崇高的奖励。让广大学生在趣中动，在动中玩，在玩中乐，乐后而知味。只有植根于学生的学习和生活的体育特色，才能保证旺盛的生命力。

2. “以人为本”，激发教师的能动性

教育是爱和智慧的传承过程。教师是知识、艺术和爱心的集合。一名教师不仅要具有扎实的专业基础，同时还必须通过不断的学习和实践，把教学方法上升为教学艺术，并且要真挚诚恳地去爱每一个学生。只有教师从内心深处关爱学生，才能把知识通过教学艺术传承给学生，为学生的将来的学习、工作和生活奠定坚实的基础。要促使教师关爱和尊重学生，要促使教师步入专业发展、自主发展、科学发展的轨道，就必须重视并激发教师的主观能动性，必须尊重教师。而激励教师的前提，就是尊重教师。学校既要肯定特色教师的成绩和贡献，也要对其他教师一视同仁。这样既对教师的发展起到激励作用，又避免了特色教师成为嫉妒和孤立的对象。

3. 求真务实，谋求特色发展的高级阶段

学校体育特色的正向消融，是学校特色发展的高级阶段。学校特色不是拆东墙补西墙，也不是集全校之力搞特色突破。学校特色的目的就是先制造差异再消除差异，因为差异就是目标和机遇。谋求特色的正向消融，不是学校放弃特色发展，而是学校体育特色所形成的学科差异和优势，已经被其他学科赶超了。在校内，由最初的体育一枝独秀到后来其他学科领域的百花齐放，最终各个学科门类之间已体现不出差异和特色。对于校内而言，由有特色到无特色这才是最大的特色；对于区域而言，由有特色学校到无特色学校这才是最大的成功。

（二）上下求索，不断进行特色创新，深化教育改革

“人无我有、人有我优、人优我强”，这是对体育特色学校独特性的最贴切说明。在教育均衡化发展的背景下，如果单纯以竞赛成绩为指标则特色独特性越来越难于保持。但凡是形式总可能被模仿，但凡是成绩总可能被赶超，唯一能够保持优势的便是创新的精神和改革的斗志。

1. 倡导创新性学习，研制开放型的体育特色校本课程及教材

学校体育特色课程的开发以特色项目为内容，坚持新课标“健康第一”的理念，把握运动、健康、德育、学科融合四条课程主线，倡导“学习—创新—研习—创造”的创新性学习方式，以开放式的教学和评价来激发学生的学习和创新热情，以学校体育特色教材的形式呈现。课程涵盖面是开放的，可选择、可增补、可修改；课程的学习方式是开放的，可自主、可合作、可探究；课程的评价体系是开放的，可教师、可同伴、可家长；课程的教学内容是开放的，学生可以对内容进行创新并推广。学校体育特色教材既是一本教材，又是一本作业和设计书，还是学生的学习成长的记录册。它是一本开放的，在不断完善和发展的课程和教材。基于对特色教学的不同认知，每位学生都可以通过创造使自己的教材变成与众不同的个人著作。而这些个人著作，在课程理念的约束下，经过教师和学生共同评选，最终收录在教材中，这样就保证了体育特色教材的发展性和独特性。

2. 构建联合体，促进学校体育特色的发展和交流

体育特色学校联合体和体育特色项目联合体，作为一种民间的、自发的行为，

是实现优质资源最大化，促进教师内在力量成长的一种易持久、易操作的方式，它是建立在真正各取所需的基础上，使不同层面的学校互相影响、互相促进，达到共同发展的愿望，它是教育共赢的一种策略。对于学校发展中的共同点和共性话题，大家更期望能够通过群体的力量来探讨解决。于是联合体的形式应运而生，成为学校谋求发展，促进交流和协作的新平台。联合体教师可以随时到对方学校听课求教，也可聘请外校教师来校示范送教，打破校际界限，实行校际教师共享，这也许是教师队伍建设和教师队伍管理上的一种创新，它对合理配置教育资源，促进校际优质资源整合与共享，提高学校整体办学水平及教学质量具有十分重要的现实意义。

3. 外聘教练员，依托校外优势资源，建立互补双赢的协作关系

竞赛成绩作为衡量学校体育特色水平的量化指标之一，是各个学校领导和教师关注的重点。当竞赛成绩无法达到预期时，外聘教练员成为学校提升训练水平的重要措施之一。外聘教练员能促进竞赛成绩和教师特色素养的提高。在教练员的聘请过程中，学校往往从专业运动队和体育运动学校的教练员队伍，以及退役或现役的高水平运动员中物色教练人选。他们所采用和接触的先进务实的训练理念、方式、方法，在很大程度上保证了训练层次的高水平，从而保证了竞赛成绩的提高。外聘教练，在一定程度上缓解了学校体育师资不足的现象。与外聘教练之间的业务往来，为体育人才的发现、培养和输送上提供了一定的便利。教师在消化吸收外聘教练的先进经验后针对学校自身特点进行创新，最终实现竞赛水平的提高。

（三）前仆后继，不断给予特色支持，营造特色文化

学校体育特色的创建是漫长而又充满困难的过程，要形成特色的独特性和稳定性甚至需要全校师生几年、十几年的努力。在这个过程中，校长更换、教师流动、学生升学等成为不可避免的现实。特色教师一定要正确审视自己的教育理想和工作职责，做好自己的人生抉择，更要做好后继特色教师的传、帮、带工作。同时，学校也要努力为特色教师搭建事业平台、适当给予精神和物质奖励，在教师评职、评优等工作上优先考虑等，以此来留住特色教师。

在学校体育特色发展的过程中，一个不可或缺的环节就是要营造学校的特色文化。学校特色的文化营造是特色之基。要有效运用网站、电视、广播、报纸、宣传栏、黑板报等媒介向学生、向家长、向社会宣传特色理念和成果。要有效利用校运会、小型体育比赛、大课间活动、社团活动等载体来开展活动。校运会是学校发现体育人才、培养体育爱好、深化体育精神的重要载体之一，是学校体育教育的重要组成部分。作为上级考核的重要指标，每年是否组织开展以特色项目为主要内容的校运会对最终的评价起着决定性作用。小型体育比赛具有灵活丰富的特征，越来越受到广大师生的喜爱，丰富了他们的在校生活，形成了学校体育氛围，丰富了校园文化元素。要充分运用学校体育场地开放等平台，充分发挥特色教师和特色学生的专长，开展体育与健康讲座，开展面向校内和社会的公益培训，开展体育对外交流活动等等。培养学生的社会适应能力，拓展学校体育特色的外延，让更多的人感受体育特色学校的人文素养。

第五节 区域学生体质健康监测的管理创新

为贯彻党的十八届三中全会精神，认真落实教育规划纲要，教育部于 2014 年印发了《国家学生体质健康标准（2014 年修订）》和《学生体质健康监测评价办法》等四个文件。进一步提高了学生体质健康监测的信度、效度和区分度，强化了其教育激励、反馈调整和引导锻炼的功能。学生体质健康在前所未有的重视和关注下迎来了快速发展期。然而第六次全国学生体质健康调查报告显示，虽然在《标准》试行实施以来中小学生身体素质下滑趋势开始得到遏制，但我国学生体质健康的总体水平仍持续缓慢下降。国家对学生体质健康工作不断重视，但学生的体质健康水平却持续下降。这除了社会发展引起的人们生活方式改变的影响，以及国家方针政策施行的效果滞后等因素外，学生体质健康监测质量不高是其中的重要因素。

学生体质健康监测质量是指由我国政府主导并由各级教育行政部门、学校和相关机构参与的，针对学生体质健康状况所进行的长期系统、连续不断、相对固定的测量、研判和评价等一系列工作的工作质量。在我国构建的学生体质健康监测网中，各部门和机构既相互协作又各有侧重，萧山区教育行政部门的监测职权主要体现在对所辖学校上报的测试数据真实性和可靠性的监测上。本研究中学生体质健康监测质量指教育局组织专人对学校进行学生体质健康复核的抽测数据与学校上报教育部“学生体质健康网”的上报数据间的统计分（统计分 = 优秀率 ×4 + 良好率 ×3 + 及格率 ×2 - 不及格率 ×2）之差的大小。

浙江省杭州市萧山区重视学生体质健康监测工作，将学生体质健康抽测结果作为学校体育工作考评的重要内容，纳入教育局对学校的考核，然而却出现了学校重视地方抽测而轻视全员普测的现象。2013 年全区总计对 145156 学生进行综合评价等级统计，平均测试总分 78.14 分，比 2012 年的 81.43 分有所下降。但组织专人在对全区学校的 6687 名分层随机抽样学生进行《标准》抽测时，抽测结果显示被检测学校学生的体能状况比 2012 年有所提高。而当年初三男生引体向上的平均个数为 6.7 个，而高一男生的平均个数仅为 2.87 个。全区学生总体测试成绩的明显下降与抽测学生复测成绩的有所提高形成了鲜明对比，而经历了一年身体发育和体育锻炼的高一男生的引体向上水平竟然呈现断崖式退化，学生《标准》测试数据的真实性和可靠性总体一般。

PDCA 循环由美国管理学家戴明提出，具有大环套小环，阶梯式上升和循环往复的特点。PDCA 是该循环包含的四个阶段 Plan（计划）、Do（执行）、Check（检查）、Action（总结处理）的英文第一字母缩写，包含四个阶段和八个步骤。第一阶段是制订计划（P），包括确定方针、目标和活动计划等内容。第二阶段是执行（D），主要是组织力量去执行计划，保证计划的实施。第三阶段是检查（C），主要是对计划的执行情况进行，分清哪些对了，哪些错了，明确效果，找出问题。第四阶段是总结处理（A），主要是对总结检查的结果进行处理，成功的经验加以肯定，并予以标准化，便于以后工作时遵循；对于失败的教训也要总结，以免重现。对于没有解决的问题，应提给下一个 PDCA 循环中去解决。这四个阶段具体体现为分析现状找问题、分析问题原因、确认主要原因、拟定措施计划、执行措施计划、检查评估效果、固定成绩和处理遗留问题等八个工作步骤。PDCA 循环法适用于企业管理、工程项目、医疗卫生等各行各业的计划和质量管理，近年来被越来越多地运用于教育管理方面。为改变学生体质健康管理以宣传发动为主、倚重历史经验进行片段管理的现状提供了一种方法选择。它的基本原理是着眼工作中的主要问题和影响因素，制定相应的改进措施和计划，并按照计划步骤去执行、检查和总结，一步一步地提高工作水平和质量。

综上所述，学生体质健康是学校教育工作的重要目的和任务，学生体质健康监测质量是决定学生体质健康发展的关键性因素，必须着眼学生《标准》测试数据的真实性和可靠性来进一步提升监测质量，而PDCA循环为此提供了方法选择。

一、区域学生体质健康监测管理创新的实证部分

（一）提升萧山区学生体质健康监测质量的计划阶段（P阶段）

1. 萧山区学生体质健康监测概况与质量问题

萧山区重视学生体质健康工作，依托《萧山区学校体育工作考核办法》将学生体质健康纳入教育局对所辖学校的教育工作考核。该办法将萧山区教育局管辖的公办学校按学段进行考评分类，每类学校再按照学校性质和学生人数分成A、B、C三组分别进行考评，最终学校的体育工作考评分值折合相应分数计入教育局对该校当年的考核成绩，与学校评优和教师绩效等挂钩。学生体质健康评价在学校体育工作评价中占重要比例，通过计算统计分来排定各校考评分。统计分（E）由优秀率（Y）、良好率（L）、及格率（J）、不及格率（N）计算产生，公式如下：

$$E = 4Y + 3L + 2J - 2N$$

再以统计分“前八名或满分均得85分，常模（平均分）及以上其他学校均得80分，常模以下1~6名学校均得75分，常模以下其他学校得60分”的办法计算考评分。为了提升学生体质健康监测质量，教育局组织专人对学校进行学生《标准》测试数据的抽测复核，并将信度更高的抽测复核数据直接作为学校学生体质健康水平的评价指标。即便如此，学生《标准》测试数据的真实性和可靠性仍旧

质量一般。

2. 影响萧山区学生体质健康监测质量的因素分析

依据全面质量管理理论和方法，从测试程序方法、检测人员、被测学生、测试仪器和测试环境等五个方面对学校自测与教育局抽测进行比较，以此来对萧山区学生体质健康监测质量问题进行因果分析（图 1）。

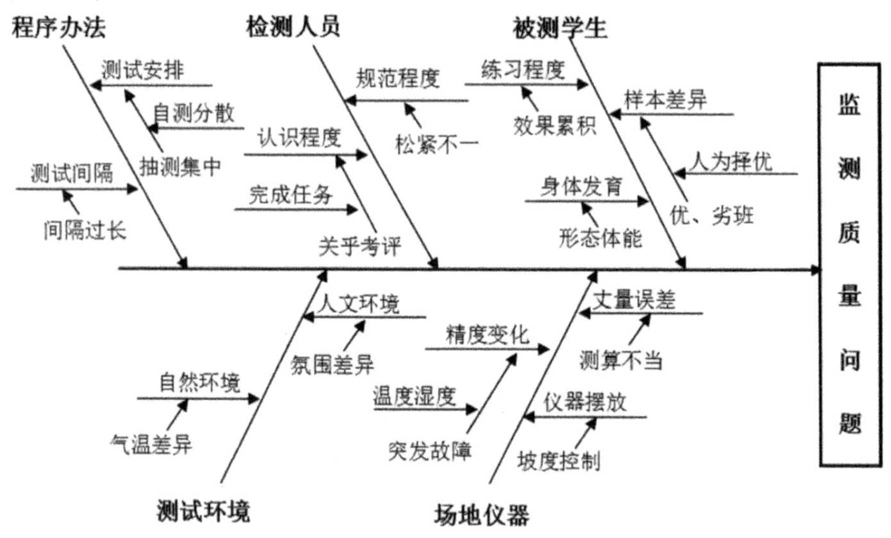

图 1　萧山区学生体质健康监测质量问题因果分析图

测试程序办法。按教育局统一部署，各校由体育教师于 2013 年 9 月 1 日起对所教学生进行《标准》测试的宣传动员，9 月 28 日前完成学生的身高、体重、肺活量和坐位体前屈测试，10 月 20 日前完成学生的其他体能素质项目测试。教育局抽测安排在 11 月 20 日左右，全区分三天完成抽测，各校在一天时间内完成测试。

检测人员。学校测试时多由体育任课教师利用体育课进行随堂测试，检测人员为各学校的体育教师。抽测时的检测人员由教育局从同处于一个考评组的各学校抽调体育教师组成，由教育局指定同组别的两所学校的体育教师对同考评组的一所学校进行检测，利用学校间的考评竞争来保证抽测的公正和质量。

被测学生。学校测试时面向全体学生，除符合规定的免测学生外其他学生都

要参加测试。抽测学生所在的年级由教育局抽选产生，各考评组长在抽测当日现场抽选某一班级进行全班抽测。抽测的学生人数中学为 50 人，小学为 45 人。按班级学号从前向后依次确定人选，满额为止。遇班额不足或病残免测造成人数不足，则抽选补充班级并按学号从前向后补齐人数。

测试仪器。学校的测试仪器由各校按需申请购买，教育局装备中心统一招投标采购，这一定程度上保证了器械品质和校际统一。抽测所需的测试仪器由被测学校提供，由抽测组长负责仪器校准和场地丈量。

测试环境。学校测试时仍处于夏末，天气条件适宜。任课教师组织测试，人文环境宽松。抽测时已是初秋，天气微凉。陌生教师抽测，学生心理相对紧张。

3. 影响萧山区学生体质健康监测质量的主要因素

在影响监测质量的因素之中，学生身体发育和训练水平提高主要是由于教育局抽测复核与学校自测间隔时间过久。在学校自测后的将近一个月时间里，所有学校都为了能够获得好的考评成绩而积极组织学生进行训练，学生体质测试项目的训练水平提高显著。通过以往参与抽测工作的实地观察和信息反馈，被抽测学校人为选择优秀学生参与测试是导致值差扩大的另一个重要因素。因为涉及年终考评，部分学校利用抽测请假规则让成绩差的学生请假，由后继成绩好的学生进行抽测。因为抽测人数本就有限，将本该参加测试的几名成绩差的学生按抽测办法替换为成绩好的学生，致使抽测成绩大幅度提高。而场地丈量、器械检验和仪器校准也需要关注，曾有学校将跳远场地的远度标准降低来提高分数，这使测试成绩的真实性大打折扣。

萧山区在 2013 年对影响学生体质健康监测质量的问题进行收集，本研究用排列图工具进行统计分析（图 2）。排列图的核心理论是“关键的少数和次要的多数”原理。即质量改进活动中，往往其中的少数（累积比）部分因素发挥着主要的决定性作用。通过区分“关键的少数和次要的多数”，就能够找到影响质量问题的最主要因素和最具改进潜力的问题，以获取质量提升活动的效益最大化。

通过逻辑分析和排列图统计，确定影响萧山区学生体质健康监测质量的主要问题是抽测时间安排不当、抽测学生选取不妥和学校自测不重视。需针对这三个问题制定措施和计划，以缩小教育局抽测成绩与学校自测成绩的值差，提高监测质量。

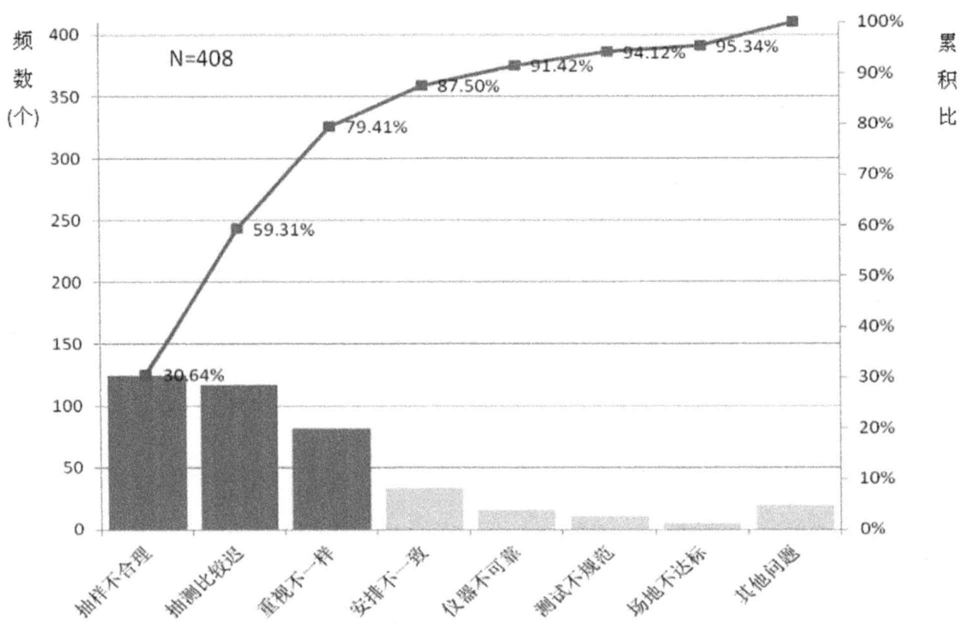

图2　萧山区学生体质健康监测问题排列图

4. 萧山区学生体质健康监测的改进措施和计划

监测制度的调整，是为了从源头上消灭影响监测质量的问题。(1) 调整教育局抽测时段。对学校的自测日期限制在一定的时限内，再将教育局对各学校学生《标准》测试的抽测复核日期尽量靠近学校的自测日期，以避免因学生生长发育和练习效果累积而影响监测质量。(2) 调整抽测学生的抽样办法。使抽样学生能够更好地代表学生整体，同时尽可能地避免人为调整抽样学生来提高学校测试成绩的可能性。(3) 需让学校对自测和抽测同样重视，这样才能保证测试环境相当，提高监测质量。

监测网络的强化，是为了使制度、办法和决策能够真正落地实施。(1) 明确各环节人员责任。学生体质健康工作既不是体育教师的个人任务也不是体育课堂教学的全部，它是一项系统的全方位工作，需要领导、班主任和教师的各司其职与积极参与。(2) 充分利用各种信息渠道，借助教育局网上办公系统和萧山区学校体育网（内网）等正式组织渠道，以及教师 QQ 群等非正式组织渠道进行信息传达和反馈。

萧山区学生体质健康监测制度的调整和监测网络的强化，必须在 2014 年 8 月 20 日前完成相关的修订、审核和确立工作，在教师开始上班的 8 月 25 日将新的制度办法传达到位，要求在 9 月 1 日开学时正式开始实施和运作。

（二）提升萧山区学生体质健康监测质量的执行阶段（D 阶段）

1. 萧山区学生体质健康监测质量提升的行动方案

（1）监测时段的调整。在第一阶段测试中，各校须在 2014 年 9 月 23 日至 27 日完成学生身高、体重和肺活量测试，用教育部“学生体质健康网”的数据上报导入表登记成绩后，于 9 月 30 日前上报给各学段的数据统计员。第二阶段测试项目有坐位体前屈、50 米跑、立定跳远、引体向上（男）或仰卧起坐（女）、1000 米跑（男）或 800 米跑（女）等项目。各校须在 10 月 13 日至 17 日完成测试，将学生的全部测试成绩（含身高、体重和肺活量）上报教育部“学生体质健康网”，并利用该网络平台导出全校学生的测试数据，报送给各学段的数据统计员审核和统计。

随后，教育局于 10 月 21 日至 24 日对各校进行学生《标准》测试的抽测，并在 10 月 27 日至 30 日期间进行数据复核和补测，由教育局学生体质健康数据统计员通过统计比对学校自测数据（导出数据）与教育局抽测数据之间的值差情况，并在教育部“学生体质健康网”进行数据核查操作。对达到监测质量标准的学校数据，审核通过报上级监测部门审核。对未达到监测质量标准的学校进行数据退回处理，重新进行测试和上报。

（2）抽样办法的改进。抽样办法调整为按学生成绩进行分层抽样的办法，即将抽样范围内的全部学生按成绩由高到低的次序进行排名，然后从各名次段进行随机抽样。抽测人数调整为各中小学校每校某年级抽样男、女生各 25 人，共计 50 人。在 10 月 20 日上午的区抽测工作会议上现场抽选确定具体的抽测年级，抽测学生的具体名单同日公布。第一步骤是抽测学生的确定。首先，区数据统计员要将各校上报的网络平台上导出的学生体测数据利用软件进行评分和排定名次，做好分层抽样准备。随后，在抽测年级确定后利用抽样软件进行现场集体抽样，抽选具体的学生并将名单上交公布。第二步骤是病事假学生的替换。各校在接收到具体的抽测名单后，马上调查学生的病事假情况，如有请假学生需上报反馈，经学生体质健康监测领导小组审查同意后由数据统计员对请假学生进行同成绩排名段抽样替换。学生请病假需提供医院证明，学生请事假需家长签字和校长审核。

（3）自测评价的体现。结合本研究对学生体质健康监测质量的操作性定义，萧山区学生体质健康监测领导小组通过设置监测质量观测值对自测质量进行评价考核。监测质量观测值（G）由抽测统计分（C）和抽测年级的自测统计分（Z）计算产生，公式如下：

$$G = (C - Z) / Z$$

如果该观测值高于15%以上或低于10%以下，则扣该校考评分10分；如观测值超过（高或低）20%以上，则该校抽测年级的所有学生都要进行重新测试并扣20分；如观测值超过（高或低）30%以上，则该校所有学生都要进行重新测试并扣30分。将全区监测质量观测值平均值控制在向上15%和向下10%的区间内，是2014年萧山区学生体质健康监测质量的控制目标。

以学校的学生《标准》测试等级百分率来计算统计分，除了考虑测试等级是上级明确的重点指标，还考虑了学生质量控制下限也即测试误差的客观存在。学生参加学校自测和上级抽测时的身心状态和测试表现都很难完全一致，质量监测的目的是将这一差距控制在合理的范围内。故以等级百分比来计算统计分并设置一定的浮动区间，符合文件精神和客观现实，增强了监测的可行性和操作性。

（4）监测组织的强化。萧山区要求各校通过体育课堂教学、阳光体育（大课间、冬季长跑）等组织形式，坚持“班主任主要抓、任课教师协助抓、体育教师指导抓、学校领导监督抓”的工作方针，提高学生体质健康水平（图3）。这不仅有利于直接提高了学生体质健康监测水平，还间接地提高了学生体质健康监测质量。因为，通过狠抓学生体质健康工作必将提升学生的体质健康水平和提高学生的《标准》测试成绩，那么抽测与自测成绩之间的值差下限也就提高了，值差的象限随之缩小，学生体质健康监测质量得到了间接提高。

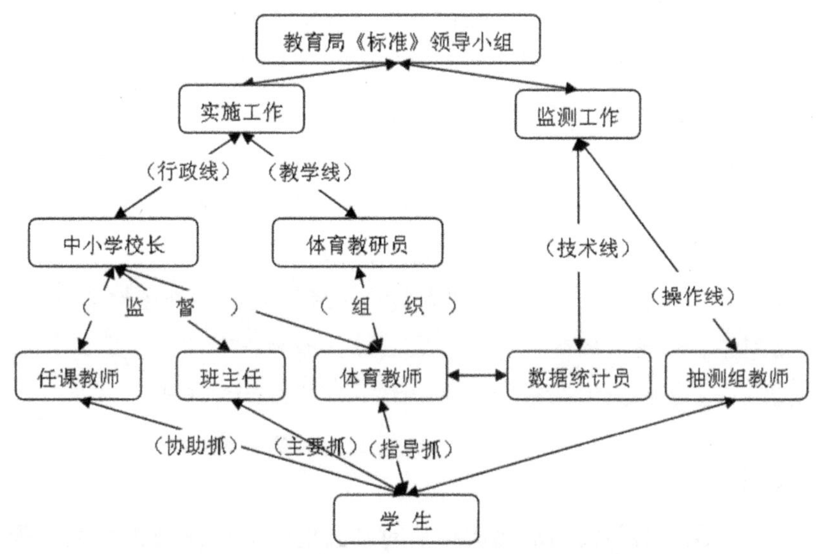

图3 萧山区《标准》实施与监测组织图

2. 萧山区学生体质健康监测质量提升的具体实施

萧山区学生体质健康监测领导小组通过“萧山学校体育网”发布了“关于2014年萧山区中小学实施《国家学生体质健康标准》工作质量监测考评组织与实施办法的通知”。各学校从9月23日起开始对学生的身高、体重和肺活量进行测量登记，将全校学生成绩录入到从教育部“学生体质健康网”下载的数据导入表格，然后将该表格发送给各学段的数据统计员。部分学校在10月13日后采用教育局抽测程序和办法进行全校性的集中抽测，各校都按时完成了第二阶段的测试。10月20日上午召开了有领导小组成员、体育教研组长和数据统计员参加的监测考评会议。在会议现场由教育科科长抽选了2014年的抽测年级，小学为四年级，初中为初三，高中和职高为高一。布置了抽测工作人员安排、分工和抽测的程序步骤。

随后，三位数据统计员在监测组长的组织下集中在一起，利用抽样软件对各校上报教育部“学生体质健康网”的导出成绩名册开始现场抽样，各校抽样学生名单在下午一点前在“萧山学校体育网”上公布。各校教研组长下载名单后需马上摸底病事假情况，对确认的病事假学生向抽样小组进行反馈。数据统计员对请假学生进行同质替换。而后，教研组长联系教务处将最终抽测名单上的学生学籍信息表打印出来，作为学生参加抽测的身份证明，并收集病事假学生的相关证明材料，在本校抽测当天上交给到校的抽测组组长，由其带回保存备查。

10 月 21 日至 23 日的三天时间里，统一抽测有序进行。各学校在本校抽测当日的上午 8∶30 前，将穿着运动服装和运动鞋的 50 名学生带到指定地点集合（学生自带“电子学籍信息表”）参加测试。抽测组成员到校后首先检查学生名单和核实《电子学籍信息表》及照片，落实考评人员分工和职责，检查场地器材是否规范、标准、安全到位。抽测组长在考评组完成测试任务后，在该校教研组长陪同下将成绩输入到电脑中的抽测成绩登记表上，然后立即发送电子邮件将登记表上报给相应学段的数据统计员。打印一份纸质成绩表，请校长确认并签字后由考评组长带回保存备查。

数据统计员在收到各校的抽测成绩后对各校的学生体质健康测试质量进行评价，依据学校的抽测统计分减去抽考年级的自测统计分的差除以抽测统计分的监测质量观测值的算法计算各校的观测值。如果该观测值高于 15% 以上或低于 10% 以上，则该校的抽考年级要进行重新测试并扣该校考评分 10 分；如观测值超过（高或低）20% 以上，则该校抽测年级的所有学生都要进行重新测试并扣 20 分；如超过（高或低）30% 以上，则该校所有学生都要进行重新测试并扣 30 分。萧山区学生体质健康监测工作流程（图 4）。

（三）提升萧山区学生体质健康监测质量的检查阶段（C 阶段）

1. 萧山区学生体质健康监测工作进程的执行情况

在自测阶段，数据统计员通过查验学校的数据上报情况进行检查。学校如未按时上报数据，则数据统计员会上报领导并督促学校完成。首先会致电体育教研组长了解情况，如仍未上报则致电分管校长晓以利害，直至该校如期完成上报工作。在抽测阶段，监测领导小组副组长参与全区的抽测抽样工作，现场查验抽测候选名单的完整性和抽样软件运行的可靠性。经现场查验认定抽样学生名单公正有效，随后进行了公布。统计员之间对学校上报工作检查的规范性，主要通过工作资料在公共电子信箱和网络硬盘的实时共享进行互相监督。抽测组到校抽测活

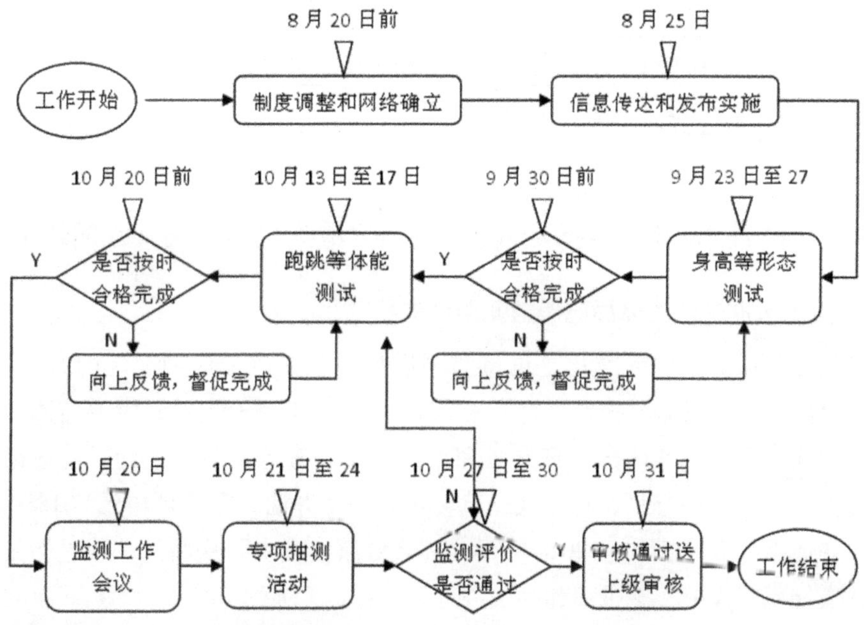

图4　萧山区学生体质健康监测工作流程图

动的规范性由被抽测学校进行直接检查，如果学校对抽测有异议可不在抽测成绩登记表上盖章，可申请成绩复核和仲裁。

2. 萧山区学生体质健康监测工作质量的效果评估

萧山区教育局将全区的监测质量观测值平均数控制在向上15%和向下10%的区间内作为控制目标，该目标是否实现是工作质量效果评估的直接依据。2014年萧山区学生体质健康监测观测值均值为12.5578%，该均值处在向上15%和向下10%的控制区间内，萧山区实现了学生体质健康监测质量提升的目标，工作效果良好。2014年萧山区监测质量观测值统计（表1）。

表1　2014 年萧山区监测质量观测值的均值统计表

均值	N	最大值	最小值	标准差	偏度	峰度	中位数
.125578	135	0.4219	−0.0158	.0930910	1.1980	1.2378	.1049

（四）提升萧山区学生体质健康监测质量的总结阶段（A 阶段）

1. 萧山区提升学生体质健康监测质量的标准化

监测办法和手段的标准化是维持监测质量并积累沉淀成功经验的有效途径。萧山区学生体质健康监测领导小组依据 2014 年监测工作改进过程中的监测时段安排、抽测抽样办法、考评分计算办法和组织职责设置等经验，进行了《萧山区学校体育考评办法》的修订，将有效经验转化为制度办法。在“萧山区 2014 年学校体育工作通报”和“萧山区 2014 年学生体质健康白皮书”中将这些改进措施作为学生体质健康工作的实施过程和办法进行了公告。

2. 萧山区提升学生体质健康监测质量的持续改进

学校自测与上级抽测程序安排的差异对监测质量影响明显，教育局是否有必要规定各校的自测程序办法，以及这样操作的可行性如何，需纳入下一个 PDCA 循环进行改进。另外，有学校和教师对抽测的日程安排提出了看法，认为同一考评组的学校安排在同一天进行抽测更加合理，这是否必要和可行也需在下一个 PDCA 循环中解决。

二、区域学生体质健康监测管理创新的结果与讨论

（一）PDCA 循环对萧山区学生体质健康监测质量的影响

利用 SPSS 19 软件对萧山区 2013 年和 2014 年的统计分之差进行独立样本 t 检验统计。2013 年、2014 年统计分之差的组统计量结果显示，2014 年教育局抽测成绩与学校自测成绩的统计分之差为 38.72，该数据较之 2013 年的统计分之差 72.72 有了大幅度的下降（表2）。同时，2013 年、2014 年统计分之差的 Levene’s 方差

齐性检验结果显示，F = 18.283，P = 0.000，因此2013年与2014年统计分之差的总体方差是不齐的（表3）。而2013年、2014年的统计分之差的增值方程T检验结果中方差不齐时的t检验结果显示，t = 8.870，df = 225.477，p值（Sig.）为0.000（P < 0.05），故2013年的统计分之差与2014年的统计分之差具有显著差异（表4）。

表2　2013年、2014年统计分之差的组统计量结果

	年份	N	均值	标准差	均值的标准误
统计分之差	2013	132	72.71703	36.93719	3.21497
	2014	135	38.72047	24.24134	2.08636

表3　2013年、2014年统计分之差的方差方程的Levene检验结果

		F	Sig.
统计分之差	假设方差相等	18.283	.000
	假设方差不相等		

表4　2013年、2014年统计分之差的均值方程的t检验结果

		t	df	Sig.（双侧）	均值差值	标准误差值	差分的95%置信区间	
							下限	上限
统计分之差	假设方差相等	8.910	265	.000	33.996	3.815	26.484	41.509
	假设方差不相等	8.870	225.477	.000	33.996	3.833	26.444	41.549

由于应用PDCA循环前、后两年的教育局对学校进行学生体质健康复核的抽测数据与学校上报教育部“学生体质健康网”的上报数据间的统计分之差的数值变化具有显著性差异且差值变小，故本研究“萧山区运用PDCA循环提高了学生体质健康监测质量”的研究假设成立。PDCA循环提高萧山区学生体质健康监测质量的成功，印证了PDCA循环广泛适用于各种质量改进活动的普遍认知。本实证研究

为改变以往单纯靠行政命令、宣传号召和经验教训来提升学生体质健康监测质量的困局做出了积极努力。

从对监测领导小组的访谈和从基层学校领导的反馈中了解到，分管领导并非不重视学生体质健康监测工作，只是对工作的落实缺乏具体的行动指导和案例参照。在此情况下，学生体质健康监测质量作为诸多教育教学管理工作的一部分自然无法得到有效管控。本研究依托 PDCA 循环理论和方法，完成了一个全过程的 PDCA 循环。进行了学生体质健康监测质量提升的计划、执行、检查和总结等四个阶段工作。执行了现状分析、原因分析、要因确认、制定计划、执行措施、检查评估、标准化和遗留问题处理等八个步骤改进。通过监测程序调整、抽样办法改进和组织结构强化等具体手段，突出 PDCA 循环各阶段和步骤的操作性，为其他区域提升监测质量提供了参照。这在一定程度上弥补了以往学生体质健康研究倾向于指标体系、现状调查和问题呈现的不足，丰富了当前学生体质健康监测质量研究的成果。

（二）PDCA 循环对萧山区学生体质健康监测活动的影响

基于萧山区在 2014 年学生体质健康监测质量提升活动中，利用 EXCEL 2007 软件对监测质量观测值进行统计检查的结果，对监测活动质量评估的情况进行统计（表 5）。统计表明萧山区小学、初中、高职中监测活动未达标的学校数分别为 10 所、17 所和 1 所，未达标比例依次为 11.9%、44.74% 和 7.69%。初中未达标学校和比例远高于小学和高职中。

表 5　萧山区各校学生体质健康监测活动达标情况统计表（N = 135）

2014 年份	小学	初中	高中和职高	合计
学校数量	84	38	13	135
未达标学校	10	17	1	28
未达标比例	11.9%	44.74%	7.69%	20.74%

注：超限指学校的学生体质健康监测质量观测值〉15% 或 < -10%

2014 年萧山区各校学生体质健康监测活动的总体达标情况不容乐观。虽然萧山区运用 PDCA 循环显著提升了学生体质健康监测质量，但全区 20.74% 的未达标学校比例仍远高于正常值。如果再考虑到那些在预设测试误差区间内学校的全校测试浮动均值，则监测质量的可靠程度更加令人担忧。尽管目前执行的学生体质健康复测办法可能会产生一些测量误差，比如两次测试时的学生身心状态、测试环境、评判尺度等都不可能完全相同，但这一误差应该是在一个可控制的范围内。为此，需要进一步分析萧山区未达标学校比例居高不下的可能原因。

2014 年萧山区学生体质健康监测的抽测年级为小学四年级、初中三年级和高中一年级。在这三个抽测年级中，初三年级因为即将面临体育中考故体育锻炼活动最为积极，自然学生的体能状况也最为理想。然而，正是因为升学压力和体育中考的存在，使得师生对体质健康监测活动并不十分重视。虽然，体质健康监测质量的考评分计入学校体育工作考评分，再折合成教育局对学校的考核分，但这一评价份额在层层折扣后较之中考评价和声誉已经显得微不足道。有些学校不但不对照教育局抽测办法对初三年级进行学生《标准》测试，甚至体育教师也不参与测试，而是让班主任和学生骨干利用课余时间自行测试。学生体能状况良好且自测与抽测安排存在剧烈反差，是造成初中未达标学校过多的主要原因。在此情况下，区域教育主管部门应加强学生体质健康监测评价，加大奖惩力度，确保学生体质健康监测质量，促进学生体质健康水平的不断提高。

（三）PDCA 循环对萧山区学生体质健康监测对象的影响

利用 EXCEL 2007 软件对萧山区 2013 年和 2014 年的全区学生体质健康数据进行统计分析。2013 年、2014 年萧山区体质健康监测统计分的对比表明（表 6），2014 年的自测统计分和抽测统计分均高于 2013 年。而 2013 年、2014 年萧山区学生《标准》测试成绩对比显示（表 7），2014 年的全区学生体质健康测试平均分为 88.29 分，较之 2013 年的 78.14 分提高了 10.15 分。2014 年全区学生《标准》测试成绩的优秀率和合格率较 2013 年均有不同程度的提高，其中优秀率提高了 32.35%，合格率提高了 8.09%，而及格率总体保持稳定。

表 6　2013 年、2014 年萧山区体质健康监测统计分对比表

年份	自测统计分	自测标准差	抽测统计分	抽测标准差
2013 年均值	264.5172	51.5395	337.2342	37.4723
	(N = 136)	(N = 136)	(N = 132)	(N = 132)
2014 年均值	332.1214	48.1841	370.8419	39.5583
	(N = 136)	(N = 136)	(N = 135)	(N = 135)

表 7　2013 年、2014 年萧山区学生《标准》测试成绩对比表

年份	N	平均分	合格率	优秀率	良好率	及格率
2013 年均值	136	78.14	91.05%	12.35%	55.48%	23.22%
2014 年均值	136	88.29	99.14%	44.70%	31.16%	23.28%

注：合格率为优秀率、良好率、及格率之和。

PDCA 循环不但带来了学生体质健康监测质量的显著提升，还推动了学生体质健康水平的跨越式提升。虽然 2014 年教育部对《标准》进行修订，降低了部分项目的评分标准，使得学生的《标准》测试成绩有一定的普遍提高，但仍不足以实现如此大幅度的跨越式提升。从 2013 年、2014 年萧山区体质健康监测统计分对比中发现，学生体质健康水平的提升主要来源于两个方面。其一是由于各校借助于学生体质健康管理的组织强化，各层面人员各司其职和人尽其力所带来的学生体质健康水平的实实在在提高。2014 年与 2013 年的抽测统计分之差 33.61 分，主要代表了这部分提高的程度。其二是由于各校受制于学生体质健康监测的制度调整和方法改进，释放出原来自测环节因组织松散而被埋没了的那部分学生体质健康水平。2014 年与 2013 年的自测统计分之差再减去抽测统计分之差（学生实际提高部分）的 33.99 分，主要代表了这部分提高的程度。

而从 2013 年、2014 年萧山区学生《标准》测试成绩对比中发现，学生体质健康水平的提升主要由《标准》测试优秀学生的数量变化引起。这表明通过一个周期的系统锻炼，原本身体条件尚好的“良好”层次学生的体质健康水平迅速提高，达到了优秀等级。而体质健康水平相对较差的“及格”和“不及格”层次的学生，

则提高相对缓慢。这充分说明了学生体质健康水平的提高是一个循序渐进的系统工程，长期系统的组织和科学合理的安排才能带来学生体质健康的有序健康发展。

三、区域学生体质健康监测管理创新的结论与建议

（一）结 论

萧山区依托PDCA循环原理和方法进行工作改进，提高了学生体质健康监测工作的质量。通过监测程序调整、抽样办法改进和组织结构强化等手段，使得教育局抽测数据与学校上报数据之间的统计差大幅度缩小。

初中生体质健康监测质量易受升学因素影响，初三年级的学生体质健康监测质量偏低。相对于纳入本研究抽测统计的小学四年级和高中一年级来讲，初三年级监测质量统计的超标比例接近半数，远高于其他两个非毕业年级。

学生体质健康监测的质量提升活动具有一定的体质健康干预效能。萧山区通过PDCA循环在学生体质健康监测质量提升活动中运用，提升了该市学生《标准》测试的优秀率和合格率。

（二）建 议

缩减区域抽测与学校自测的间隔时间，有利于控制体质健康监测过程中的系统误差。抽测样本的确定可采用分层随机抽样办法，能有效提升抽样代表性和抽测公平性。将数据复核结果作为评价学校体质健康工作的重要依据，可进一步提高学校上报数据与区域抽测数据的一致性。

学生体质健康水平的提高是一个循序渐进的系统工程，需要长期系统的组织和科学合理的安排才能带来学生体质健康的有序健康发展。各级教育行政部门需严格执行《国家学生体质健康标准》《学生体质健康监测评价办法》等制度和办法，加大监测考核力度，做到奖惩分明。